综合卷

SHANGHAIJIAOYUCONGSHU
上海教育丛书

典藏版

语文教学

谈艺录（修订本）

于漪 著

上海教育出版社
SHANGHAI EDUCATIONAL
PUBLISHING HOUSE

《上海教育丛书》编委会

《上海教育丛书》历届编委会

总　序

建设一流城市,需要一流教育。办好教育,最根本的是要建设好教师队伍和学校管理干部队伍。

在长期的教育实践中,上海市涌现了一大批长期耕耘在教育第一线呕心沥血、努力探索,积累了丰富经验的优秀教师;涌现了一批领导学校卓有成效,有思想、有作为的优秀教育管理工作者。广大优秀教育工作者教育教学和管理工作的经验,凝聚着他们辛勤劳动的心血乃至毕生精力。为了帮助他们在立业、立德的基础上立言,确立他们的学术地位,使他们的经验能成为社会的共同财富,1994年上海市领导决定,委托教育部门负责整理这些经验。为此,上海市教育局、上海市中小学幼儿教师奖励基金会组织成立《上海教育丛书》编辑委员会,并由吕型伟同志任主编,自当年起出版《上海教育丛书》(以下称《丛书》)。1995年上海市教育委员会成立后,要求继续做好《丛书》的编辑出版工作。2008年初,经上海市教育委员会领导同意,调整和充实了《丛书》编委会,并确定夏秀蓉同志任执行主编,协助主编工作。2014年底,经上海市教育委员会领导同意,调整和充实了《丛书》编委会,确定尹后庆同志担任主编。《丛书》的内容涵盖了基础教育和中等职业教育的各个方面,包含有较高理论水平和学术价值的著作,涉及中小学教育、学前教育、师范教育、职业教育、校外教育和特殊教育,以及学校的领导管理与团队工作,还有弘扬祖国优秀文化、促进国际教育交流等方面的著作,体现了上海市中小学教育改革与发展的轨迹,体现了上海市中小学教育办学的水平与质量,体现了优秀教师和教育工作者的先进教育思想与丰富的实践经验。《丛书》出版后,受到广大教师、教育工作者及社会的欢迎。

为进一步搞好《丛书》的出版、宣传和推广工作,对今后继续出版的《丛书》,我们将结合上海教育进入优质均衡、转型发展新时期的特点,更加注重反映教育改革前沿的生动实践,更加注重典型性、实用性和可读性。希望《丛书》反映的教育思想、理念和观点能起到抛砖引玉的作用,引发大家的思考、议论和争鸣;更希望在超前理念、先进思想的统领下创造出的扎实行动和鲜活经验,能引领当前的教育教学改革工作,使《丛书》成为记录上海教育改革历程和成果的历史篇章,成为广大教师和教育工作者的良师益友。限于我们的认识和水平,《丛书》会有疏漏和不尽如人意之处,诚恳地希望广大读者提出宝贵意见,帮助我们共同把《丛书》编好。

《上海教育丛书》编委会

目　录

1　语文学科^①是一门实用而多彩的人文学科

教学行为受教育观念支配,语文教学行为受语文教育观念支配。语文教育观念是对语文教育诸问题的看法,从语文性质到目的任务,到教材教法,到师生作用,到质量评估,到考试方法,到课外教育,等等,构成体系。教育观念附着于教育者脑中,形成心理定式,有意识地或不完全有意识地指挥行为。在语文教育观念体系中最为核心的是性质观,它统帅语文教育的全局,决定语文教育的发展方向,由此而引发出目的观、功能观、承传观、教材观、教法观、质量观、测试观、体制观等一系列观念。

从事语文教学,首先须对语文学科的性质有科学而完整的认识。语文学科是一门实用而多彩的人文学科。

1·1　语文是最重要的交际工具

中学语文教学讲究实用。教师指导学生正确理解和运用祖国的语言文字,培养他们具有适应实际需要的现代文阅读能力、写作能力和听说能力,具有初步的文学鉴赏能力和阅读浅易文言文的能力,养成自学和运用语文的良好习惯。

为什么要讲究实用? 这由语文的工具性质所决定。

在人类社会中,人与人之间必然要交往,交往就要借助于一定的中介物或一

---

① 学科:2012 年上海教育出版社再版(以下简称"2012 年版")时,1997 年版中的"学科"改称"课程"。在课程论视野中,"课程"是学生有计划的一种学习经历;"学科"则指由系列具有共同特征和性质的知识构成的一套相对独立的知识体系。

定的工具。人与人之间进行交际的工具多种多样。如：古代烽火台上举烽火，表示有外敌入侵；某种场合以击鼓为信号，传递消息；旗语、手势语、某种特定的实物等等，均可交流信息。尽管交际工具多种多样，但在通常的场合，人与人之间每日每时大量使用的交际工具是语言。

语言伴随着人类社会的形成而产生，跟随着社会生活的变化而发展。列宁在《论民族自决权》中说："语言是人类最重要的交际工具。"语言不是人际交往的唯一工具，但确实是最重要的工具。语言属于整个社会的全体成员，它为整个社会服务。任何一种语言不因社会制度的变革而作彻底的变革，也不因社会制度的变革而消亡。文字是记录言语的符号。

语文是交际工具，绝不等同于一般的生产工具，如机器、锄头、犁耙，也绝不等同于一般的生活工具，如筷子或拐杖。语言是表达思想进行交际的工具，是思维的物质外壳，是信息的载体。这种工具、外壳、载体，都是只有人类才拥有的符号，因而，在符号的意义上把握语言的工具属性，比较恰当。吕叔湘先生在《人类的语言》一文中说得好："人类语言的特点就在于能用变化无穷的语音，表达变化无穷的意义。这是任何其他动物办不到的。"

1·2 语文是最重要的文化载体

"语言是思想的直接现实"（马克思、恩格斯《德意志意识形态》），思想是通过语言表达的。"语言和意识具有同样长久的历史；语言是一种实践的、既为别人存在因而也为我自身存在的、现实的意识。语言也和意识一样，只是由于需要，由于和他人交往的迫切需要才产生的"（马克思、恩格斯《德意志意识形态》），语言是现实的意识，语言和意识密不可分。

各民族的语言都不仅是一个符号体系，而且是该民族认识世界、阐释世界的意义体系和价值体系。符号因意义而存在，离开意义，符号就不成其为符号。这就是说，语言不但有自然代码的性质，而且有文化代码的性质；不但有鲜明的工具属性，而且有鲜明的人文属性。

西方学者把语言看作开启人类社会文化起源和发展的奥秘的钥匙(意大利维柯① 1668—1744),认为语言是一种创造性的精神活动(德国洪堡特② 1767—1835),不仅视语言为一种文化现象,称语言基本上是一种文化和社会的产品(美国萨丕尔③ 1884—1939),还把语言看作文化建设中的一种力量(德国魏斯格贝尔④ 1899—1985),认为语言和文化相互塑造,相互渗透,相互从属(美国沃尔夫⑤ 1897—1941)。显然,他们对语言的人文属性、语言是文化的载体有自己的研究与看法。如果说,世界各民族语言都具有人文性,那么,汉语汉字的人文性可说是特别突出。

在中国古人看来,"人之所以为人者,言也"(《春秋穀梁传》),"不知言,无以知人也"(《论语·尧曰》)。著名的名实之争,文道之论,言意之辨,在某种意义上,都关涉到汉语人文性的阐发。朱熹说:"道者,文之根本;文者,道之枝叶。惟其根本乎道,所以发之于文,皆道也。三代圣贤文章,皆从此心写出,文便是道。"(《朱子语类·卷第一百三十九》)从此类论述中,可以体悟古人是如何把语言同人性、天道、事理联结在一起的。中国现代学者对于汉语的人文性,也多有创见。汉语言文字不是单纯的符号系统,它有深厚的文化历史积淀和独特的文化心理特征。

一个民族能够自立于世界民族之林,是由于它自身的许多特征组合成一个牢固的整体,如民族经济、民族文化、民族风俗习惯,还有一个更重要的就是民族语言。民族文化是民族的根,而民族语言负载民族文化,是根之根。语言文字在民

---

① 维柯,意大利哲学家、美学家。其语言学思想和美学思想集中见于其代表作《新科学》(朱光潜译,商务印书馆 1989 年版)。

② 洪堡特:德国语言学家,著有《论人类语言结构的差异及其对人类精神发展的影响》(姚小平译,商务印书馆 1999 年版)。

③ 爱德华·萨丕尔,美国人类学家、语言学家。语言学著作主要有《语言论:言语研究导论》(陆卓元译,商务印书馆 1985 年版)、《论语言、文化与人格》(高一虹等译,商务印书馆 2011 年版)。

④ 魏斯格贝尔:德国语言学家,与萨丕尔、沃尔夫同为新洪堡特学派的代表人物,主要著作有《论德语的世界图像》(中译本暂无)。

⑤ 沃尔夫:美国语言学家,与其老师爱德华·萨丕尔共同提出著名的"萨丕尔-沃尔夫假说",认为语言决定思维。著作有《论语言、思维和现实——沃尔夫文集》(高一虹译,商务印书馆 2012 年版)。

族生命的组合中,对外是屏障,对内是血液,是黏合剂。语言文字这个工具在为民族政治、经济、文化服务的过程中渗进了民族的个性,成了民族的财富、民族的标志。可以这样说,语言是民族的生命、民族的血液。汉语言文字负载着中华民族数千年的文化,语言这一工具和它装载的文化、思想不可分割。也就是说,语言不能凌空存在。"语言是思维的外壳",这"外壳"与"内核"是不可分离的一个整体。

在人类社会中,文化载体也多种多样,如音乐、舞蹈、图画等等,但语言文字是最重要的文化载体,它装载着本民族的优秀文化,装载着人类创造的精神文明。教学生学语文,须牢牢把握语文工具的人文属性,弘扬民族优秀文化,吸收人类进步文化。

梁衡同志(国家新闻出版署副署长)说:"语文既然是民族生命的一部分,我们就应该像保护眼睛一样地保护它。"

1·3 纵向继承,横向借鉴,从生活中汲取

中学语文教学的基础不是"零",不是重砌炉灶,一切从头开始。语文教学要勃勃有生气,面向全体学生,全面提高语文质量,须注意纵向继承,横向借鉴,从生活中汲取。

我国语文教学有丰富的历史遗产,从理论到实践有研究价值和操作价值的东西甚为可观,它不仅培养了一代代志士仁人、学者专家,而且对传播和丰富民族文化做出不可磨灭的贡献。我们对优秀传统不可采取虚无主义的态度,对待传统语文教育须一分为二,区别,筛选,吸取精华,剔除糟粕。这里不作系统阐述,单从以下几个方面可看出其精华的生命力。

(1) 学语文与学做人结合。从先秦诸子开始到历代名儒,无不强调学语文与学做人要紧密结合。读书要明理,明做人之理,明报效国家之理。"君子之学,必先明诸心、知所养,然后力行以求至,所谓'自明而诚'也。"(程颐《颜子所好何学论》)读书,要讲求修身养性,讲求品德、胸怀。许多学子身体力行,将其作为奋斗的目标。例如文天祥兵败被俘之后,做到富贵不能淫,威武不能屈,就义后从他衣带里找到一张纸条,上面书写着"读圣贤书,所为何事?而今而后,庶几无愧"十六

个大字。用以身许国的实际行动实现了读书明做人之理的准则。写文章也讲究做人，文如其人。"器大者声必闳，志高者意必远。"（范开《稼轩词序》）学习写作应重视浩然之气的积蓄，道德、品德的完善，不能徒劳于章句之间。总之，读书、作文均注意自我心灵的塑造，注意培养完美的人格。

（2）熟读精思。蒙学①重视识字，《三字经》《百家姓》《千字文》，用现在的话说，是一整套启蒙的系列教材。识字以后读文章，文章范围宽泛。阅读文章强调"熟读"，"凡读书……须要读得字字响亮，不可误一字，不可少一字，不可多一字，不可倒一字，不可牵强暗记，只是要多诵数遍，自然上口，久远不忘"（朱熹《晦庵先生朱文公文集·训学斋规》），反复诵读，"破其卷，取其神"（袁枚《随园诗话》）。读书强调学思结合，孔子说："学而不思则罔，思而不学则殆。"精研，精思，就能晓其义，识其神。袁枚在《随园诗话》中打了个很生动的比喻说："读书如吃饭，善吃饭者长精神，不善吃者生痰瘤。"要能长精神，"思"是关键。心之官则思。熟读，"使其言皆若出于吾之口"，精思，"使其意皆若出于吾之心。然后可以有得尔"（朱熹《读书之要》）。

（3）勤练。学语文重视实际训练。多读多写几乎是一以贯之。"口不绝吟于六艺之文，手不停披于百家之编，纪事者必提其要，纂言者必钩其玄。"（韩愈《进学解》）这是指勤奋刻苦地读。写，也是如此，要耗心费力，勤学苦练。要写好文章，"无它术，唯勤读书而多为之，自工。"（《东坡志林》）要正确理解和运用语言文字，须多实践，多训练。

（4）博览。古人学语文强调广为涉猎，"贪多务得，细大不捐"（韩愈《进学解》），强调广闻博识，读万卷书，行万里路。"读书破万卷，下笔如有神"，是古人学习写作的经验之谈，也道出了广泛阅读的重要性。李沂②在《秋星阁诗话》中说得还要透彻。他说："读书非为诗也，而学诗不可不读书。诗须识高，而非读书则识不高；诗须力厚，而非读书则力不厚；诗须学富，而非读书则学不富……识见日益

---

① 蒙学：有狭义和广义之分。广义泛指古代启蒙教育，包括教育体制、教学方法、教材等内容；狭义则专指启蒙教材，即童蒙读本。这里取其广义。

② 李沂：明末清初人，崇尚气节，明亡后誓不仕清。著有《秋星阁诗话》《鸾啸堂集》。

高,力量日益厚,学问日益富;诗之神理乃日益出。"写诗非博览不能识高、力厚、学富,写文章岂不也是如此? 博览不仅为写作创造条件,更是开阔视野,加强修养。

例子还可以举出一些,这里不再赘述。传统语文教育也有许多弊端,最为严重的是脱离言语实际和脱离应用实际。书面上读的写的是以先秦两汉语言为基础逐渐形成的文言,与生活中实际使用的活语言距离很大,甚至完全脱节。语文教学重在应用,"学以致用"是重用原则,而传统的语文教学主要围着科举制度的"指挥棒"转,不切实际,不务实用。十年寒窗学语文,为的是金榜题名,语文成了求功名的敲门砖,危害极大。这些弊端应克服,糟粕应扬弃,切不能换个面目登场,错把腐朽当神奇,害我们现在的学生。

语文教学纵向继承绝不是照搬精华,而是要从现时代的要求出发,吸取精神实质。如学语文与学做人的问题,古代要培养的谦谦君子、要培养的功名利禄者,与今日要培养的有理想、有道德、有文化、有纪律的新人有时代的本质区别,但是教语文、学语文重视人格的塑造确实是优秀传统。如果把语文只看作语言文字的排列组合,是雕虫小技,那就丢弃了好传统,违背了学语文的根本宗旨。

语文教学要提高质量,蓬勃发展,在纵向继承的同时还须横向借鉴,广泛地吸收国内外与语文学科相关的如语言学、语法学、文艺学、教育学、心理学、美学等等学科的研究成果,从中吸取养料,以丰富自身。

比如语文教育心理学的研究,对如何根据学生心理发展的水平与特点,进行字、词、句、篇、语法、修辞、逻辑、文学等基本知识教学和读、写、听、说等基本技能训练,提供了科学依据。又比如语文学科的智能训练吸收与借鉴语言学、教育学、心理学中若干原则,能既培养学生读、写、听、说能力,又发展学生观察力、记忆力、思维力、想象力、联想力,提高语文教学的综合效应。再比如各种教法、学法的借鉴,包括外语教学和其他各科教学的行之有效的经验。

横向借鉴最重要的是"以我为主",也就是以中学语文教学为主。借鉴不是照搬,不是贴标签,更不是说一些连中国人也听不懂的名词术语吓唬教师与学生,而是要在"化"上下功夫,拿来为我所用。借鉴任何教育理论和具体做法,要牢记母语教学的特点,符合中学语文教学的规律。

　　语言文字在时代的长河中，随着人类社会的发展而成型，而丰富，而严密，而发展。今日的语文教学时处世纪之交，语文教学的社会文化背景变化迅猛，语言环境日趋复杂，现代教育技术日新月异，因而语文教学不是照抄过去，而是要在继承的基础上出新，赋予时代精神。要做到"出新"，首先要重视从生活中汲取。语文学习的外延与生活的外延相等。要使语文教学有活泼泼的生命力，须放开眼看，竖起耳听，接受新事物，吸收新信息，让时代活水在语文教育领域流淌。

　　比如，随着时代的发展，新的词语不断涌现。如：一国两制、机遇、热点、关停并转、窗口行业、希望工程、追星族等，不胜枚举。了解、筛选、吸收、积累，很有必要。又如：文学样式出现许多新品种，特别是影视文学出现后，语文教学内容就不得不考虑。实用文的品种、写法也是色彩纷呈，如一句话新闻、标题新闻等，均须关注。再比如，教学手段现代化，多媒体的出现与应用，都应注意学习，恰当地用到语文教学中，以提高质量。

1·4　工具性与人文性有机结合，实用而多彩

　　中学语文教学纵向继承，横向借鉴，从生活中汲取，皆须紧扣语文工具性和人文性的特点。

　　我们进行的是母语教学，语言和文化不是两个东西，而是一个整体。语文学科的工具性和人文性是一个统一体的两个侧面，不可机械地加以割裂。没有人文，就没有语言这个工具（语言和人是俱在的，不是独立于人而存在的一种工具）；舍弃人文，就无法掌握语言这个工具。说语文学科具有人文性，绝不是排斥它的科学精神；说语文学科具有工具性，也绝不是削弱它的人文精神，不存在限制这一个，张扬另一个的问题，应沟通交融，互渗互透。

　　有一种说法，认为语文讲文化载体，讲人文就不科学，讲工具训练才科学。这恐怕是一种误解。什么叫科学？反映事物的本质，还事物以本来的面貌，这种认识就科学。比如太阳绕着地球转的地心说不科学，地球绕着太阳转的日心说是科学的，因为前者不反映而后者反映了事物的本来面貌。语言是人类自身独有的工具，与大脑相互作用，与身体俱在。语言文字是文化的载体与结晶，怎能只重视形

式而忽视其内容？文化内涵是语文的固有根基，教材中的任何课文都是思想内容和语言形式的统一体，不可分割。只讲形式，就架空内容，语言形式就失去灵气，失去光泽，变成任意排列组合的僵死的符号。对这个问题，叶圣陶先生从修改文章的角度谈到过："修改文章不是什么雕虫小技，其实就是修改思想，要它想得更正确，更完美。"语言文字是载道明理的工具，"道"与"理"不讲究，这个工具怎能有生命力，怎能完美呢？

忽视语文的人文性，必然只强调语文工具而看不到使用语文工具的人。学语文不是只学雕虫小技，而是学语文学做人。教学生学语文，伴随着语言文字的读、写、听、说训练，须进行认知教育、情感教育和人格教育。只强调语文工具，用解剖刀对文章进行肢解，枝枝节节，只见树木不见森林，闪光的启迪智慧的思想不见了，吸引人、凝聚人、感人肺腑的情感被肢解得无踪影了，留下的是鸡零狗碎的符号。

只有弄清楚语文学科的性质，在教学实践中把握工具性和人文性本质，把语言的工具训练与人文教育有机结合起来，才能激发学生热爱祖国语言文字的感情，有效地提高语文能力，在他们心中撒播做人的良种。

2　语文学科是一门多功能的育人学科

中学各学科教学的终极目标都是育人,都是使学生德、智、体能获得全面发展,语文学科也不例外。语文教师通过语言文字的教学,要使学生的思想道德素质和科学文化素质得到提高,为今日学好其他学科、日后工作和继续学习打下扎实的基础。

语文学科由于它的性质所决定,教学中须发挥多功能的作用。也就是说,不仅发挥语言文字的训练功能,还要发挥知、情、意的教育功能。这个学科综合性很强,既有智育的任务,又有德育与美育的任务,是一门三育结合的人文学科。

语文学科不仅对学生培育有多功能的作用,由于是母语教学,它还有明显的社会功能,对于弘扬民族优秀文化和吸收人类进步文化,促进国家现代化建设,提高民族素质,具有重要意义。

2·1　以语文智育为核心

教文是语文教师的天职,教师须千方百计教会学生正确使用祖国的语言文字,提高他们读、写、听、说的能力。

《九年义务教育全日制初级中学语文教学大纲①(试用)》中规定:"在小学语文教学的基础上,指导学生正确理解和运用祖国的语言文字,使他们具有基本的阅读、写作、听话、说话的能力,养成学习语文的良好习惯。"《全日制普通高级中学

① 教学大纲:根据学科内容、体系和教学计划、要求而编写的教学指导文件,新课程实施后改称"课程标准"。

语文教学大纲(供试验用)》中规定:"高中的语文教学,要在初中的基础上,进一步提高学生正确理解和运用祖国语言文字的水平。要对学生进行有效的语文训练,指导学生学好课文和必要的语文知识,使他们具有适应实际需要的现代文阅读能力、写作能力和听说能力,具有初步的文学鉴赏能力和阅读浅易文言文的能力;掌握基本的学习方法,养成自学和运用语文的良好习惯,具有分析问题、解决问题的能力。"以上所引只是教学大纲中有关教学目的的第一句话。纵观初高中教学目的的第一句话,可知教学要以语文智育为核心。①

对语文智育要有完整的认识,不能以偏概全。要语言文字的训练功能发挥得有效,有几个方面须特别注意。

(1)识字、写字与阅读文章的关系。中学语文教学与小学的识字教学当然有区别。中学阅读教学以阅读文章为主,单篇也好,几篇组合成单元也好,总是要读文章,这无可非议。问题在于读文章时须考虑识字、写字的因素,并把它们放在合适的位置。学生读课文往往大而化之,一目十行,遇到不认识或不会写的笔画繁多的字往往一跃而过,懒于查工具书,有时连课本里的注释也不仔细看。对这种状况不能漠然置之,如在阅读中不加以指导,学生读错字、写错别字的毛病难以纠正。汉字是一种独特的文字体系,每个字表示一个带声调的音节,有一定的形体,表示一定的(一个或多个)意义。汉字是形、音、义的组合。字识得多,写得正确,不仅反映了语文水平,也反映了文化水平,因此,指导学生阅读文章要加强识字、写字的点拨,读准字音,分析字形,理解字义,让学生在中学阶段切切实实打好语言文字的基础。识字、写字当然不是阅读文章的全部,但毕竟是读懂文章的基础。识字就行了,为什么要强调"写"字呢? 识而不会写,等于不识,字认识了就可以用,不会写又怎能使用呢? 离开课文,作单独的写字训练是一码事,结合阅读识字写字又是一码事,二者虽殊途,但可同归,即把字写正确,写端正。

---

① 本段文字在 2012 年版中表述如下:"义务教育语文课程标准的第四学段(7—9 年级)学段目标对识字与写字、阅读、写作、口语交际等方面均有明确的要求,显现语文智育的特点。普通高中语文课程标准必修课程中'阅读与鉴赏''表达与交流'均有明确的语文智育的要求。语文教学指导学生学习与掌握语言文字,学会正确地运用语言文字天经地义。"

（2）阅读教学中学好课文的问题。教材中文质兼美的文章是学生学习语言文字的范例，应从内容与形式有机结合的高度，既让学生整体感知，又能对精彩的局部含英咀华。读，是吸收，课文不仅是训练语言的例子，而且是积累语言、积累文化极好的材料。好的课文熟读精思，能构成文化素养。学习课文一怕架空分析，丢掉了语言文字的训练；二怕肢解，把好端端的文章肢解成若干零部件，丢掉了文章的灵魂。二者共同的特点是削弱乃至取消课文对学生的培育作用，都源于对语文学科性质的片面理解。

（3）语文知识与语文能力的问题。孩子学语言可以说从听说能力开始，口耳相授，形成习惯。6岁的孩子已能用语言应付身边需要，如："我渴！""这是什么？""妈妈喜欢我。""你到这里来！"各种句式几乎都有，他们不是先掌握语文知识，再具备语文能力的。中学生学语文着重在规范化，再提高理解和运用语文的水平，因而语文知识的学习和语文能力的训练应紧密结合，不可偏废。知识往往反映了规律，以必要的语文知识指导语文能力训练，能增强有效性；只进行机械的训练，就会出现一叶障目的情况，对某一点熟悉了，但综合运用的能力十分薄弱。教语文知识不能在名词术语上兜圈子，应着眼于应用。和实际联系，着眼于应用，知识就有活力，就能发挥指导作用。语文知识是发展语文能力的基础和条件，语文能力的发展是掌握语文知识的前提和结果，二者互为制约，互相促进。

（4）作文问题。作文是学生运用语言文字的能力、认识生活的能力、思考问题和分析问题的能力等等的综合反映，是学生语文能力的真实反映，也是语文学习中的难点、难关。作文要放在语文教学重要位置上。重读轻写，语文能力不可能全面有效地提高；支离破碎地读，也不可能促进写作能力的提高。"拳不离手，曲不离口"，写得少，要想手熟，要想写出情意真切、内容充实、语言流畅的好文章，纯属妄想。有一定的数量才有一定的质量，写的问题不通过一定数量的积累不可能很好地解决。以背别人的作文来代替自己的独立作文，是从另一个角度来破坏写作教学，削弱写作能力的培养。优秀作文作为借鉴，背诵一两篇不是不可以，问题在以背代练，用以应考，以假货充真货，抽掉真情实感的灵魂，无论从语文能力培养，从做人的道理来说，都是违背语文教学大纲，违背语文教学宗旨的。

（5）学习语文的良好习惯培养问题。"为学贵慎始"，从小养成良好的习惯，一辈子受用不尽。学语文也一样，读书、写字、作文，要能不断进步，良好习惯的培养很重要。习惯的培养不是发空论、发空号召，而是要多加具体指导，并锲而不舍，要因人而异，采用不同方法，通过多种途径，以达到良好的效果。语文学习良好习惯的培养应紧扣读、写、听、说能力的训练进行，抓住带倾向性的不足之处具体指导，会有明显成效。初中、高中语文教学大纲均要求培养学生学语文的良好习惯，极有道理。

至于浅易文言文阅读能力、文学鉴赏能力培养在中学阶段均要扎扎实实地落实，这儿不赘述。在以智育为核心的语文教学中，自始至终须注意自学能力的培养，自学能力越强，读、写、听、说能力提高越快。

2·2 渗透德育和美育

由学科的性质和功能所决定，语文教学在以语文智育为核心的同时，应渗透①德育和美育。初中、高中语文教学大纲中有关"教学目的"②表述得十分明白：

"在教学过程中，开拓学生的视野，发展学生的智力，激发学生热爱祖国语文的感情，培养健康高尚的审美情趣，培养社会主义思想品质和爱国主义精神。"（初中）

"在教学过程中，指导学生进一步开拓视野，增长知识，陶冶情操，发展智力，发展个性和特长，培养学生热爱祖国语言文字、热爱中华民族优秀传统文化的感情，培养健康高尚的审美情趣和一定的审美能力，培养社会主义思想道德和爱国主义精神。"（高中）

语文教学中德育的任务很明确：激发、培养学生热爱祖国语言文字的感情，热爱中华民族优秀传统文化的感情，培养社会主义思想道德和爱国主义精神。这里

---

① 渗透：2012 年版为"融合"。

② 此处 2012 年版的表述改为"在义务教育阶段、高中阶段的语文课程标准中有关这方面的内容"，相应地，下面的引文也更新为《义务教育语文课程标准（2011 年版）》和《普通高中语文课程标准（实验）》中的相关表述。

有思想、道德、情感、精神。都德的《最后一课》中那位教师韩麦尔先生对学生说的有关语言的话非常耐人深思,他说:"法国语言是世界上最美的语言——最明白,最精确。"又说:"我们必须把它记在心里,永远别忘了它,亡了国当了奴隶的人民,只要牢牢记住他们的语言,就好像拿着一把打开监狱大门的钥匙。"这篇文章是小说,但作为世界少年教材一直发挥着教育孩子热爱自己祖国、憎恨侵略者的积极作用,而其中对自己民族语言的颂扬与热爱正是爱国主义精神的一个反映。我们中华民族的语言才真正是世界上最美的语言,因为它装载着中华儿女精心创造的灿烂文化,数千年的文明形成的语言之丰富,表达情意的细致、细微、细腻在世界上是罕见的。用母语教学激发学生热爱祖国的语言文字的感情,是教师应负的重任。语言文字本身就有民族情,用它铸成的文章,只要是佳作美文,总洋溢着绵绵的情意,热爱它,带着感情去学它,就会在心灵上有感应,学得愉快,学得有收获。如果只把它看成无情无义的符号,学习时不投入思想,不投入感情,就体会不到语言文字的奥妙,当然也就难以取得理想的效果。

前面说过,民族语言是民族文化的根,民族文化是民族长期创造的文明,流淌在民族的血液中,往往是民族个性的标志。作为中华儿女,热爱中华优秀文化,不仅可加深对祖国语言文字的理解,而且对良好素质的培养,对完美人格的塑造起不可估量的作用。

英国培根①曾经说过:"美德有如名香,经燃烧或压抑而其香愈烈。"伏尔泰②在《十八世纪法国哲学》中指出:"美德与丑恶,道德上的善与恶,都是对社会有利或有害的行为;在任何时代,为公益作出最大牺牲的人,都是人们会称为最道德的人。"学生要成为跨世纪的公民,成为社会主义现代化建设的劳动者,要花气力培养良好的道德素质。特别在商品经济的大潮中,更要明辨是非,心中有他人,心中有集体,心中有祖国。在语文教学中,要持之以恒地紧紧围绕语言文字的训练施以良好的道德教育,尤其是公德心和社会责任感,使学生不仅懂得做人的道

---

①　培根(1561—1624):英国文艺复兴时期散文家、哲学家,现代实验科学创始人。

②　伏尔泰(1694—1778):法国启蒙思想家、文学家、哲学家、史学家,法国资产阶级启蒙运动的旗手。

理,而且在自己的行为上充分体现。爱国主义是千百年来巩固起来的对自己的祖国的一种最深厚的感情,从小培养学生爱国心,培养爱国主义精神,人就有了主心骨,就能在任何情况下做堂堂正正的中国人。语文教材中许多课文浸透了爱国主义精神,充分运用,以情激情,在学生心中撒播爱国主义火种。

语文教学中美育的任务也很明确:培养健康高尚的审美情趣和一定的审美能力。中学语文教学把发展学生感知美、理解美、欣赏美、创造美的能力作为基本任务之一。语文教材中有丰富的美育因素,自然美、人文美、语言美,无处不在。有意识地给学生以熏陶,能使学生情操高尚起来,对学习对生活有正确的、健康的、积极的追求。千万不能小视语文教学中的审美功能。赫·斯宾塞①在《教育论》里说得好:"没有油画、雕塑、音乐、诗歌以及各种自然美所引起的情感,人生乐趣会失掉一半。"语文教学中如果忽视或抽掉美的熏陶,将会苍白无力,失去育人的作用。要脱离低级趣味,识别假、恶、丑,并有抵御能力,美育应发挥强有力的功能。

语文学科进行德育、美育,不是脱离语言文字训练另搞一套,而是要做到语文训练和思想道德教育统一。也就是要紧扣语文学科的性质,引导学生在学习语文过程中提高思想认识、道德修养和审美情趣;在领会思想内容的同时加深对语言文字的领悟,培养语文能力。渗透的途径与方法很多,可因文而异。在教学过程中,紧扣课文特点,针对学生实际进行德育、美育渗透,思想内容与语言文字能双放光彩,给学生以语言上的领悟和情操上的熏陶感染。比如《七根火柴》中描写无名战士牺牲时的场景有这样一段文字:

"话就在这里停住了。卢进勇觉得自己的臂弯猛然沉了下去!他的眼睛模糊了。远处的树、近处的草、那湿漉漉的衣服、那双紧闭的眼睛……一切都像整个草地一样,雾蒙蒙的;只有那只手是清晰的,它高高地擎着,像一只路标,笔直地指向长征部队前进的方向……"

无名战士话未说完,死神就夺去了他的生命,作者没有用"死""逝世"这样的字眼,

---

① 赫·斯宾塞(1820—1903):英国哲学家、社会学家,被誉为"社会达尔文主义之父"。

而是用战友卢进勇"臂弯猛然沉了下去"的感觉来刻画,这不仅更便于下文描绘卢进勇为失去战友而悲痛,还在于不直说无名战士献身,寄寓了难以言表的崇敬、悲痛的深情。学生读到这里,教师可点一点,让学生有所感悟。这一段里语言的运用别具匠心,要引导学生思索、推敲、咀嚼。在同一个场景同一个人身上,眼睛"模糊"了,怎么看出去的东西中又有"清晰"的呢? 是不是矛盾? 卢进勇为失去公而忘私的无名战士而悲痛,而唱哀歌,故而眼睛"模糊"了。放眼看草地,远处的树,近处的草,目光所及的整个草地,都是雾蒙蒙,大地也在哭泣,为这位无名战士唱哀歌,唱颂歌。为什么在一切均雾蒙蒙中唯有那只手是"清晰"的呢? 这犹如舞台场景的处理,其他都暗淡下来,把所有的光束集中在那只指向正北方向的手上,为牺牲者加上最后一个特写镜头。就是这只手,是把生的希望送给同志、把死亡留给自己的象征。通过看似矛盾的两个词语的推敲,红军战士无私忘我的高大形象不仅矗立在茫茫草原,而且移植到学生心中。学生从悲壮的场景、语言的运用中受到教育感染。

2·3 培养素质与发展智力

今日的中学生是 20 世纪末、21 世纪初各个建设领域的后备军,培养塑造他们,不仅须研究他们今日的心理特点、学习能力,而且要认真考虑他们明日应有怎样的思想道德素质、科学文化素质才能适应现代化建设的需要。肩负物质文明和精神文明建设重任的建设者,无论是专门人才还是一般劳动者,都应具有现代人的素质,应该是思想活跃,富于理想,自学能力强,善于吸收各种新信息,能不断更新自己的知识结构,勇于改革创新的人。语文教学就要为实现这样的培养目标打下扎实的基础。

现代人应该是文明的人,有良好的习惯,有奋发向上的精神,有追求真知的旺盛的求知欲,有克服困难、锲而不舍的意志与毅力。这些素质均可通过严格的语文训练有意识地培养。比如认真负责、一丝不苟的态度,不是号召一下、要求一下就能奏效的,须通过一次次作业、一次次读写训练和指导、表扬、批评、示范等多种方式进行,坚持不懈地教育,就能养成良好的习惯。良好习惯一旦养成,习惯成自然,就懂得做人应该敬业,学习也好,工作也好,都要有负责精神、敬业精神。由于历史的曲折和社会上的某些不良影响,学生学习上的粗疏与惰性、被动承受与浅尝辄止屡见不鲜,因而,针对学生的实际情况,培养良好的素质,特别要从习惯的养成抓起。对于青少年学生来说,学习绝不是只在学校读书的那几年,人工作一辈子,就要学习一辈子,终身接受教育。因此,语文教学中要着力培养学生良好的学习习惯。没有规矩,不能成方圆。读书、写字、说话、作文,均要严格要求。认认真真、踏踏实实、仔仔细细去读去写,绝非一日之功,这既是良好习惯的培养,也是坚强意志的锻炼。培养学生自己读书,培养他们从阅读中发现问题积极思维的习惯,引导他们阅读时口到、眼到、心到,既可增强他们做学习上的主人的意识,又可激发他们不断进取的求知欲。学生对语文的工具性、人文性缺乏足够的认识,对这个学科的特点,对学习这门学科的规律性缺乏足够的认识,总希望一学就会,一写就提高,不理解积累有个过程,急于求成、立竿见影是行不通的。因此,教师要反复宣传语文学习积累与实践的重要与必要,培养他们学语文的韧性,培养他们孜孜以求、锲而不舍的精神,教育他们不因一次作文、一次考试失利而气馁,也不因些微进步而骄傲,要脚踏实地,积词积句积文,一步一个脚印,在训练语文基本功的同时,塑造做人的素质。教师教学生"学文",也在教学生"做人"。

给学生语文打基础,切不可忽视智力的开发。点拨,开窍,把学生教得聪明起来,是语文教学育人的又一重要内容。学生在学习期间不可能学会他在日后投入社会、参加现代化建设的全部知识和能力,要紧的是培养他们会学习、会思考的本领。有了这些"基因",将来就能举一反三,有所创造,有所前进。培养学生读、写、听、说能力的同时,须有意识地在思维力、想象力、观察力、记忆力、联想力等方面,尤其是思维力的锻炼方面下功夫。在学生的脑力劳动中,首要的不是记住别人的思想,而是要自己积极思考,学会思考,培养学生的语文能力,无论是遣词、造句、谋篇、布局,无论是记事、写人、状物、说理,都须臾离不开积极的思维。因此,在训练读、写、听、说能力的同时,必须增进和发展他们的思考能力。有这个认识与没有这个认识,在教学实践中做法就会很不一样,效果当然也就迥异。比如,紧扣教材发展学生想象力的问题就很有意思。魏学洢的《核舟记》是记述核舟工艺精妙绝伦的短文,全文仅 400 多字,却描述了核舟上雕刻的全部景物。学文言文,一般只疏通词句,重点理解某些生字难词难句,能译成现代语言,剖析写作上的特色等就可以了,也就是说读读、讲讲,或加上背诵。就文论文地学,确实容易囿于文字的训练,如果学生在理解的基础上按记述的顺序画一幅核舟图,尺寸放大五倍或更多倍,舟上人五、窗八、箬篷、楫、炉、壶、手卷、念珠各一,对联、题名并篆文,共34 字,尽各放在恰当的位置上,收效就不一样。船不一定画得很像、很好,但通过把无声的文字变成有形的线条,学生的想象力得到发展,阅读的认真程度加深,对这枚桃核上雕刻的苏东坡泛舟赤壁有了总体印象。读读,想想,画画,熟悉了课文,发展了形象思维,对雕刻技艺的精湛和表述文字的简洁、周密、生动,比一般性阅读更有真切的理解。

2·4　讲求综合效应

语文学科是综合性很强的学科。语文课文中除语言文字知识外,还包含着广泛的社会科学知识和自然科学知识,宏观的、微观的都有所涉及。可以说,上自天文,下至地理,古今中外,无所不包。凡是人类创造的精神文明,用文字表述出来,在不同年级的课本中,根据中学生语文学习的需要,都会有或深或浅或多或少的反映。就语言文字本身来说,它综合着各种语文知识、各项语文训练,培养多项语文能力。语文知识是字、词、句、篇、语法、修辞、逻辑、文学,阅读、写作、听话、说话等各种各类知识的综合;语文能力是读、写、听、说各种能力的综合;语文训练是各种语文知识训练和各种语文技能训练的综合。整个语文是个综合体,由于这个特点,语文教学必然丰富多彩。

认识语文学科综合性特点,教学时必须讲求综合效应,不能单打一。

语文教学要培养学生掌握祖国语言文字,掌握读、写、听、说的真本领。学生青春年少,学得的知识往往熟记在心,储存在自己的头脑仓库里,一旦需用,会立即显现,脱口而出;技能也是如此,小时候练就的读、写、听、说能力犹如自己身体的有机部分,用起来得心应手,后劲很足。训练能力要树立全面培养的观念,不能以偏概全,以局部代整体。由于科学技术的迅猛发展,生活节奏加快,信息频繁,人们交流思想常常说与写并重,说的作用应提高到相当重要的位置。为此,进行语文能力训练时,应把握读、写、听、说能力相辅相成的关系,全面培养。众所周知,听和读是吸收,说和写是表达,既要培养学生合理吸收的本领,又要训练他们具备准确表达的基本功。训练要有明确的阶梯。从出发点到目的地有一段路程,在这段路程中要步履清楚,拾级而上。语文教学大纲中的教学要求是训练的全局,初中一个阶段,高中一个阶段,上下衔接,每个阶段有读、写、听、说能力各自具体的要求,四种能力之间又相互渗透与穿插,故而训练时力戒笼统混沌,要有合理的布局,要安排好恰当的"序",引导学生步步登攀。训练语文能力的主要依据是教材,洞悉各类课文的个性,充分发挥它们的例子作用,可有效地训练学生读、写、听、说的能力。

在运用教材为例子的同时,千万不能忽视它们的教育作用。有些课文有认识价值,学生对古今中外的人和事、景和物本不甚了解,学了有些课文后,增长了知识,认识了事物。如《捕蛇者说》,通过课文的阅读,对"悍吏之来吾乡,叫嚣乎东西,隳突乎南北,哗然而骇者,虽鸡狗不得宁焉"的骚扰、搜刮、迫害老百姓的情景有所了解,学生就能认识到唐宪宗时赋敛极重,民不堪命,真是苛政毒于毒蛇。有些课文教育功能特别明显,哪怕是一两句诗,可能使学生终身受益,永志不忘。如文天祥《过零丁洋》中的"人生自古谁无死,留取丹心照汗青",哺育了一代代志士仁人,这种价值、这种精神财富,是用任何数据都无法来评价的。有些课文有审美价值,且不说诗歌、散文、小说,就是说明文,只要精心教,也同样能发挥审美功能。比如,《看云识天气》是一篇说明文,对天空姿态万千、变化无常的云加以说明,加以描述,同样可使学生感受到自然美景如画。"卷云丝丝缕缕地飘浮着,有时像一片白色的羽毛,有时像一块洁白的绫纱",读这类句子不仅增长知识,而且感受到浓浓的画意。有些课文情透纸背,或慷慨激昂,或如潺潺流水在字里行间流淌,教学时充分发挥其特点,能叩击学生心灵。总之,训练语文能力,应充分发掘和发扬课文的特点,文字技巧和思想情操双管齐下,可培养学生的思想道德修养和科学文化素养。

语文教学在学生素质、能力、智力方面发挥重要的培育作用,实质上是力求实现"学力形成"和"人格形成"的统一，也就是在教学过程中既有形成语文能力的侧面，又有形成个人思想情操、思维品质和行为方式的侧面，二者有机地、和谐地统一，教学就能获得综合效应，学生多方面得到培养。当然，有一点必须十分明确：语文教师教学生学语文，引导学生学习语文知识，进行语文能力训练，是语文教学的主旋律，须牢牢抓住不放。

语文教学要发挥教文育人的综合效应，不但要掌握学生的共性，更要注重学生个性的发展。教师不能站在学生世界的外面观察，要站到学生世界之中眼看耳听，搭准他们的脉搏，了解他们的思想、性格、情趣、爱好、知识、才能，长善救失，因势利导，使他们的潜力，使他们的聪明才智能健康地得到发展。不促使学生个性获得发展，育人就相应地失去光泽。

"教育性教学"①是近代教学论研究的重要课题，从育人的高度，从教师的崇高职责，从语文学科的个性特点出发，语文教学应该也必须成为教育性教学，发挥教文育人的综合效应。无数事实证明：任何真正的教学，不仅是提供知识，而且给学生以良好的教育。离开了"人"的培养去讲"文"的教学，就失去了教师工作的制高点，也就失去了教学的真正价值。

---

①　"教育性教学"：德国近代哲学家、心理学家、教育家赫尔巴特提出的一条教育教学原则。认为道德养成是教育的最高目的，而道德教育必须依赖于教学，主张"通过教学进行教育"，反对"无教学的教育"，也反对"无教育的教学"。

3 为课堂教学创设师生交融的佳境

在我们这个人口众多的国家里,中学生有几千万。尽管教育形式有多种多样,但以班级为单位的课堂教学在学校教育中必然是主要形式。学生进学校学习,日复一日,年复一年,大部分时间都在课堂里度过。教什么,怎么教,学什么,怎么学,要不断进行探索,进行研究,以期寻得规律,取得最佳效果。课堂教学质量的高低往往与学习质量的高低息息相关,要有效地提高学生的学习质量,须大力改革课堂教学,充分发挥课堂教学的职能。

教学是教师和学生之间的共同活动,在这个过程中须有可供教与学的材料,即教材。教学就是在教师教的活动、学生学的活动和教材—教学的依据这三者的相互作用中展开的。教师运用教材科学地、艺术地、有创造性地教,学生以教材为依据主动地、积极地学,师生两个积极性发挥,课堂教学就生动活泼,进入佳境。

3·1 树立"体"的观念

较长时间以来,语文课型中以讲读课为主,辅之以略读课、写作课、复习课等课型;而无论哪种课型,往往以平推的居多,以平面展开最常见,以单打一的传授知识最手熟。尽管这种种做法在培养学生理解和使用祖国语言文字方面收到一定的成效,但从时代的要求和今天学生学习的实际情况来考察,课堂的职能远没有发挥。

前面说过,语文学科是一门方面多、综合性强的学科。从知识来说,有字、词、句、篇、语法、修辞、逻辑、文学等;从能力说,有读、写、听、说等。就语文本身来说,要考虑语文各类知识、语文各类能力之间的关系;就语文与其他学科的关系来说,又要注意配合、依存、渗透与促进。再者,语文教学中要结合语言文字的教学,十分注意智力的开发和思想情操的陶冶。认识这个特点,从综合性考虑出发,课就要树立"体"的观念,从多方面思考问题,分析问题,发挥课堂教学的职能。

影响课堂教学职能的因素很多,主要的有:教师向学生传授知识的质——教学内容的精确与深入;教师向学生传授知识的量——教学内容的多与少;学生接受知识的质和量——对教学内容理解的正误、深浅与多少等。这些是就知识而言。就能力而言,教师训练学生语文能力的质和量,如训练内容的难易、分量,训练角度的大小;学生进行语文能力训练的质和量,如准确度、速度、掌握的幅度与熟练程度,等等。此外,还有渗透德育、美育,开发智力的任务。教学时须综合思考以上众多的因素,做到教与学有机结合,知识与能力协调发展。

课前考虑得全面周到,上课时才能避免单打一,避免机械分割,才能重点突出,轻重配合得当。在同样的单位教学时间内,一种是单打一地进行教学,一种是熔知识传授、能力培养、智力发展与思想情操陶冶于一炉,二者相比较,教学效率的高低自不言而喻。不论是讲读课、阅读课,也不论是写作课、练习课,乃至复习课,等等,都可在教学目的比较单一的情况下体现综合性的特点,发挥课堂教学多功能的作用。课由平面而立体,知识覆盖面就广,能力训练的角度就多,学生可获得多方面的培养,思想情操相应受到熏陶。这样,课的容量丰厚,效率会大大提高。

课要上得立体化,使知识、能力、智力、思想情操陶冶融为一体,发挥多功能的作用,课前须精心设计,把教材的逻辑结构与教学过程的程序结合起来,探索最佳结合点。课堂上讲和练既要重视眼前的课文,又要不为课文内容所限而不思其他。要认真地审慎地选几个知识点或训练点纵横延伸。选的"点"要恰当:在课文中能起"点睛"作用或关键作用的;语言经得起推敲,内涵丰富而又咀嚼有味的;能在思想上给学生以启迪,能拨动情感的琴弦的;读、写、听、说能力某一方面或某几方面能切实获得训练的;能拉出联想或想象线索,知识和能力训练扩散点显明的、丰富的。所选的知识点或训练点应是在培养学生语文能力、陶冶情操、提高文化素质方面闪光的,或辐射,或折射,使课堂教学充满明亮。

怎样使课立体化,使学生多方面获得培养呢? 这里且不举整堂课的例子,只以教说明文《晋祠》第一、第二两个教学环节为例作简略的说明。课的起始阶段，教师用三言两语引入课文以后，要求每个学生口述一处祖国的名胜古迹，而且在速度与表达上有要求。学生从上海的豫园讲到西藏的布达拉宫，从杭州的西子湖讲到长白山天池，思想集中，兴趣很浓。请看这部分教学内容的实录：

第 一 课 时

（上课）

师：我们伟大祖国历史悠久，山川锦绣，名胜古迹星罗棋布，在世界上可以说是——

生（部分）：首屈一指。

师：首屈一指（竖起拇指）。现在请每位同学就你所知道的名胜古迹说一处，要求：一说清楚，二速度快。我不一个一个叫名字了，请挨着次序讲下去。你先说（示意第一排一位学生）。

生1：青岛八大关。

生2：故宫。

生3：从化温泉。

生4：山西云冈石窟。

生5：西安的大雁塔。

生6：杭州的西湖。

生7：长城。

生8：甘肃的酒泉。

生9：善卷洞。

师：在什么地方？

生9：宜兴。

生10：福建厦门的鼓浪屿。

生11：南翔古猗园。

生12：北京的颐和园。

生 13：普陀山的寺庙。

生 14：西藏的布达拉宫。

师：好，讲得很响。

生 15：河北省的赵州桥。

师：河北省的赵州桥我们什么地方碰到过？

生（部分）：课文《中国石拱桥》。

师：对。

生 16：太湖。

生 17：西安的大雁塔。

师：重复了。

生 18：陕西的兵马俑。

生 19：安徽滁县的醉翁亭。

师：醉翁亭，我们这学期要学《醉翁亭记》。

生 20：承德的避暑山庄。

生 21：湖南省岳阳市的岳阳楼。

师：岳阳楼，我们这学期还要学《岳阳楼记》。

生 22：山水甲天下的桂林山水。

生 23：庐山的大天池。

生 24：洛阳的白马寺。

生 25：雁荡山。

师：在哪个省？

生 25：浙江省。

生 26：广西容县古经略台真武阁。

生 27：河北省保定市的古莲池。

生 28：广东肇庆星湖。

生 29：广西阳朔。

生 30：长白山天池。

生31：济南的大明湖。

生32：扬州的瘦西湖。

生33：北京的天坛。

生34：甘肃的敦煌。

生35：上海名胜豫园。

生36：西藏的拉萨哲蚌寺。

生37：绍兴的东湖。

生38：北京的卢沟晓月。

师："卢沟晓月"我们也在课文中碰到过。

生39：西双版纳。

生40：四川的乐山大佛。

生41：宜兴的张公洞。

生42：庐山的花径。

生43：中岳嵩山。

师：中岳嵩山，你还能够说出其他的几个"岳"吗？

生43：能。西岳华山、东岳泰山、北岳恒山、南岳衡山。

师：对不对？

生（部分）：对！

师：记得很熟，好。

生44：浙江的瑶琳仙境。

为什么要安排这个环节呢？目的在于使学生以下几个方面能获得培养：①锻炼口头表达能力（语文能力）；②相互启发，开阔视野（增长知识）；③发展记忆力、想象力（智力）；④了解中华民族的深厚文化平铺在祖国960多万平方千米的土地上，受到爱国主义的熏陶感染，增长民族自豪感。此外，还活跃课堂气氛，使学生学得愉快。紧接着第二个环节是：出示《中国名胜词典》①，听写词典中"晋祠"的

———————————

① 《中国名胜词典》：国家文物事业管理局主编，上海辞书出版社1981年版。

条目内容,听写后将条目中说明的每一句话用数字标出,和课文中相应的内容对照,辨别异同。为什么要安排这个环节呢? 目的是:①激发学生求知欲。尽管学生在不到两分钟的时间内把自己熟悉的名胜古迹初步检阅了一下,似乎已经巍巍乎壮哉,但在中国名胜古迹中毕竟有限,知之甚少,推荐词典用以激发学生求知的欲望;②训练学生听写的能力;③训练思维的敏捷性;④检验阅读理解的速度和准确度;⑤训练比较思维的能力;⑥进一步激发学生对古代优秀文化的热爱。下面截取课堂实录一小部分,从中可窥见上述教学意图。

师:把词典上介绍晋祠的语句和课文《晋祠》对照起来看,你们会发现哪些问题? 这是一。二、二者有哪些不同之处? (食指、中指竖起示意)三、请你们判断一下是文章写得好呢,还是词典上说明得好。(食指、中指、无名指竖起示意)有的已经思考好了。(学生举手)××,你说。

生52:词典上说晋祠是在山西太原市西南25公里,书上说是在山西省太原市西行40里,数据上有些不对。

师:数据上好像有些不大对? 25公里是多少里啊?

生(集体):50里。

师:50里,怎么一个50里,一个40里呢? 还有什么问题? (学生举手)×××。

生53:词典里介绍的一段话中,"三绝"是指:难老泉、宋塑侍女像和隋槐、周柏,而书上写的"三绝"是:圣母殿、木雕盘龙和鱼沼飞梁。两个"三绝"内容不同。

师:三绝的内容不一样,这又是一个问题。(学生举手)×××。

生54:我认为××同学刚才说的问题遗漏了一点,在词典上的第二句中,××同学只对了第7段,我认为还可以对第9段,就是讲鱼沼飞梁。

师:对不对?

生(集体):对的。

师:好,补充得很好。还发现了什么问题? (学生举手)×××。

生55:书上是唐槐,而词典上说的是隋槐。

师:到底哪一个对? 是隋槐还是唐槐?

生55:(继续提问)书上写四十二尊侍女像,而这里写四十三尊。

师:是四十三尊还是四十二尊?(学生举手)×××。

生56:书上写的是唐槐,这里写的是隋槐,隋唐相隔时间不长,隋朝的统治很短,所以这里用隋槐、唐槐都可以。

师:可不可以?

(学生点头)

师:隋什么时候建立的?

生(集体):581年。

师:公元。

生(集体):公元581年。

师:灭亡呢?

生(集体):618年。

师:(笑)你们历史学得不错,因此我们讲"隋唐"。"隋唐",就好像秦始皇统一——

生(集体):秦汉。

师:对。秦汉,秦朝很短,因此常和汉连起来讲。相隔时间很短。(拇指与食指示意"短"),因此问题不大。还有什么问题?(学生举手)×××。

生57:我回答××(指生52)的问题,从山西省太原市西行40里,而词典上是山西省太原市西南25公里,一个是西南,一个是西行,它们之间存在着方向的差别——

师:好,方向上有差别。

生57:(继续说)所以,距离也不相等。

师:距离也不相等,因此两个数据怎么样?

生57:都可以。

师:都可以的。

生57:(继续发表意见)还有关于晋祠三绝,书上与词典上说法不一样,《中学语文课外阅读手册》①上说——

师：《中学语文课外阅读手册》上怎么说？（出示此书，学生课桌上都有此书）

生57："关于晋祠三绝的说法多种多样，正好证明了晋祠值得人们欣赏的杰作特别多。"

师：因此，可以说法不一样，对吗？

（生57点头）

师：同学们已经养成了习惯，在读某一篇课文时，总要到《中学语文课外阅读手册》中去找一找，看看有没有相应的文章读，这样对理解课文，扩大视野有好处。三绝可以有多种多样说法——（学生举手）×××。

生58：我认为对三绝作这样的解释不是最好，应该说，在课文上它是讲古建筑的三绝，在词典上是讲晋祠三绝，当然它们之间有区别。

师：对。读书要读仔细啊！（学生举手）×××。

生59：我来回答刚才×××同学（指生55）提出的问题。他说词典上说晋祠殿堂里面有宋代彩塑四十三尊，而书上是四十二尊，好像有差错。其实，书上讲"宋代泥塑圣母像及四十二个侍女"，这样加起来也是四十三个。

师：四十二加一是多少？

生（集体）：四十三。

师：四十三。

生59：（继续讲）所以，并没有出入。

师：对，请坐。（学生举手）××。

生60：刚才我们听写下来的一段话中有这样一句话，"殿两侧为难老、善利二泉……晋水主要源头由此流出"，而139页第5段中讲"这里的水，多、清、静、柔……这些水都来自'难老泉'"，说法有出入，这些水到底是来自难老泉，还是来之于难老、善利二泉呢？

---

①　《中学语文课外阅读手册》：由上海教育出版社组织部分上海知名教师（如方仁工、过传忠、杨振中、姚善同、陈刚等）编写的一套学生课外阅读辅助教材，于1984年、1985年陆续出版。

师:请坐。(学生举手)××。

生61:词典和课本上还有一个不同之处,就是在写晋祠三绝的时候,写作方法是不同的,课文上是先总述,然后再分述,词典是先分述,然后再总述。

师:好,你看出了不同之处,仔细阅读,不同之处还很多。我们刚才发现了许多问题,有些问题解决了,比如25公里和40里是不是数据上有出入,刚才××(指生57)解答了。一个是西南,一个是什么啊?

师、生:西行。

师:这没有矛盾。四十二、四十三,四十二加一——

生(多数):四十三。

师:这也没有出入。至于三绝的讲法,词典上是晋祠三绝,书上呢?

生(部分):古建筑三绝。

师:因此也并不矛盾。而××(指生60)提出的问题是值得研究的,到底发源于难老泉、善利泉,还是只是难老泉呢?

请阅读思考(出示《中国名胜词典》),这里是一段话,这儿是一篇文章(出示教科书),有哪些不同的地方?××想好了,其他同学呢?(学生举手)×××。

这样一环扣一环,环环有明确的训练目的,每一环起多方面的培养作用。学生的活动占课时的80%以上,而这些活动又是在教师的指导下进行的。

3·2 学生是学习语文的主人

教语文,几乎有这样一个通病,就是"时间不够",讲啊讲啊,似乎许多该讲的都没有讲完,哪有时间让学生活动?长期以来,我常苦于课时不够,急得出汗。这乍看是课时问题,实际是观念问题,教学中须树立正确的师生观,要深刻认识到:学生是学习语文的主人。

教育家赞可夫①在《和教师的谈话》中有句意味深长的话,他说:"在课堂上,

---

① 赞可夫(1901—1977):苏联著名教育家、心理学家。主要著作有《教学与发展》《教学论与生活》《和教师的谈话》《论小学教学》等。其"教学与发展"理论及"五条教学原则"影响深远,和布鲁纳(美国)、瓦根舍因(德国)并称为现代课程教学理论的三大流派。

相当多的时间是被不合理地浪费了。"怎样被浪费,当然会有各种各样的情况,但是,最大的不合理的浪费莫过于让学生在课堂上处于被动、旁观的位置,而没有主动、积极地做学习语文的主人,没有自觉地、兴味盎然地投入语文训练活动之中。

教学中有三个因素,这就是学生、学习过程和学习情境,最为重要的是学生,因为没有学生就没有学习,也就没有教学。教师必须树立目中有人,也就是目中有学生的观念。这里所说的学生,绝不是抽象的概念,无血无肉的,而是一个个活生生的青少年。每一个学生是具有个人特点的,有自己的理想、兴趣、爱好,有自己的智慧和性格结构的人。他的长处、他的不足、他的潜力、他的发展趋向、他的语文能力、学习方法,教师都须了然在胸。教师心中要有学生谱,这个谱是活泼鲜跳的,多姿多彩的。理解他们,尊重他们,带领他们在知识的海洋中遨游,使他们成为学习上真正的主人翁。

尊重他们学习中所花费的劳动是增强主人翁意识的重要条件。进步了,成功了,尊重,表扬,轻而易举。学生在学习艰难之际,在花费了许多劳动而未获预期效果时,甚至还会出现差错时,教师仍然不能忘记他们是学习的主人,不能摆错位置,要尊重,要耐心。20多年前,有位学生在描写人物时作了不恰当的形容,说一位老人白髯飘飘,像牡丹花一样。讲评作文时,教师举了这个例子,阐明运用比喻,要在恰当上下功夫。学生一阵哄笑,教师自知失言,立刻补救,强调这位同学刻意要把人物写生动的意图是积极的。这位同学低下了头,此后许多节课他都低着头,不朝教师看。时隔十多年,他和原来同班的一些学生来看教师,还提起了这件事,说当时他苦于地下无洞,如果有洞,肯定是钻下去了。这件事令教师十分震动。学生在学习过程中有这样那样的毛病不足为怪,教师要善于救失补缺,扬长避短;在大庭广众之下用不恰当的方法揭短,是不尊重学生的表现。教师给学生带来的委屈与痛苦,学生心灵里会留下长久的痕迹。就好像一场大雷雨过去,狂风吹折了一些树木,许多树枝折断了。尽管雷雨过后仍晴空万里,阳光灿烂,可是大雷雨留下的痕迹令人久久难忘。由此可知,学生是学习的主人,并不是只指班上的某些学习成绩好的、接受能力强的人,更不是指某几个,而是指每一个,指班级的全体学生。

语言文字是技能性很强的工具，掌握它，须靠自身的努力实践。教师指导是外因，真正要学好，用好，要靠学生自身的内因。学生对语文有正确的认识，有求知的兴趣，又努力实践，水平就可提高。从外因与内因的角度说，学生须做学习语文的主人。举例来说，哪怕是标点符号的运用，如果不尊重学生的主人翁地位，再怎么教，也收不到良好的效果。有这样一件事：一名学生，他写作文从头到尾没有一个标点符号，于是教师就在班上讲，应该重视标点符号，然后又把那位学生请到办公室个别辅导，给他讲句号、逗号、顿号、分号等等该怎么用，讲了一大堆。他呢，好像蛮恭敬地坐在旁边听。讲完以后，问他："你懂了吗？"他笑了笑，没有回答。教师以为他这个"笑"是会心地微笑，表示他懂了。可是下次作业交上来，仍然没有标点符号。教师奇怪，再请他到办公室来，问他："你怎么还不用标点符号呢？"这次他没有笑，很认真地说："你讲了那么一大堆，我怎么记得？"他一句话就把教师原来的劳动全部否定了。细想，他讲得有道理，教师确实太不讲究方法了，一下子讲那么多，倾盆大雨，好心做笨事，还自以为很负责，既有面上的教育，又有个别辅导，其实，没有对上号。于是教师就向他检讨说："我自己没有注意，一下子讲那么多，你当然不能接受了。现在我们只讲两种：句号、逗号，你在作文里只要把句号、逗号用上就行了。"看来这应该是极起码的要求，不难做到，可是后来他在作业上仍然有不少差错。有时作文写完，他就点一个逗号，弄得教师哭笑不得。而且他不肯把标点符号点在格子里，教师多次给他讲，又拿书和报纸给他看，告诉他点在格子里眉目清楚。有一次他交来的作文，又是一大段不用标点符号，教师着急了，想怎么才能使他重视起来呢？在讲评作文时，教师重点讲评他的作文。教师用等速度的腔调一口气读他那一大段文章，读得上气不接下气。有的学生说："老师，你稍微停一停，这样累死了。"教师说："我不能停呀，我要忠实于作者的原意，他没有标点符号，没有停顿，我不能停啊！"结果全班哈哈大笑。此时此刻，学生才领悟到标点符号同样是表情达意的，作文必须用标点符号，须句逗分明，否则就会胡子眉毛分不清。课后再找这位学生谈，他说："还有这么一点道理。"问他为什么标点符号点在格子外头，又为什么有时候一篇文章最后就用一个逗号，他边笑边认真地说:"我以为文章写得好就有水平,标点符号不代表水平,所以,我是写好文章再加标点符号的,我爱怎么点就怎么点。"此时此刻,教师才弄明白他原来有这样的看法。学生是有个性的,他们学习语文有他们自己的想法,教师如果闭上眼睛捉麻雀,没有认识到他们是学习语文的主人,乱强加,那么力气虽花得不少,但好些都是无效劳动。教过不等于教会,小小标点符号尚且有学生的思想认识问题、习惯问题、教师的教学不得法问题、教学思想观念问题,更何况对学生智力、能力、素质的全面培养呢? 显然,树立正确的师生观是全面提高语文教学质量的前提。

3·3　教师为"学"而"教"

长期以来,教师为"教"而"教"的现象比较严重。教师考虑得最多的是教什么,即教学内容。熟悉教材,进行钻研,写好教案,向学生传授知识,就觉得完成了任务。至于怎么教,学生才能学懂、学会,相对而言,考虑得就比较少。至于学生学习过程中会碰到哪些困难,怎样才能克服困难,考虑得就更少了。

立足点从"教"出发,语文课堂教学常常重知识轻能力,重烦琐的讲解,灌输各种各样的现成结论。课堂上常常是教师一言堂,是教师的用武之地,用以锻炼口才,锻炼形象思维与逻辑思维。面对科学技术的突飞猛进,面对社会生活节奏的加快,用这种方法教,无疑要关闭学生认识现代社会的窗户,压抑他们学习语文、进行语文训练的积极性,他们的智力发展,尤其是思维力的发展会受到严重的障碍。课堂教学要进行改革,改革陈旧的不符合全面培养人的低效率做法,须转换立足点,要把从"教"出发的立足点转换到从学生的"学"出发。学生是学语文的主人,"教"是为学生服务的,"教"不是统治"学",也不是代替学生去"学"。教师的"教"是启发学生"学",引导学生"学"。施教之功在于启发、引导、点拨、开窍。教师与学生的关系是"师傅领进门,修行在个人",教师引导学生入语文学习之门,学生自身想学、爱学、努力学,就能取得良好效果。教师为学生学懂、学会、学好而教,因为任何教学方案都是为学生而存在而起作用的。课堂应是学生学语文的用武之地;课堂上不改变教师越俎代庖的状况,学生就摆脱不了只当听众的命运。

比如训练学生口头表达能力。有的学生口述能力差，说起话来断断续续，含糊不清，如果从"教"出发，课堂上就不愿意让他们发言，以免"浪费"时间。但是从学生的"学"出发，必须让他们多加锻炼，创造条件让他们多问，多说，多解答，多分析。课不是表演，不是教给别人看的，要教到学生身上，让他们扎扎实实提高能力。学生有机会多锻炼，教师因人而异，具体指导，坚持不懈，就有效果。

教师为"学"而"教"并不是一切围着学生转，采取放羊的形式。培养学生成为德才兼备的有用人才，有明确的要求，有科学而严密的计划，开设哪些课程，达到怎样的目的，都是经过长期实践，总结正反面无数经验而形成的。教育就是有目的有计划地培养，一定的年龄要完成一定的学习任务。小学识字教学基础不扎实，中学再补，往往事倍而功半；中学阶段读的能力差，写的文章不能文从字顺，给继续深造或走上工作岗位，都会带来无法补偿的损失。

近代教学论者主张，反对死记硬背的教学，要尊重学生的独立性和创造性的发展，这是很有道理的，但是不能放弃教学目的，把教学过程放置在从属学生自我中心的地位。须知：学生的知识掌握与认识活动是在教师的指导下进行的；然而，学生是学习的主体，对他们在学习过程中的主观能动性要充分认识，善于从他们的实际出发，调动他们内在的积极性，去获得新知，发展认识能力。师生双方具有共同的目标，让学生获得知识，发展智力，提高能力，但达到目标的角度不同，方法不同。"教"为"学"服务，在为"学"服务的过程中，认真备课，努力实践，教师自己也会获得新知，提高认识能力。

3·4 每名学生应成为学习的"发光体"

课堂教学要面向全体学生，使每名学生学得主动，学得积极，学有收获，须合理地安排课堂结构，把课堂教学的构成从单向型的直线往复转换为网络式、辐射型的。下面是几种常用的语文课堂教学结构形式的比较：

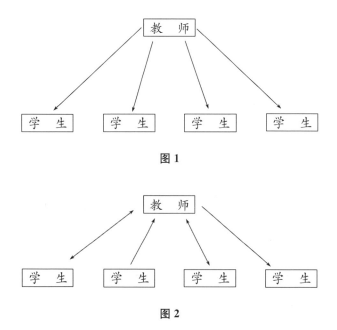

图 1

图 2

图 1 所表示的课堂上师生交往的联系图纯属以教师为中心,指挥学生听、读、写,学生好似被动接受的容器,"说"的锻炼往往被忽视,积极性受到压抑。图 2 所表示的课堂上师生交往有所改进,教师讲,学生听,学生质疑,教师解答,学生讲述,教师判断。然而,不管是图 1,还是图 2,所表示的内容都表明教师和学生之间的联系是单向型的。图 1 表示的只是教师作用于学生的"往",图 2 表明了有学生的"复",但也不过是直线往复而已。这样的师生交往充其量只能显示教师的学识水平,而学生的聪明才智很难得到展现与锻炼。学生的学习过程往往以"听"和"记"为核心,这样的教学情境难以激起学生智慧的火花,课的容量受到限制,班级教学的优点也难以有所发挥。

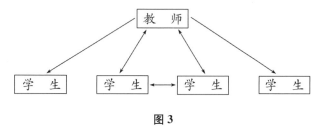

图 3

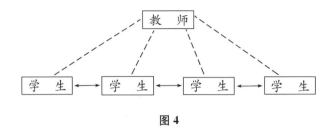

图 4

以上两种情况在语文课堂教学中也常见。图 3 表明教师积极调动学生学习语文的积极性,大部分学生确实也进入了学习者角色,与同学交往,与教师交往。但遗憾的是仍有部分学生处于被动承受的地位,和教师也只是单向交往。图 4 表明学生之间频繁交往,"相观而摩"①,但教师的指导作用未有效地发挥,往往是"放羊式"的,像断了线的风筝,让学生自由飘荡。教学是有计划有目的的活动,怎样实现特定的教学目的,让全班学生明确,并确有收获,这就发生问题了。有些课尽管看起来课上很热闹,但学生脑子里马蹄杂沓一般,结论含混或无结论,学习效果也不可能理想。

班级教学要面向全体学生,让每个学生沉浸在浓厚的学习气氛中,学习,思考,讨论,发挥聪明才智。因此,教师和全班学生在课堂教学中的合理构成应该是:

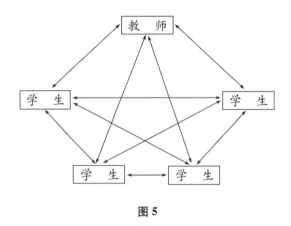

图 5

---

① 相观而摩:语出《礼记·学记》"相观而善之谓摩",意思是学习者互相切磋观摩,取长补短,共同提高。

为什么说图 5 表示的是合理构成呢？（1）教学过程是个脑力劳动过程,师生共同参与,形成一个整体。（2）教师的"教"作用于全班所有的学生,学生积极性极大地调动,既向教师反馈,又与同窗交流。（3）形成了思想、知识、情感、能力交流的网络,信息量大大增加,传递的渠道通畅。（4）在特定的教学活动中,学生之间不仅可切磋琢磨,而且能充分发展个性和才能。学生学的是祖国的语言文字,学的是母语,平时接触广泛。由于生活和学习的储存,在钻研或讨论某些问题时,常会有"神来之笔"放出异彩。广泛的知识信息交流常常是触媒剂,促使学生正常发挥乃至超水平地发挥。（5）表现了"能者为师"的特点。教师和学生一起参与教学活动,既引导学生"学",又从学生的"学"中得到启发,验证课前设计的正误,收教学相长的效果。（6）发扬了班级教学的优点,在同一时间内教授很多学生,又可克服班级教学不重"区别"的缺陷。只要教学内容适度,教学环节安排得当,各层次的学生均可有所培养。（7）课堂气氛活跃,学习情境优化。

课堂教学的构成从单向型的直线往复转换为网络式、辐射型,语文学科综合性特点能切实体现,能根据教材特点,针对学生实际,把语文知识传授、语文能力训练、智力发展和思想情操陶冶熔为一炉。采用网络式的教学形式,师生积极性双调动,课就会上得立体化,空间充实,时间紧凑,发挥多功能的作用,教学效率大大提高。

当然,课堂教学的合理构成能不能形成,网络的作用能不能充分发挥,不是凭教师的主观臆想,而是建筑在教师对语文教学中方方面面的问题不断研究的基础之上。要整体发挥效应,一个个局部,一个个具体问题须要研究,认识要弄清楚。只见整体,不深入地研究一个个局部;只见一个个局部,不研究整体,都收不到良好的效果。

课堂上教师以教材为依据和学生进行思想、知识、能力的交往,用网络式组织,充分调动学生的积极性;学生,即使语文水平较差的,也能发挥聪明才智,成为学语文的"发光体",作用于教师,作用于其他学生。比如,学《谁是最可爱的人》一文,口述文后一练习题,要求学生在文中找出相应的反义词,说到"谦虚"这个词,一名程度中下的学生斩钉截铁地说:"没有。"其他学生为之一愣,好奇地看着他,他却慢条斯理地说:"文中的'骄傲'不是'谦虚'的反义词,文中的'骄傲'是自豪的意思。"这位学生潜心思考,对反义词领悟的准确性给同学以启发。这个例子说明,并不是语文程度高的在课堂上才有惊人之语,可以发光;程度一般的,乃至较差的,只要思想集中,学得深入,同样可把学习所得辐射到同学身上。

教师要善于抓住时机,把来自学生的问题再返回给学生探讨,相互作用,求得真知。如学《听潮》时,有学生提出:"'铙钹',书上的注释是:一种铜制的打击乐器。小的叫'铙',大的叫'钹'。我查《新华字典》,上面说的和书上注释不一样,说'似铃而大',请问老师,我相信书还是相信字典?"一石激起千层浪,好几个学生举手说:"我们查了《现代汉语词典》,'铙'有几种,怎么回事?"教师没有立即解答,而是请每位学生课后再查字典,然后课上交流。学生积极性高涨,有查《辞海》的,有查《辞源》的,有查《康熙字典》的,个别乱查的也有,说查《中国人名大词典》,查不到。全体学生活动,激发了学习兴趣,培养了查用工具书的习惯,了解了学生情况,错误的加以纠正,师生互动,同学之间互动,教学有声有色。

3·5 教与学和谐互动,美寓其中

课堂教学师生交融佳境的出现来自师生积极性的双调动,而师生积极性的发挥不能乱而无序,应相互作用,和谐发展。教学过程是一个复杂的过程,是教师的教、学生的学和教材这三者之间相互作用而又充满种种矛盾的对立统一的过程。在展开的这种活动中,教师要受教学理论观念、教学大纲以及教学业务水平的制约,在怎样传授知识、发展学生能力与智力方面有着自己的做法、自己的个性;而学生学习语文、接受人类创造的精神财富,又各有自己的意志、情感、智力的发展基础和不同特点。因而,互动的和谐特别重要,应该是各司其事,协力奏出悦耳的交响曲,教学艺术美寄寓其中,不应不协调地发出种种声音。要做到这一点必须注意三个方面。

一、紧扣教材

教师的教授活动和学生的学习活动,是以教材为媒介的。教学活动是师生双方探求真理的认识活动,但具体到每一堂课,有具体的目标、具体的要求,须以教材为依托,为凭借,不能漫无边际,海阔天空。思考、讨论是有目的进行的。例如学习《晋祠》一文末尾"园中小品"部分,教师引导,学生以手势描摹,朗读,评析,教师穿针引线,学生密密缝织。下面是这部分教学内容的课堂实录:

师:请同学们看,第11段介绍得非常有趣的是什么?

生(议论):园中小品。

师:园中小品写了两个,第一个是什么?

生(集体):小和尚。

师:小和尚,我看这样好吗? 请一位同学把作品中描述的样子做一做,好不好? 就请你(指第一排调皮的学生),作者是怎样描绘的?

(生26高兴地站起来,对着老师)

师(笑):对着大家。看他描绘得怎么样。

(生26双手托着,肘关节在下方,而且与肋骨靠得很拢)

生(哄笑):不完全对。

师:应该怎么样? 我们一起读,让他纠正。"山上一挂细泉垂下",预备,读。

生(集体朗读):"山上一挂细泉垂下,就在下面立着一个汉白玉的石雕小和尚,光光的脑门,笑眯眯的眼神,双手齐肩,托着一个石碗接水。"

师:双手齐肩,对吗? 手还要高一些(将生26手向上抬一些),稍微开一点(将生26肘关节部拉开一些)。很好。

你们看,这里写得出神入化。"水注在碗中,又溅到脚下的潭里,总不能盛满碗",什么道理啊?(学生纷纷议论)一挂细泉(手势),哪个词用得很好?

生(集体):挂。

师:对,一挂细泉,向下面滴水,滴到小和尚托的碗里去,水就溅到深潭,碗始终盛不满,什么道理?

生(部分):物理性能,力学原理。

师:噢,物理的力学原理,今天就不讨论了,下节课再问你们,一定要解答得正确。这里写得十分有趣,描述得栩栩如生。(板书:形容、描述)下面还写了什么?

生(部分):石雕大虎。

师：呀！我看这里又矛盾了，"小品"怎么又是"石雕大虎"呢？谁能解答这个问题？既然是小品，怎么又是大老虎呢？（学生举手）×××。

生27：这个"大"是相对而言的。

师：相对而言的，对不对？

生（部分）：对的。

师：小和大怎样？

师、生（集体）：相对而言。

师：在这里是大的，可是在整个建筑群里面是——

师、生：小的。

师：跟整个圣母殿好比吗？

生（部分）：不好比。

师：不好比。这里描写得很有趣，增添了这篇文章的情趣。

教师教这部分内容是这样设计的：

① 根据初中学生年龄小的特点，把文中说明的文字通过学生自己手势的描摹，立体化起来，激发兴趣，加深印象，品味语言的精当。

② 选择活泼好动而又调皮的一位小男同学描摹，满足他喜欢表现的愿望，又让他体会到即使做一个简单的动作，要按文中所说、按规矩做也是不易的，对学习上的浮飘有所触动。

③ 重复"小"和"大"的字眼，明确用这类词不能绝对化，要放在一定的背景、一定的情况下理解、判断。

④ 组织全体学生投入，表演的，议论的，朗读的，围绕理解"园中小品"开展活动，制造浓郁而愉快的学习气氛。

⑤ "物理性能"问题点到为止，不展开，既避免课的枝蔓横出，又启发课后求知的兴趣。

实践证明，学生全神贯注，气氛热烈，学得愉快，师生和谐互动，人文美、教学美寓含其中。

二、把握重点

一节课 45 分钟,不是每分钟每个教学环节都要做到师生互动,融为一体。要视教学目的、教材的个性而异。从总体上说,课堂教学应师生和谐互动,就某个环节来讲,就不能硬装榫头①,硬去铺排。比如一篇能朗朗上口的好文章,教师示范朗读或某位学生示范朗读时,七嘴八舌,就会破坏气氛,损害应有的效果。

教与学互相作用,把握住教材的某些重点来进行,教学就能闪现光彩。例如学邓拓的《事事关心》,对文中引述的对联从内容、语言到在文中的作用理解清楚,才能准确把握主旨,教学时师生应共同咀嚼推敲。下面是这部分的实录:

师:大家说得对。"既要努力读书,又要关心政治"(板书),是文章要阐述的主要观点,可是作者并没有开门见山把它端给读者,是从哪里入笔开篇的呢?

生:(集体)对联。

师:开门见山把这个观点摆出来,和引对联入笔开篇,哪一种表达效果好? 为什么? 我们一起把这副对联读一读,读的时候要注意节奏。

生:(齐声朗读)"风声、雨声、读书声,声声入耳;家事、国事、天下事,事事关心。"

(学生朗读后讨论)

生1:我认为用对联好,用对联可以引人思考,可以吸引读者。

生2:我认为应该先摆观点,因为这样可以开宗明义,使人一目了然。

生3:我认为两种方法都是好的,但是在这篇文章中作者从一副对联写起,有他的目的,因此,这篇文章从对联引出就更好一些。

师:她的看法,我很同意。我刚才问的问题,同学们如果不动脑筋,很容易说一种不好,一种好。其实,文无定法,可以这样写,也可以那样写。这篇文章从引对联入题,它的好处不止这些,你们看还有什么?

生4:起点题作用。

生5:引起悬念。

---

① 硬装榫头:吴方言原指硬把一个罪名套到别人头上,这里指刻意追求某种效果。

生6:有一种新颖感。

师:那么,这副对联从哪儿来的呢?为什么要写第二段?(学生回答不清楚,教师再启发)我们说话写文章有的时候也引用成语、名言,但不大介绍出处。为什么这儿要介绍出处?什么道理?

生7:这样写使人感到真实可信。

生8:为下文的论述提供了可靠的依据。

师:对!引出对联当然要发挥对联的作用,因此,必须对它的含义加以阐释。请同学们认真阅读课文,看作者是怎样来阐释对联含义的?

生:(阅读,讨论)

师:请一位同学总结、归纳。

生8:先是上下联分开解释,然后是综合起来解释,先分后总。在分别解释的时候,主要是解释对联的含义;综合起来解释的时候,先是解释对联背后的一些主要道理,然后加上作者对对联的理解。

师:说得好。请再阅读一遍,思考:上联是着眼于什么角度来解释的?下联又是着眼于什么角度来解释的?有何不同?请注意关键词语。

生:(小声读)

生9:解释上联比较生动。作者说"令人仿佛置身于当年的东林书院中",使人有身临其境的感觉。解释下联写了作者对对联的看法,说明东林党人抒发他们当时的政治抱负,他们知道天下不只是一个中国,在政治上他们把国家事与天下事并提。

师:讲清了思想意义。这里有些词用得非常好,请同学们仔细听我读:"耳朵里好像听见了一片朗诵和讲学的声音。"行不行?

生:(集体)行。

师:那么文中为什么要加"真的"这个词?加了以后起何作用?

生10:加了以后就使人更感到有一种身临其境的感觉。

师:对。我们平时讲话,为了使听的人相信,就用"真的"这个词来修饰,加强语气。再请考虑:"与天籁齐鸣"这几个字不用行不行?"籁"是怎样的结构?是什么意思？我们平时常用的有这个字的成语是什么？……

初中学生学议论文有一定的难度，困难不在字面，一般说简短的议论文无多少生字难词，难在字句里寓含的深刻道理，和句与句之间、段与段之间的逻辑性。要给学生打逻辑思维的底子，使他们学会咀嚼词句的含义，靠教师讲解难以有效果，因而教师要步步引导，严格遵循课文内容与形式统一的特点，从内容到形式，再从形式到内容，作不止一次的反复，这样，学生对于课文的知识，就能螺旋式地从表面进入深层，提高分析事理的能力。学生始终积极参与，教师的"教"作用于学生，学生学习理解的情况及时反馈到教师眼中耳中，教师再立即调整"教"的内容启发，点拨，学生就可渐入阅读佳境。

三、抓住学生疑难之处

学生在学习语文过程中总会有这样那样的疑难，教师分析疑难，进行解答，是常见的一种方式。这样做，有时效果较好，但有时失之于就事论事，对活跃学生思维，加深学生理解，调动学生学习的主动性不大起作用。疑难，最好在教师点拨下，通过自己思考，自己分析，寻求解答的途径和方法，这样，不仅印象深刻，经久不忘，而且分析问题、解决问题的能力得到锻炼。教师要组织学生讨论疑难，让学生发挥聪明才智，相互启发，大家受益。

例如，学高尔基的《海燕》时，课一开始学生提出"这个敏感的精灵"这一段不懂，说什么"敏感的精灵"，什么"早就听出了困乏"，究竟是什么意思？教师把问题搁在那儿，学到这一段时，针对不少学生感到困惑的情况，组织讨论。当时的情景是：

师：开头××同学提出说这一段不大懂，什么"敏感的精灵"，什么"早就听出了困乏"，究竟什么意思，请大家阅读、思考，展开讨论。

生：（小声阅读）"这个敏感的精灵，——它从雷声的震怒里，早就听出了困乏，它深信，乌云遮不住太阳，——是的，遮不住的！"

（同桌讨论）

师：哪位同学来说说，这句话是什么意思？

生1：是讲"这个敏感的精灵""深信，乌云遮不住太阳"。"敏感的精灵"是指海燕，前一段已经提到它"像个精灵"，书上注释说精灵是欧洲神话传说中的一种神怪。"敏感"是形容反应很快,所以它"早就"听出困乏。尽管雷声震怒,但它已经看出这是外强中干,"困乏",没力气了。正因为如此,它深深相信,乌云遮不住太阳,反动势力一定要灭亡。

师:大家同不同意?有补充意见或不同意见吗?

生:同意。

师:能联系上文来理解,这很好。可是为什么海燕"早就"听出困乏?为什么"深信"乌云遮不住太阳呢?又为什么还重复一句"是的,遮不住的"?能深入一步理解吗?

生2:我是这样认识的:因为那时马克思主义已在工人中传播,不管乌云重压,雷声震怒,但用马克思主义来认识世界,就能看出反动势力腐朽虚弱的本性。

生3:是这样。它们色厉内荏,不过是灭亡前的猖狂一跳。所以,这个精灵早就听出了困乏。

生4:正是这个原因,所以深信乌云遮不住太阳,反动势力必然逃脱不了覆灭的下场,这是不以人们意志为转移的客观规律。"是的,遮不住的",加强语气,叫人们记住。

师:联系时代背景,从革命理论高度来理解,句子的难处就解开了。齐读一下,体会体会。

生:(齐读)

师:这里揭示了历史发展的必然规律,揭示了革命真理。"是的,遮不住的"字字铿锵有力。而这也正是海燕敢于搏击风云,充满乐观主义精神的源泉所在。在这幅画面中,海鸥、海鸭、企鹅呢?(学生回答:不见了!)对,销声匿迹了。只有英勇的海燕展现在眼前。从海燕的形象中我们进一步感受到无产阶级革命先驱旺盛的革命斗志,敢于斗争敢于胜利的精神,特别是乌云遮不住太阳的必胜的信念。这是诗的中心所在,要深入领会。

再朗读一遍,体会"敏感""早就""深信"的含义。

通过难点的辨析,学生体会到语言的表现力,获得了求知的快乐。

课堂上能否师生互动,除了观念上须更新,教学方法须恰当外,还有一个思想上的障碍就是舍不得时间,唯恐学生讲得不对,讲得不完整,七扯八扯,浪费时间。其实,学生解答得不完善是正常的,理解错了也是常事,思考、讨论、辨别、判断,正是提高的有效途径,从不正确到正确,从不完善到完善,这是学习的正常规律,学生只要真正投入,就能学到知识,学到本领。

3·6　在语言交流、思想碰撞中获得求知的欢乐

课堂上出现令人振奋或耐人寻味的佳境,教师的精彩指导,学生的积极主动,当然是必要条件,但最精彩的莫过于学生与教师、学生与学生之间对某一问题或某几个问题看法不一、意见分歧时所产生的争论。由于思想碰撞,要表明自己的意见正确,并使对方信服,此时此刻遣词造句特别用心,特别考究,因而语言交流充满生机,充满异趣。学生不由自主地全身心投入,眼看,耳听,口述,徜徉于知识的海洋中,享受求知的欢乐。

教学起始,学生闷头一棒,怎么办?

教吴伯箫先生的《记一辆纺车》时,教师说:"同学们很喜欢朱自清先生的散文《春》,今天再学一篇散文《记一辆纺车》。大家预习了,这篇文章你们喜欢不喜欢?"谁知五十几位学生异口同声响亮地回答:"我们——不——喜欢。"教师没有思想准备,吓了一跳,估计错误,以为学生会喜欢这篇文章。随堂听课的几十位教师也愣了,说学生胆子真大。课起始,学生闷头一棒,教师没有"压制",而是抓住时机,让学生各抒己见。教师说:"你们不喜欢,那么请你们说说不喜欢的原因。"有的学生说:"这篇文章到底是记叙文还是说明文,体裁也不清楚。"有的学生说:"如果是散文的话,应该有文采,这篇文章没有文采,所以我们不喜欢。"说得振振有词,理直气壮。还有学生带着挑战的口吻对教师说:"老师,你说说看,你喜不喜欢?"教师肯定了学生敢于发表自己的意见,并因势利导地说:"过去学的《春》是抒情散文,这篇是叙事散文,你们还不熟悉,对它的佳妙之处还没有体会。这种散文是托物叙事见精神的(板书:托物叙事见精神),学了以后包你们会喜欢。"学生竖起了耳朵,在笔记本上记下了"托物叙事见精神"。学生无论有怎样不同的意见,教师一不能晕头转向,二不能顶牛,要热情对待,因势利导,三要保护学生求知的积极性。

在教学过程中，学生故意和教师较量，怎么办？

教茅盾先生的《白杨礼赞》，课文学到一半时，一位学生突然发问："白杨树是不成材的树，楠木是贵重木材，茅盾先生讲白杨树怎么好怎么好，怎么不平凡，楠木反不好，我想不通。我是一名学生，人微言轻，可是大田园作家也是这么看的。"说着，从课桌里拿出一本《猎人笔记》，对着原本翻开的一页朗读起来。这段文字的大意是：白杨树叶子硬得像金属，枝条也不美，只有夕阳西下时泛出些微金光，还有一点儿美感。这位学生的意见使四座震惊，不少学生频频点头。教师肯定了她求知的积极性，学习上的钻研精神，以课外读物来印证课本上的内容，作为表示不同意见的根据。同时，又加以点拨，说明这篇文章是用象征手法来写的，"景随情移"，客观的景往往随着作者主观的情而加以改变，学完全文，就可有总体认识。不同的看法常会引发意想不到的火花，有位平时少于言语的男学生突然站起来说："这一点我还能理解，全文我已看了几遍，但有一个句子想不通。说白杨树不是树中的好女子，而是树中的伟丈夫，说它'伟岸，正直，朴质，严肃，也不缺乏温和'。根据我的生活经验，严肃的人令人敬而远之，温和的人使人容易接近，在一个形象身上，又严肃又温和，实在想不出什么样子，是不是茅盾先生疏忽，用词用矛盾了？"他说得那么严肃认真，脸上没有一丝笑意，可是，他的话音刚落，教室里笑声荡漾。教师没来得及开口，学生已争先恐后地说："是啊，这到底是怎样的形象？"有的学生说："对有的人严肃，对有的人温和，主要看不同的对象。"有的学生说："'也不缺乏温和'是以严肃为主，不矛盾，再严肃的人也有温和的时候。"七嘴八舌，思想碰撞。学生这些问题是考考老师的，备课时教师确实未思考过，没有觉得有什么问题。学生的意见、看法促使教师积极思考，在八九十年代的课堂上，用"可以""不可以"回答学生，是苍白无力的。学生寻根究底，教师得说出个道道儿。教师中学时代学到的一个句子突然跳到眼前，于是和学生交流，说："这两个词一般不用在一个形象身上，但有时也可统一起来。《论语》'述而'篇里有这样一段记载：有人问，'子何人也？'回答说，'子温而厉，威而不猛，恭而安'。孔子温和而严厉，很威严，但不凶猛，既恭且安，二者统一起来了。"学生点头，表示认可。语言交流，思想碰撞，问题探讨就不浮在教材的表层，而是有一定的深度、一定的拓展，学生从中体会到求知的欢乐。处理这样的问题,教师须清醒地认识到:一、学生绝非故意捣蛋,而是求知欲旺盛的表现。动机纯正,为了探求真知,为了希望从老师和同学那儿获得帮助;二、对学生这种求知的语言和行为要真诚地鼓励,对他们意见中合理的部分要充分肯定,使他们感到自己是有知识、有思想的,增强进一步主动求知的积极性;三、和学生持平等的态度,共同探讨问题,从学生活跃的思维中获得启发,获得借鉴,提高教学质量。

在课结束时,学生对课文完全持异议,怎么办?

教《木兰诗》时,学生兴趣盎然。两节课下来,学生既能讲解,又能背诵。课结束时教师说:"你们是强记,强记容易遗忘,要熟读成诵,才经久不忘。著名历史学家范文澜先生在《中国通史》中曾说:北朝有《木兰诗》一篇,足够压倒南北朝全部士族诗人。《木兰诗》为历代人民传诵,和《孔雀东南飞》合称为我国民间文学史上的'双璧'。"并强调说:这首千古传诵的佳作音调铿锵,课后要熟读。一位学生很不以为然地扑哧一笑,教师问他有什么意见,他说:"好是好,不过都是吹牛。"问他原因,他理直气壮地说:"同行十二年,不知木兰是女郎,难道这个军队里全是傻子,全是憨大?"许多学生立即附和,说这是编造出来的。于是,这位学生更振振有词地说:"你想啊,'万里赴戎机,关山度若飞',打仗总要跋山涉水,跋山涉水总要洗脚,虽不是实数十二年,总是时间很长。鞋子一脱,小脚就出来了,怎么不知是女的?"教室里像开水沸腾,大家七嘴八舌,有同意的,有不同意的。教师随口指出北朝时候女子还没有裹小脚,谁知学生不罢休,异口同声地问:"那么,中国古代女子是什么时候裹小脚的呢?"教师被问住了,回答不上来。备《木兰诗》竟然要查考中国古代女子什么时候开始裹小脚,教师怎么也没想到,没有这样的发散性思维——"从《木兰诗》到中国古代女子裹小脚的起源"。然而,知之为知之,不知为不知,绝不可强不知以为知。教师如实地告诉学生,自己答不上来,课后想办法去查。一场风波平息。事后查阅了不少书,最后在赵翼的《陔余丛考》①中找到记

---

① 《陔余丛考》:清代学者赵翼所著读书札记,凡四十三卷,对经义、史学、掌故、典制、艺文、名物、风俗等考辨甚详。陔(gāi)余,奉养父母之余暇。

载。书中《弓足》记载：南唐后主令宫嫔窅娘，以帛绕脚，作新月状，由是人皆效之。后又在《文物》杂志中看到，宋出土女尸是小脚，证实《弓足》记载的可信。课余将查阅所得告知学生。

这种情况是偶发的，遇到这种情况，仍然要坚持语言交流，思想碰撞。一、不能急于下课，草草收兵，要让学生把自己的意见充分发表出来；二、要面对全体学生，活跃大家思维，不能局限于与个别学生对话。当然，要看讨论什么问题，如果是细枝末节，无须花大家的精力，只要个别解决就行了；三、教师要持科学的态度，实事求是，和学生交流不能把自己包装起来，唯其真实，才能取得学生信任，教学才有良好效果，教学才会真正相长。

总之，求知的过程是充满了矛盾的过程。师生之间，学生之间，学生本人在发现矛盾、提出问题后，语言交流，思想碰撞，各抒己见，寻求解决矛盾的途径，课堂教学必然热气腾腾，学生进入求知的佳境，获得咀嚼知识的甘甜。

4 教学目标是驾驭课堂的主宰

我们常常见到这样的情况：有些语文课上得神采飞扬，学生争相发言，气氛热烈；有些语文课气氛并不十分活跃，但学生阅读、深思，发言人数不多，可其中不乏较好的质量。面对这些课，很难贸贸然判断哪些课成功，哪些课不理想。课堂气氛活跃当然重要，因为它反映了学生学习积极性是否高涨，但这并不是唯一的标志，要审视课堂讨论的内容，要看达到怎样的目的，如果发言开无轨电车，在枝节问题上大做文章，看似热闹非凡，冷静思考深感言之无物，那课就不可取，学生的学习积极性也就没有真正得到调动。

要上好一堂课，须有明确的教学目标，也就是要达到怎样的目的，心中十分清楚。比如过河，要到河的彼岸是目标，怎样过？或乘船，或涉水，或从桥上过，这是方法，是实现目标的过程，目标与过程不能含混，更不能丢弃目标。教课也一样，目标是课堂教学的主宰，用怎样的方法教，师生之间的活动怎样开展，怎样组织，都要紧紧围绕教学目标，为实现教学目标服务。

4·1 多目标导致无目标

教课要一清如水。达到怎样的目标，一个一个教学环节如何层层推进，要一清二楚。目标、环节清晰，学生学起来头脑就清楚，不仅能学得知识，锻炼语文能力，而且在逻辑思维方面可获得良好的熏陶。教课最忌糊成一片，什么都教，又好像什么都没有说明白，使学生感到上语文课与不上语文课差不多或一个样，那就糟了。这种现象之所以发生，重要原因在于教学目标不明确。

也许教案上教学目标写得很明确，在教学实践过程中不自觉地把它丢在一边,完全被教材牵着鼻子走了。这篇课文中有比喻、排比等修辞手法,就大讲特讲,有某几个描写方法,语言描写、动作描写、肖像描写、心理描写都有一点讲头,就一一道来,课文里出现什么,只要自己发现了,就教什么,这样,课就成了货郎担,什么货物都有,多目标就成了无目标,学生弄不清楚究竟要学什么,要掌握什么。教师好心,却干了蠢事,教训是深刻的。究其原因,一是对教学目标在课堂教学中的重要性缺乏足够的认识。饭是一口一口吃的,教学中一个个具体的目标是通过一节节课有序地实现的。一节节课具体的教学目标没能落到实处,要提高语文教学质量只能是空中楼阁。二是对实现语文教学目标的特殊性缺乏足够的认识。数学、物理、化学等学科科学体系严密,知识的坡度清晰,循序渐进,一环扣一环,确立与实现教学目标比较单纯。而语文学科综合性强,同一篇名作,可在中学教,可作大学教材,区别在教学目标不一样,目的要求有高低之分,繁简之别。也正由于综合性强,从思想内容到篇章结构,从写作方法到语言表达,可教给学生学习的很多,因而教学时容易被教材牵着鼻子走而忽略了教学目标的实现。三是广种薄收思想的障碍。认为语文嘛,多教一点,学生多少总可学到一点,殊不知漫无目的地学,效果必不佳,反而浪费了不少时间。教学须有目的有计划,课上随意性越大,学习效率越低。

繁杂的教学内容淹没了教学目的是一种应避免的状况,还有一种常见的是教课时被突如其来的枝节问题所左右。某位学生出人意料的发言引起了轰动效应,于是课堂教学内容转移到这个"点"上,出现了以偏概全,目标转移,这种状况同样不可取,也是应该避免的。在某堂课上,某个枝节问题出于学生的兴趣,可以开展讨论,各抒己见,但要有个"度",有个分寸,讨论到一定程度应该鸣金收兵,纳入预定的教学轨道。否则,学一篇课文究竟达到怎样的目的,并不清楚。例如学习《祝福》,学生突然对祝福这个过去江南一带的迷信习俗发生兴趣,展开来说,一直说到现在,说到灵验不灵验,等等,而祥林嫂是怎样一个典型形象,作者是怎样来塑造这个形象的,其典型意义是什么均淡化了,被挤掉了。这样学,就使教学目的走了样。当然,教学并不是那么死板,教学目标已经制订,就丝毫不能更动。如果在教学实践中发现课前确立的目标不妥帖,或要求偏高了,或要求偏笼统了,等等,均可作调整,以期取得良好的效果。

教学目标的制订须有坚实的基础。每个单元每节课的教学目标须放在语文学科总目标与分年级目标中考虑,每节课的目标就是学科总目标、学年总目标、学期总目标以及单元目标在某一方面或某几方面的具体体现。从整体出发来考虑局部、认识局部,就可加强科学性,减少随意性。这是一。第二须研究教材,研究课文,从课文的实际出发,把握重点,把握特色,把握个性。第三须研究学生,了解他们的语文水平、学习方法、学习能力、学习习惯,从他们的实际出发。这三个方面认真考虑,仔细斟酌,制订的教学目标就可避免主观臆断,避免心血来潮。

语文教学目标的制订通常应包括两个方面的内容。一是语文知识、语文能力训练要达到的目标;二是德育与美育方面熏陶的要求。二者在教学过程中不应分割,而应有机地结合。

制订教学目标应明确,具体,切实可行,有操作性。不可千篇一律,笼而统之。笼笼统统,难以主宰教学,对教学无实际指导作用,当然也就无法实现。

制订教学目标看来简单,只是二三行字,其实不然,它是总课堂教学之要的工作,目标制订得是否恰当,是否具体,是否可行,影响课的质量,影响教学任务能否顺利完成。制订教学目标的过程实际上是熟悉教学大纲、钻研教材的过程,是了解学生、研究学生的过程,是筛选教学内容、选择教学方法的过程,也是运用系统论、控制论等理论于学科教学之中,提高有效性的过程。对教师来说,是课堂教学的准备,是教学能力的锻炼与提高。

4·2　重要的在于把握文章的个性

教材是教与学的依据,教师如何使用教材,学生如何凭借教材而学,其中大有学问。

教材对学生来说,即使是语文教材,学生能识字,能读通文句,但从某种意义上说,仍然有一大堆问题,许多问题潜藏在文字里,须发现,须阐释,须从中探索规律,获得知识,培养能力。教师要凭借教材教学生,教师自己对教材就须有透彻的认识,深入的理解。知之深,运用起来才会得心应手;如果若明若暗,教材的作用就不能充分发挥,学生学习就会受损失。

钻研教材是教师的十分重要的基本功。语文教师钻研教材的能力是自身阅读能力能否切实深入的具体反映;吃透教材,洞悉教材的底里,教课就有把握,学生问问题,心中就不慌。钻研教材要有寻根刨底的钻劲,不满足于浮在表层,一知半解;要有为难自己的勇气,多问几个为什么,不懂不装懂,要查,要问,要翻资料,要请教不说话的老师——工具书等。钻研教材一定要独立思考,不能不动脑筋,人云亦云。备课时最忌名为钻研教材,实质上是搞教学参考书搬家。从参考书上搬到教案上,对教学没有任何益处,别人研究所得并不是自己的切身体会,不能运用自如;对自身来说,失去了锻炼的机会,业务能力难以提高。钻研教材时可以翻阅参考书,但也只是"参考"而已,应以自己独立思考、独立钻研为主,从别人钻研所得获得启发,获得借鉴,使自己对教材的认识与理解得以完善,得以丰富。

钻研教材这一关是语文教师的基本关口,这一关过不了,过不好,很难成为一名合格的语文教师,更不用说优秀教师了。

钻研语文教材涉及的问题很多,从总体上说,必须做到以下几个方面:

一、通观全文,整体把握

研读文章,是对文章全面、细致、透彻地理解,理解的全过程是从大到小,从整体到局部,又从小到大,从局部到整体。要读懂一篇课文,第一步须通观全文,整体把握,得其大要,千万不能掐头去尾抽局部。

要通观全文,先要弄清楚文章的基本框架。文章由几个部分组成,这几个部分是纵式结构、横式结构,还是纵横交错,须梳理清楚。如果是纵式结构,是以什么为线索的;如果是横式结构,前后逻辑顺序怎样,须认真思考。例如于是之的《幼学纪事》是一篇回忆性的叙事散文,它的基本框架似乎一目了然,因为它由四个部分组合而成,每个部分均用数字标明。然而,仅停留在这点上认识远远不够,还得深入一步。四个部分中第一部分交代作者幼年的生活环境,第二、三、四部分是纵式结构,以时间的先后为顺序记事,从"上学"写到"辍学",再写到"边做事边求学"。每个部分里的一件件事,如对良师益友的怀念,对知识的渴求,对文学的酷爱等材料有机地组合在一起,纵横交错。弄清楚文章的基本框架,脑子里就不会把文中比较复杂的内容搅和在一起。

议论文对基本框架的掌握来不得半点含糊。论述什么问题，怎么论述的，框架在某种程度上能显示逻辑推理的力量，而作者在文中要表露的观点、爱憎，也随之清楚明白。例如鲁迅的《拿来主义》，它的大框架是由"破""立"两个部分组成，先破"送去主义"，再立"拿来主义"；大框架中又套一个小框架，即在正面论述"拿来主义"时，又先"破"后"立"，"破"对待文化遗产的怕、怒、喜，"立"对待文化遗产要占有，挑选。基本框架一拎，文章脉络分明。

说明文在"明"上下功夫，因而，框架、脉络更须梳理得清清楚楚。例如李四光的《人类的出现》总体结构采用了"总—分—总"的形式，引言部分总括了全文的内容，最后一段再作一总结，中间是文章的主体部分。主体部分有四大段，并各有小标题。四大段按时间顺序组织材料，是纵式结构，"古猿—猿人—古人—新人"四个发展阶段紧紧扣住"劳动创造人"这一总纲进行。

弄清文章的基本框架重在"梳理"。简单的往往一目了然，容易把握；复杂的，尤其是纵横交错的，只要仔细地加以梳理，同样可一清二楚。为了清晰起见，对复杂的结构用线条来表示，作一简图，也会一目了然。

把握文章基本框架以后，要探讨文章的中心内容。比较复杂的记叙文、比较复杂的说明文、比较复杂的议论文，内容比较丰富，钻研时既不可抓住一点，舍弃其余，也不可巨细不漏，要善于总其要。仍以《幼学纪事》为例。文中人物写了六七个，事情叙了一件又一件，时间跨度大，内容比较多。写人，没有集中刻画一个完整的人物形象；叙事，没有一个完整的故事情节。如果不抓住中心内容，众多的人、众多的事就会在脑子里成为一盘散沙。尽管众多的事一件件一桩桩散在文中各个部分，但都与中心内容紧密相连，这中心内容就是作者早年艰苦求学生活的经历。作者家庭贫穷，求学心切，对老师和朋友充满了崇敬和怀念之情。把握住中心内容，材料的安排，材料与材料之间的关系，也就初步心中有数了。中心内容怎样才能把握住呢？在梳理文章基本框架时，每个部分的大体意思要弄懂，关键词句、重要段落抓住不放，在这个基础上加以概括。这种概括不是求其全，不是囊括文中所有的内容，而是举其要，总体上有个认识。简单地说，就是要弄清楚作者写什么，中心内容把握住，有助于正确理解文章，不至于被枝枝节节引入岔道。

在把握中心内容的同时，对文章主要的写作特色也应初步了解。一首动听的歌曲总有它特有的基调，一篇佳作总有它写作上的特色，钻研教材，理解主要的写作特色，对文章的整体把握很有帮助。《幼学纪事》以叙述为主，但叙中有议，议中有情。例如写老郝叔的作古①，说"他无碑、无墓，所有的辛劳都化为汗水，洒在马路和胡同的土地上，即刻也就化为乌有"，这种对死者一生的崇高评价，对死者深切怀念之情令人泪下。其语言的主要特色是如行云流水，娓娓叙来，活泼生动，无半点雕琢。然而在亲切自然之中，又不乏幽默诙谐。例如写自己侥幸有机会听课，但心里总忐忑不安，唯恐被从教室中撵走时，作者是如此表达的："因此，我那时常生做贼之感，觉得自己是一个偷窃知识的人。"诙谐中带着苦味、涩味、辛辣味。是愤激？是辛酸？是控诉？耐人品味。

通观全文，对文章的基本框架、中心内容和主要写作特色有所了解，就能从整体上把握。不过，这只是钻研的第一步，须继续深入。

二、重要的在于把握文章的个性

天公造物非常奇妙，人的脸部都是两只眼睛、两道眉毛、一只鼻子、一张嘴，上下左右的排列也是有定式的。可是人与人极其酷似的几乎是凤毛麟角，即使是孪生兄弟、孪生姐妹，也有些微的差别。文章也是如此，凡是名文佳作，各有自己的个性，钻研文章如不能识得个性，很难说是真正读懂。不管是哪类体裁的文章，如果写不出个性，泛泛而谈，难以成佳作，难以吸引读者。即使是稀松平常的事，善文者必有其独到之处，文中必有其与众不同的特色。钻研时深入探究特色，便能把握文章的个性。要把握住个性，有多条途径，常用的有：

1. 抓准文章的基调

一首歌曲的特色总是和它的基调紧密相连的，或激昂，或委婉，或气势雄伟，或尽情吐露，把握基调，就更能感受它的特色。文章也如此，佳作皆真情铸成，爱憎、褒贬必寓其中，或昂扬，或低沉，或流畅，或含蓄，构成文章基本的情调。对此

---

① 作古：成为古人，去世、死亡的婉称。

有所感受,就能逐步把握它的个性。例如朱自清的《背影》是脍炙人口的佳作,感染了一代又一代的学子。名人写父亲,写母亲,刻画亲情的文章比比皆是,为什么在现代文学中它独占鳌头呢? 关键在于"真",朴实无华,屏粉饰,去铺绘,有真情。正如作者自己所说:"我写《背影》,就因为文中所引的父亲的来信里的那句话。当时读了父亲的信,真的泪如泉涌。我父亲待我的许多好处,特别是《背影》里所叙的那一回,想起来跟在眼前一般无二。我这篇文只是写实。"《背影》是作者"泪如泉涌"的产物,是作者脑中镌刻的父亲爱抚自己的一幅幅图景再现的产物,是作者生活的真情实感。唯其真实,所以感人。父子之间深厚的感情是文章的基调,而这种真挚深沉的感情又笼罩在生活艰辛的氛围之中,给人以凄然的感觉。

然而,仅仅停留在这一点上,还是远远不够的。情必须有所依附。在写人的作品中,融情于形最常见。人物形象是抒情的依托,一般多喜欢写人物的正面,刻画音容笑貌,朱自清先生却蹊径独辟,在特定的环境中从背后用饱含泪水的眼光来凝视父亲,刻画背影,让父亲上月台时的"蹒跚地走到""慢慢探身""穿过""爬上""攀""缩""倾"一系列动作映入读者眼帘,构成鲜明的印象。文中前后四次写背影符合父子之间感情含蓄的真实,在这普普通通背影的描述中,舐犊深情跃然纸上。

2. 抓最动人最精彩的笔墨

任何一篇佳作总有精彩笔墨,或启人深思,或感人肺腑,或使人愉悦,或令人悲哀。这些笔墨皆作者发自内心,注入真情,提炼思想,而后见之于文的。阅读钻研时,抓住最精彩的笔墨,最动人之处,往往能牵一发而动全身,认清文章的个性。例如台湾省作家李乐薇的《我的空中楼阁》是一篇描写景物的散文,从多种角度描绘自己生活中的第一件艺术品——远离尘嚣的小屋,笔调清新,气韵生动,犹如一幅淡雅的国画。如果就景物谈景物,会失之于肤浅,品尝不到其中的真味。如果反复咀嚼它的精彩笔墨,就能洞悉特色,把握特有的个性。

"山路和山坡不便行车,然而便于我行走。我出外,小屋是我快乐的起点;我归来,小屋是我幸福的终点。往返于快乐与幸福之间,哪儿还有不好走的路呢?我只觉得出外时身轻如飞,山路自动地后退;归来时带几分雀跃的心情,一跳一跳就跳过了那些山坡。我替山坡起了个名字,叫幸福的阶梯,山路被我唤做空中走廊!"这一段写得十分动人,十分精彩,人与景融会在一起,欣喜、欢乐的感情在字里行间跳荡。由于感情上往返于快乐和幸福之间,因而,走山路"身轻如飞",走山坡"一跳一跳"而过。山路解人意,自动往后退,山坡不阻挡,让人雀跃而过。文中这种陶醉于大自然的感情并非空穴来风,而是上文自然发展的结果。以宁静的心情从远观、从近看、从俯视、从鸟瞰等不同角度描绘小屋的美姿、小屋的不凡,随着描绘笔墨的拓展与深入,欣喜的心情不断增浓,人与自然的妙合越发明显,如"空气在山上特别清新,清新的空气使我觉得呼吸的是香"。从描绘山路喷薄而出的热情再聚集到小屋的绘制上,呈现出"烟雾之中、星点之下、月影之侧"的安静世界。感情是文章的生命,没有感情,便没有艺术。这篇文章表达的是"独与天地精神相往来"的意境,欣喜的感情与美妙的意境融为一体,把握住内情与外物交融的特点,也就把握住这篇文章的个性。

3. 通过比较,把握特色

有比较就有鉴别。同样的事物,在不同的作者笔下完全可以写成个性迥异的文章。钻研教材时在阅读领悟的基础上进行比较,就能更为清晰地把握各自的特色。

例如:海燕,作家常以此为描绘对象,或咏物,或抒情,或言志。高尔基笔下的海燕形象在中学生的脑海里印象是深刻的,那是一个英勇无畏、搏击暴风雨的先驱者的形象;而郑振铎笔下的海燕则另是一番图景,另有一番风味。前者是把海燕放在暴风雨来临前的大海这个环境中进行描绘的。背景辽阔,且急剧变化,风狂,雷鸣,电闪,浪吼,层层进逼,矛盾冲突紧张激烈,海燕在这样的环境中搏斗,英勇无畏的性格得到充分的表现。"斗"是这首散文诗的灵魂,以纵横决荡、勇敢善斗的海燕形象象征俄国革命先驱者的形象,给人以心灵的震撼。

郑振铎的散文《海燕》的灵魂是"恋"。1927年大革命失败以后,国民党反动派疯狂迫害进步知识分子,年轻的郑振铎被迫于同年5月离开家乡,离开祖国,远游欧洲。在漫长寂寞的海上旅行中,游子思乡恋国,寄情于物,于是有《海燕》之作。文章也是把海燕放在大海的背景上来刻画的,然而,这个背景是晴天万里,海涛万顷,绝美的海天。目睹在海面上俊逸的、从容的、斜掠的海燕幻化出故乡的小燕,把故乡的小燕子和海上的小燕子交织起来写,似分似合,似合似分,借助它们吐露思念家乡、思恋祖国的真情。文章开端描绘故乡春燕图,意在种下情种,"燕子归来寻旧垒",情播得深,海上的恋国恋乡之情就有了坚实的基础。高尔基的《海燕》是战鼓,是号角,高亢,昂扬,催人整装上阵;而郑振铎的《海燕》是低回,是浅唱,温情脉脉,情意绵绵,乡思乡愁缭绕不绝。

任何一篇佳作,都有其特定的背景,特定背景下产生的思想感情,都有明确的写作意图,都有表达写作意图的种种写法,这就构成了文章的个性,区别于其他的文章。

不同类型的文章通过比较可各显特色,同类型同体裁的文章更要重视比较,善于比较,认清差异。例如《关于写文章》①与《散文重要》②都是说理的文章,说的道理相通,但怎样论述各具特点。前者全面提出问题,重点论述。开宗明义,提出写文章的作用,一是交流思想、传播经验的一种方法,二是整理我们的经验和思想,使之明确化、条理化的一种方法。就全文说,提出两个"方法",但侧重论述后者,后者是文章的主要论点。就部分说,分析写不下去的原因有两条。对掌握语言工具一条不作论述,侧重讲思想。这样论述,很有独特之处。不但使读者了解问题的全貌,又突出重点,鲜明地表现作者的写作意图。《散文重要》先后论述了"散文重要""散文比较容易写""不要怕散文,也别轻视散文"等问题,举了人所熟知的事实而又易忽略的道理来论述,做到了通俗易懂。而语言生动,口语化,正体现了作者老舍先生的文风。

钻研教材,读出文章的个性,文章就不是平面的文字,而是活的、流动的、立体的,文中的珍奇佳妙之处就会深深印入脑中。文章的个性如果不能洞悉,教课时

---

① 《关于写文章》:作者施东向,原载《红旗》1959 年第 12 期,内容主要论述写文章的道理和经验。选入 20 世纪 80 年代末 90 年代初通用的高中语文课本第五册(人民教育出版社出版)。

② 《散文重要》:作者老舍。选入 20 世纪通用的初中语文课本第六册(人民教育出版社出版)。

千课一面就不足为怪了。

4·3　研究学生的实际

教学不仅要研究教材,更要研究学生,学生的现状是教学的出发点。

认清材料的质地是雕塑工艺师的基本功。对所雕塑的材料仔细地研究,摸清它们的纹理、曲直、硬度,以及能承受的压力大小,因材雕刻塑造,就能制作出巧夺天工、令人赞叹不已的工艺品;如果忽视这项基本功,拿到材料,不识材势,不辨脉纹,鲁莽地下刀、使锯、运凿,其结果不是卡了丝,就是损了块,材料受到糟蹋。

教师不是工艺师,而是塑造人类灵魂的工程师,同样有识质的问题。教师塑造的对象是青春年少充满活力的学生,任务是塑造他们的心灵,培养他们具有建设祖国的才干。不言而喻,教师的工作比制作工艺品要复杂千百倍,精细千百倍。工艺师面对的是死材料,是"活"对"死",怎么摆弄都可以;而教师面对的是生龙活虎的学生,是"活"对"活",学生天天成长,时时变化。教学工作要想取得成效,一定要重视和锻炼识质的本领。要了解学生,认识学生,洞悉他们的内心世界,把握他们在成长过程中的发展与变化,把自己的教学工作建立在科学的基础上,按照规律办事。否则,从主观臆想出发,就会盲人瞎马,事倍功半,师生的时间和精力都有所浪费。

学生的"质地"究竟怎样才能识得真,看得准?又怎样才能雕塑得有成效呢?

一、前提是牢固树立目中有学生的观点

"目中有学生",说起来容易,真正做到却极不简单。教学,当然是以教材为依据来教学生。然而,在教学过程中,手中的书和面对着的人——学生,常常不能正确地放在应有的位置上。记得自己初当教师时,眼睛只盯着教科书,以为钻研了教材,写好教案,把课文讲出一点名堂来,就完成了任务。至于对学生的研究却认为没什么关系,不研究照样教。

这种目中无人的观念是糊涂观念。这种观念的缺陷在于:没有清醒地认识到教学必须从学生的实际出发,必须坚持唯物观点;没有清醒地认识到培育人才是教育教学的大目标,一切教学活动必须服从于这个大目标,为实现这个大目标服务。

其实,道理十分清楚。教学,教学,"教"要在学生身上起作用。在教学工作中,学习者是第一因素,没有学习者就没有学习。美国教育家杜威①对这个问题有一精彩的说法,他认为在教学过程中没有学生,正像没有买主就没有销售一样,谈不上什么教学。同样道理,课堂里虽有学生,但教课时不研究和考虑他们的实际,只从教材出发,岂不和没有学生一样?教学是教师的教和学生的学双方面的活动,教师的主导作用就在于调动学生学习的自觉性和主动性,促使学生充分发挥认识主体的作用。

语文教师手中两个实际须牢牢把握,一是教材的实际,一是学生的实际。这正如"矢"和"的"一般,不看准靶子,只射箭,那是无的放矢,完全失去了"放矢"的意义。当然,"矢"的质量如何也很重要,如果质量差,掌握上不得要领,同样也不能"中鹄"②。因此,教材和学生都很重要,教师既要吃透教材,又要对学生情况了如指掌,而从根本上说,钻研教材、使用教材的目的正是为了教学生,为了教好教会。

二、要站在时代的高度认识和研究学生的新情况新特点

社会在发展,时代在前进,生活在现代社会的青少年学生,他们的思想、情操、行为、道德、兴趣、爱好无不渗透着时代的气息。就中学生而言,与50年代、60年代的相比,确有迥异之处。80年代青少年有80年代独有的特点,教师如眼光不换新,用老尺子衡量,老经验套,甚至用自己做学生时候的框框套,榫头当然对不上。

要认识学生新情况,弄清学生新特点,必须先在思想上突破,从观察事物的习惯的轨道上解放出来,站在时代的高度考察。

应该欣喜地看到现在的中学生有强烈的成才愿望,有振兴中华之志。这是时代赋予他们的特征。不管是学习好的、中的和差的,都希望祖国以最快的速度兴旺发达起来,经济迅猛发展,人民生活富裕,热切地希望自己能成为人才,在四化

---

① 杜威:约翰·杜威(1859—1952),美国哲学家、教育家。主张实用主义经验论和儿童中心论,强调"教育即生活""学校即社会"等。

② 中鹄(gǔ):典出《礼记·射义》,指射中靶子,引申为切中目标或要害。鹄,箭靶的中心。

建设中显身手。他们敏于思索,善于质疑,对知识的追求往往不受现有材料的限制,勇于发表自己的意见。他们见识比较广,接受外界信息的灵敏度比较高,有时看问题尖锐和深刻的程度大大超过他们的年龄。他们的兴趣十分广泛,对古今中外的人和事往往带着猎奇的心理了解、询问,尤其对现代科学技术、现代化生产、现代化产品更是津津乐道,以至神往。

学生思维活跃,科技知识起点高,生活知识丰富,十分憧憬美好的未来,这是时代造成的必然。党的十一届三中全会以来解放思想、实事求是的路线,对内搞活经济、对外实行开放的政策,在社会上有强烈的反映,在学生身上也有所反映。这些都是教学十分有利的条件。但与此同时,学生身上又存在着明显的不足。集体主义观念、社会主义道德规范、共产主义远大理想等在学生心中不周全、不扎实,知识与能力差距大,缺陷多。教育教学上的难度是相当大的。

教师认清了当代学生的新情况、新特点,就会领悟到教学中特别要讲究针对性、深刻性。要善于扬学生之长,引导他们明辨是非,克服不足,因势利导,雕塑成材。千万不能用形而上学的观点来认识学生。

三、要审视学生之间的差异,保护和调动各类学生的积极性

教师不仅要认清20世纪80年代中学生的共性,而且要注意审视学生之间的差异,把握各自的个性。通常的情况是:冒尖的、比较差的,容易在教师脑子里形成清晰的印象,轮廓比较分明,而一般的,所谓"中不溜"的似乎难以区别。大多数学生情况差不多,这是事实。但是,只要稍加深入,就可发现在差不多现象的后面颇有差得多的特点存在。

以口头表达能力为例。我班有四个学生口述能力都差,乍看,似乎都有口吃毛病,仔细调查辨别,却各有千秋。第一个学生说话时舌头似乎短了一点,经过再三了解分析,找到了口齿不清的症结所在;第二个是独子,十分娇惯,父母视中学生的儿子为幼儿,讲话时停顿多,规范性差,孩子耳濡目染,形成习惯;第三个是小时候学口吃的人讲话,也逐渐口吃起来,想改,但一站起来说话就紧张,越紧张越说不清;第四个是思维比较迟钝,对外界事物不能迅速作出反应,因而说话疙疙瘩瘩,含糊不清。弄清楚他们口述能力差的各自原因,才可能寻找出最恰当的方法来纠正毛病,提高能力。第一个先从生理上解决,请医生诊断,手术治疗,然后进行说话的训练。第二个与家长联系,剖析家庭语言环境的重要,请家长说话注意语句的完整;再帮助该学生进行单句的训练,阅读口语化的材料,从简单的说话开始。对第三个学生注意用"稳定剂""安慰剂",逐步消除他的紧张心理。第四个则着重训练思维的灵敏度,并指导他想清楚了再说。针对不同情况作各种不同的处理,效果比"一刀切"好得多。

了解学生的方法多种多样,常用的是:望、问、听、阅和材料跟踪。望:目测,课内课外与学生接触中察言观色;问:作口头和书面的询问、调查;听:谛听学生朗读、背诵、说话、讲演;阅:看阅学生各种语文作业及其他书写的有关材料。根据平日了解所得建立每个学生的学习资料,定期填写有关项目,进行材料跟踪,研究他们在语文学习上的发展变化。与此同时,了解他们的思想、性格、兴趣、爱好、学习心理、学习习惯、学习方法。

要真正洞悉学生的个性并不是件容易的事,须多思考,舍得花功夫,花精力,多侧面多角度地了解,观察要精细,分析要周到。早在两千多年前,孔子就说教学生要"观其所以",即观察学生的日常言行,"观其所由",即观察学生所走的道路,"察其所安",即考察学生的意向,"退而省其私",即考察学生私下的言行。现代教育对学生个性之间的差异更加重视研究。教师如果不认真探测学生的内心世界,只凭一时一事所得为依据,常会对学生的情况判断错误,影响教育教学效果。

四、和学生的心弦对准音调,理解他们,研究他们的发展变化,促使他们健康成长

苏联教育家苏霍姆林斯基曾说过这样一段精彩的话:"在每个孩子心中最隐秘的一角,都有一根独特的琴弦,拨动它就会发出特有的音响,要使孩子的心同我讲的话发生共鸣,我自身就需要同孩子的心弦对准音调。"确实如此,教师不和学生的心弦对准音调,教师说的话就不可能在学生心中引起共鸣。振幅①极小,或

---

① 振幅:物理学上用来表示振动范围和强度的物理量。这里指学生内心世界受到触动乃至震撼的程度。

没有振幅,师生思想感情得不到很好的交流,教学语言的感染力也就大大削弱。

要"对准音调",首先须在发现上下功夫,要注意疏通了解学生的渠道,从学生身上获得他们各方面的信息。教师和学生接触,和学生的作业接触,和家长接触,随时随地都要开放自己的感官,让学生的思想、品德、知识、爱好、性格特征、生理特征等各种信息进入自己的脑中,分别储存起来,千万不能闭锁自己的感官。有些学生性格是开放型的,教师容易发现他们内心的活动;更多的是心里某一角藏着奥秘,教师如没有精细的态度,敏锐的目光,很难找到那根"独特的琴弦"。有眼力的教师看学生总是巨细不漏,越是细微之处,越不让它在眼皮底下溜走。撇一撇嘴,脸上掠过一丝笑意,目光中突然出现某种异彩,这些细微的表情、动作瞬息即消逝,教师如果能迅速地捉住,和彼时彼地彼事联系起来思考分析,就可窥见学生心中的那"一角",窥见他们对某些问题的所见所想,大至社会、人生,小到一句话语、一个动作,在这方面的例子举不胜举。

要"对准音调",还须在理解上下功夫。一个教师要做到真正理解所教的每个学生的心,那不仅要讲究科学,而且还颇要讲点艺术性。学生有学生的内心世界,有许多想法、做法在成年人看来是幼稚的、粗糙的、鲁莽的,甚至是可笑的。教师不能以成人的想法、做法来框,要多设身处地为学生想想,理解他们的心情、愿望、欢乐、忧愁,少下"禁止令",少设"阻挡栏",要正面引导,积极为他们"出谋划策"。知心才能交心,师生之间共同语言多,那根"独特的琴弦"就会发出特有的音响。

"音调"不是固定不变的。青少年学生在成长时期,知识日益增多,智力不断被开发,思想、性格、兴趣、爱好等都处在变化之中。有的是顺着原来的方向发展,加深,逐渐成熟;有的变化比较大,不是在原来的线上移动,而是拐弯,形成了角度。如好动的变为好静的,马虎的认真起来,某知识缺陷弥补后出现了飞跃。因此,教师"识质"的工作不应是静止的,不应停留在某一点或某一阶段。了解要有连贯性,并要有计划地把发现所得作简要的记录,作为比较分析的依据之一,从而摸索雕塑的好方法。

4·4 减头绪,削枝强干

语文课的课堂教学须精心设计,45 分钟一堂课,效率的高低,学生收获的大小，很大程度取决于教师对这堂课的设计。也就是从这堂课的教学目标、教材的取舍剪裁，到讲课的结构安排、教学用语，乃至提示，发问，都须经过缜密的考虑、精心的设计。

课堂教学设计，不能随心所欲。它必须符合客观实际，即学生的知识水平、接受能力和教材的具体内容；同时，它又必须符合教学的科学规律，即由浅入深，循序渐进，让学生确有所得。而这一切，又必须围绕一个中心，即驾驭课堂教学的主宰——目标。教学不能搞倾盆大雨，把头绪繁多的教学内容塞进一堂课内，弄得学生眼花缭乱，要切实根据学生的知识水平和接受能力，紧扣教学目标，减头绪，削枝强干，使得课眉目清楚，眉目清秀，学生看得清楚，容易理解，容易心领神会。

一、要舍得割爱

教师钻研教材，应逐字逐句精读、细读，从思想内容和语言文字的辩证结合上弄清词句含义和篇章结构，正确体会作者的意图。刘勰说："夫缀文者情动而辞发，观文者披文以入情。"要情动于中，与作者的思想感情交融。即使一个字、一个标点符号也要认真琢磨，不让自己不懂的东西"滑"过去。熟读教材，推敲文章的重点、难点、关键，掌握作者思路的来龙去脉，使之如出自己之心，如出自己之口。这样钻研教材，当然会有许多收获。在钻研的过程中，广找资料，博采众长，储备的知识必然更为丰富。教学设计时能不能把钻研所得一股脑儿纳入其中，教给学生呢？不能。

打个比方来说，老农挑水浇菜，总是把一桶桶的水挑到菜田里，然后用长柄勺一勺勺地轻轻地、均匀地浇洒在菜根上，而绝不会有哪一个菜农挑来一担水，不管三七二十一地将整桶的水一下子倒向菜根，因为他知道，这样浇水会将菜连根带叶一起冲走。教学也是这样，如果教师把自己储存的满桶之水，不分青红皂白地倾泻而下，这会把所有的学生冲得东倒西歪，晕头转向，不知所从。这就违背了教学的客观规律。

教学不是一次完成，它有连续性、阶段性、层次性、反复性。依据怎样的课文，达到怎样的目标，不是被教材内容牵着鼻子走，而是应以目标为准绳，对教学内容进行剪裁，决定取舍详略。千万不能因为是潜心钻研所得，不顾教学大纲所规定的教学要求,不顾学生的知识基础和实际的语文能力,而敝帚自珍,舍不得割爱。

教学中要有所为,也要有所不为,有些语文知识暂时"不为",放一放,是为了更有所"为",使某些语文知识、某些语文能力训练重点突出,学生更能学懂、学会。比如记叙文教学,它的基本写作特点是如何将叙事、写景、抒情融合一体,或是把人物的外貌、心理、语言、动作描绘得栩栩如生。在一篇记叙文教学中,不能把课文中所涉及的写作方法都放到一堂课里去解决,要抓主要,舍枝叶,分步走。在这堂课里学习讨论某个写作方法,是一个"点",下堂课又学习讨论另一个写作方法,又是一个"点"。一个一个"点"落实,连"点"成"线",对记叙文的写作方法,或说明、议论的写作方法就有较为系统的理解,知识就成了串。

二、突出重点,确定难点,不面面俱到

就全册教材来说,要同类归并,按照年级要求,确立知识和能力训练的一个个点,由点连成线,再由一条条线合成"面"。就每篇课文每堂课来说,如果不分主次,面面俱到,那就教不深,学不透。对每一篇课文、每一堂课重点该突出什么,应该有一个全面的安排,并且要由浅入深,循序渐进。学生在每堂课里学习的东西是集中的,又是扎实的,而在一个学期、一个学年、一个阶段的学习中,所学到的知识就是比较全面的,系统的。

例如,教《谁是最可爱的人》,不同的年级就可确定不同的教学重点。这篇课文有三个重点:围绕主题选择典型事例;串联三个故事的两个语句在全文结构中所起的作用;记叙、议论、抒情等几种表达方法的综合运用。作为初中二年级的教材,该确定哪一个重点呢? 分析学生平时作文情况,大多数同学写作时还不懂得如何围绕主题选材,因此,写的作文不是材料堆砌,就是空空洞洞,言之无物。而围绕主题选择材料又是初二年级学写记叙文的基本要求,因而,选"围绕主题选材"作为教学的重点。至于过渡句在联系上下文、在全文结构中的作用,学生有基础,一点便明白,不必花时间枝枝叶叶。多种表达方法的运用让学生接触一下,不作重点。这篇教材放到初中三年级教,重点就不一样。教科书把它放在新闻报道的单元之中,主要让学生掌握几种表达方式的综合运用,而初三的学生对围绕主题选材已基本掌握,这样,教学重点就可放到"几种表达方式的综合运用"方面,围绕主题选择典型材料只要稍加点拨,学生就能温故而知新。

鲁迅先生说过:"凡是已有定评的大作家,他的作品,全都说明着'应该怎样写'。只是读者很不容易看出,也就不能领悟。"我们语文教师教的课文,大多是现代文。这些文章无论是思想内容,还是语言文字,都与现实生活相近或相通。学生只要扫除了生字难词的障碍,就能基本读通;但是他们对于文章中用得特别精彩准确的妙词佳句,以及作者在构思上独具匠心的精妙之处,往往不易看出,或者不易全部看出,有的一时悟不出个所以然来,处于雾中看花的状况。对于这些方面,教师要着力指导。如果学生知其然而不知其所以然,教师就要指点"所以然";学生只知其一,不知其二,教师就要指点"其二"。教师在重点、难点处点拨得好,学生就会有豁然开朗的感觉。

比如《浣溪沙·和柳亚子先生》这一课中"长夜难明赤县天"的"难"字,学生往往不以为难,一扫而过,不能领悟其中的深刻含义。这就要放到学生中去讨论研究。根据学生发表的意见,归纳整理,"难"寓含三种意思:旧社会黑暗的漫长;处在水深火热之中的人民对光明的渴望;革命斗争的艰难,新中国的幸福来之不易。对这种关键词的理解,学生有一定的难度,教师看到这一点,重点点拨,难点就化解,对用词的传神、确切,学生就能有所领悟。

高中语文课文长的比较多,而课时又有限,更要注意减头绪,削枝强干。比如《依依惜别的深情》赞美中朝两国人民用鲜血凝成的友谊。文章细腻动人,丝丝入扣,一字一句无不打动读者,催人泪下。但是,文章很长,全文有六七千字,在有限的课时里不允许也不应该一段一段讲、一段一段品。这篇课文最显著的特点是情思横溢,以情感人。文章标题可作为组织教学内容的核心,它极其概括,撮内容之要,更是浓墨渲染,泼洒万般情意。"惜别",舍不得分别;"依依",百般留恋,不忍分离;"情"前面还着一"深"字来修饰,层层增添,分量沉重。尽管文章材料丰富,涉及众多的人、事、景、物,但繁而有序,高中一年级学生阅读,能一件件、一桩桩梳理清楚。从这个实际出发,根据课文的特点,可以离别的时间为线索,确定两个教学重点,一是以事表心,二是以泪表心。以事表心为以泪表心做铺垫,而后者感人的场景是前者人们离情的必然结果。确定这样的重点,就拎起了全文,无论是中国人民志愿军战士为朝鲜人民军战士、为朝鲜人民做的一件件事,还是朝鲜人民为志愿军战士做的一件件事,都穿在"心"这根轴上,就汇成友谊的巨流,情透纸背,感人至深。

三、舍弃难点,化繁为简

课文中有些难点不攻克,影响对全文主旨的理解,影响教学目标的落实,那就要花气力指导学生阅读、思考,解决疑难。课文中有些难点与历史背景、与复杂的人和事有关系,要梳理清楚,须花相当的课时。弄清楚当然很好,也是一种知识。但课时有限,而且与制订的教学目标关系不密切,那就要大胆舍弃,或化繁为简提一下,不要让枝枝叶叶掩盖主干。

如教《事事关心》,围绕教学目的,把文章的阐释对联含义、正反论述努力读书与关心政治必须紧密结合和激励今人胜古人作为教学的重点。以阶级的历史的观点评价分析东林党人读书讲学的进步意义和历史局限这部分是课文的难点,但无须重点教,只要让学生理解对古人的主张必须采取历史唯物主义的态度,吸取精华,扬弃糟粕,不在具体材料、具体问题的是非上开展争论。

总之,教学目标明确,重点突出,去庞杂,强主干,学生学习时就容易收到功效。

5　兴趣是学习语文的先导

学生是学习语文的主人,他们对学习的"内部态度"往往决定学习的质量。是积极寻求还是消极应付,是兴味盎然地吸收还是厌恶排斥,直接影响教学质量、教学效果。教师要十分重视和掌握学生的"内部态度",千方百计培养他们学习语文的动机,激发他们学习语文的浓厚兴趣。

语文教学要获得成功,学生要学有成效,必须做到学生能带着一种积极的、高涨的、激动的情绪来学习,开动脑筋思考,认真地主动地投入读、写、听、说的训练之中,为获得新知识而欣喜,为语文能力的提高而欢乐,而骄傲。

语文教学中最怕出现学生冷漠的、无动于衷的局面。这种局面也许开始只在少数几个学生身上出现,如果置若罔闻,不立即采取措施制止、纠正,就会蔓延,以至于不可收拾。其中有学生学习惰性的因素,但归根结底应反躬自省。如果教师把酷爱语文的火花移植到学生的心里,把酷爱思考的习惯传播到学生身上,教学状况就大为改观,学生会生龙活虎,兴味盎然。教师如果有本领把学生学习语文的兴趣激发起来,教学就成功了一大半,学生就不以为苦,从中获得乐趣。

5·1　珍贵的内驱力

学习动机是推动学生学习的主观动力,学生有了强烈的学习动机就会产生迫切的学习愿望,就能积极主动想方设法克服学习中的困难,取得良好的学习效果。兴趣和动机密不可分。学习兴趣是学习动机的一个重要的心理成分,它是推动学生探求知识和获得能力的一种强烈的欲望。早在两千多年前孔子就说过:"知之者不如好之者,好之者不如乐之者。"没有任何兴趣,被迫进行的学习会扼杀学生掌握知识的意图。怎样才能激发学生学习语文的兴趣,培养学生珍贵的学习内驱力呢?

一、培养"热爱"的感情,激扬学生热爱语文学科

著名科学家爱因斯坦说得好:"我认为对一切来说,只有'热爱'才是最好的老师。"生物学家达尔文在自传中曾这样说:"就我所能回忆的我在学校时期的性格来说,其间对我后来发生好影响的就是,我有强烈的和多样的兴趣,非常热爱使我感到兴趣的东西,并且深喜理解任何复杂的问题和事物。"人是有情感的动物,钟情于某个事物,就会有力量勇往直前,排除万难,注情于学习之中,学习当然也就能生辉。

学生学习语文要有很强的内驱力,除了学习目的明确,学习负有责任感外,须激发他们对语文满腔热情满腔爱。学习目的性、学习责任感的教育须贯彻教育的全过程,这一点教师不仅明确,贯彻的自觉性也比较高。与之相比较,情感教育就不是那么重视了。其实,情与理缺一不可,既要在语文教学过程中对语文学习的目的、责任晓之以理,又要在学习的主动性积极性方面动之以情,二者相辅相成,相互促进。

激发学生对语文的热爱,空讲道理不可能奏效,要善于抓住学生的心理,把课上得有吸引力,像磁石吸铁一样,牢牢吸引学生的注意力。要在课内课外品评字词,鉴赏作品,让学生置身于祖国语言美的海洋之中,热爱的感情充盈胸际。

比如学生学语文,总要学写字,汉字具有诱人的形态美,仔细辨别,用心赏析,脑想手写,就会乐在其中。同样的方块字,写起来却可千姿百态。一个字就如一幅画,有粗,有细,有直,有曲;结构的方式多种多样,上下的,左右的,内外的,各部分之间讲究比例,讲究间架,讲究匀称,讲究整体美。如"哀""衷""衰""裹"这类字是包孕结构的,"衣"字拆成字头"亠"和字尾"𧘇","口""中""田""果"包孕其中,正因为是包孕其中,就要注意比例,控制笔画的长短,如"中"的一竖,单写可拖长,露锋,以示挺秀,而被包孕在"衣"中,"竖"这一笔就不能这样处理了。同样的道理,"田"中的"一"要超过"亠"中"一"的长度,"果"不能把下半部分拖长。相同的笔画,安放在不同的字中,有它特定的位置和作用,认识它们,掌握它们,写出来的字就会骨肉停匀。至于用行书、草书写成的篇，更是游龙走蛇，气象万千，多看多读，是一种艺术美的享受。这种字形的教学，教出味道来，学生不仅大大减少错别字，而且翻阅字典的内驱力大大加强。有的学生天真地告诉教师："我看'笑'字就像人的脸在笑，眉毛弯弯的，眼睛眯成了缝，一撇一捺就像笑起来两腮勾出的线条。'哭'字真难看，两只眼睛像两张嘴，水从里面淌出来。"学生是创造的天才，只要对字词发生了兴趣，会有奇奇怪怪的想法，而这种想法又促使他们理解与掌握。

要学生对语言文字产生浓厚的感情，不能停留在字形的辨识、字音的读准上，更要在字义上下功夫。祖国的语言文字反映了中华民族数千年的深厚的文化。汉语同义词的丰富，近义词之间极其细微的差别，无与伦比。如果不了解这些特点，大而化之运用，不仅不能准确细腻地表达思想，而且会闹出张冠李戴的笑话，令人捧腹。就说"看"这个最普通的字眼吧，与它意义相近的词可列出近百个，有常用的口语"瞅""瞟""瞧"，有书面用语"睥睨""谛视""骋目""凝眸"，有看的角度不同——"觑""俯视""仰望""平视"，有看的程度差异——"瞪""瞥""扫""盯"，有看的范围大小——"顾盼""环视""纵观"，等等，不一而足。在怎样的语言环境里选用怎样的词语，须深入理解，辨微析毫；只要认真咀嚼推敲，不仅能选准表意中的"那一个"名词、形容词、动词，而且进入词汇宝库觅宝，其乐无穷。

"运用之妙，存乎一心"，语言知识丰富，语言实践勤奋的人，驾驭语言的能力可达到使人赞叹不已的地步。带领学生阅读这些人写的诗文，愈向深处开掘，愈能品尝到蕴含的甘甜，愈能增强他们学习语文的热情和内驱力。例如诗文中的数字运用，深入钻研，韵味极浓。"一"字在日常生活中用得奇多，别的且不说，单以成语而言，像"一心一意""一朝一夕""一板一眼""一唱一和""一模一样""一来一往"等，很多很多。打开《汉语成语词典》一数，归在"一"字下的成语竟有五百来个。上列词语用到诗句中也屡见不鲜。李白的"一叫一回肠一断，三春三月忆三巴"（《宣城见杜鹃花》），用得十分生动。多接触多思考，就可发现诗文中的"一"有的是数字实用，有的只是虚词，从杜甫的《石壕吏》中可以看得清清楚楚。"吏呼一何怒，妇啼一何苦！听妇前致词：三男邺城戍。一男附书至，二男新战死。存者且偷生，死者长已矣！"其中"一何"之"一"是语助词，用来加强语气，而"一男""二男"

"三男"的数字皆为实数。学生体会到诗文中运用数字如此之妙,学习热情就十分高涨。

学生的向师性很强,哪个学科的教师教得好,学生就趋向哪位教师。班级各学科教师教授各自的课程,犹如一个乐队,演奏各自的曲调,但组合起来是协调、悦耳的交响曲。学生对其中有些吹奏、弹奏特别有兴趣,而对其余的态度一般。语文教师要激发班级所有的学生热爱祖国的语言文字,要争取学生热爱自己教的学科。一个班级几十名学生,不可能每个人都热爱语文。由于语文学习基础不一样,家庭背景不一样,个人兴趣爱好不一样,有的学生喜爱语文,有的学生喜爱数学,有的喜爱其他学科,这是十分正常,不足为怪的。语文教师要努力以自己的人格魅力和优质教学争取多一些学生热爱这个学科,因为母语教学在培养民族感情、培养道德情操、培养文化素养方面具有其他学科不能代替的独特作用。它不是管一个阶段,更不是一考了之,束之高阁,而是对人的一辈子都起作用。人一辈子都要和语言文字打交道。

要求每一名学生热爱语文学科,这是追求的目标;在目标未能实现之前,无论如何要积极培养几个或十几个对语文学科满腔热情满腔爱的学生。他们的学习和教师心灵相通,他们在语文学习中能起骨干作用,先锋作用。这些学生是班级学语文能带动大家共同进步的核心,须懂得:水涨船就高。小部分学生学习质量上乘,其余的就能紧紧跟上。而这小部分学生由于内驱力很强,学的广度与深度就大不一样,语文实际能力往往超过该年级应达到的水平,令人欣喜。

二、努力让学生发现兴趣的源泉

不认真教学,永远不可能总结出有价值的教学经验;不认真求知,也永远不可能体验到求知的艰辛与欢乐。认知过程本身就是一个激发生动的不可熄灭的兴趣的过程,学习课文,认知语言文字,认知文章反映的大千世界,反映的色彩缤纷的社会生活及气象万千的自然景物,引导学生挖掘,攀登,探索知识的奥秘,学生就可从中获得求知的乐趣。

兴趣绝不能建筑在表面的乃至庸俗的刺激之上,兴趣的源泉在于动脑筋发现问题,自己寻求解答。教师引导学生发现兴趣的源泉,孜孜以求,挖掘不已,就能体验到自己的智慧,自己的力量,从而更加奋发学习。

比如学习鲁迅的《记念刘和珍君》中这样一段话:"当三个女子从容地转辗于文明人所发明的枪弹的攒射中的时候,这是怎样的一个惊心动魄的伟大呵!中国军人的屠戮妇婴的伟绩,八国联军的惩创学生的武功,不幸全被这几缕血痕抹杀了。"这是课文的难点之一,学生对如此寓意深刻的语句一时难以理解。教师不越俎代庖,而是引导他们去求索。先排出疑难之处,然后一一加以剖析,寻找资料,引经据典,最后谈自己的认识,自己的理解。如:为什么这儿用"伟大"?"伟大"用"惊心动魄"来形容,没看到过,究竟是什么意思?如果是反语,"惊心动魄"又成了什么意思呢?"八国联军"是不是镇压义和团的刽子手?如果是镇压义和团的刽子手,为什么鲁迅先生又强调说是"惩创学生的武功"呢?学生脑子里有一大堆疑问,就会去攻克,求索,不仅翻书面资料,也到自己头脑里这个小仓库去搜寻。

经过思考,讨论,有的学生认为"这是怎样的一个惊心动魄的伟大呵"是反语,而且"中国军人的屠戮妇婴的伟绩,八国联军的惩创学生的武功"也都是反语。这一连串的反语是对"文明人所发明的枪弹的攒射"这一暴行的辛辣的讽刺,表达了鲁迅先生无比愤慨的感情。理由是:用反语对丑恶现象,对逆历史而动者进行讽刺,是鲁迅先生惯用的表达情意的一种方法。像《"友邦惊诧"论》中"可是'友邦人士'一惊诧,我们的国府就怕了,'长此以往,国将不国'了,好像失了东三省,党国倒愈像一个国,失了东三省谁也不响,党国倒愈像一个国,失了东三省只有几个学生上几篇'呈文',党国倒愈像一个国,可以博得'友邦人士'的夸奖,永远'国'下去一样"不就是用反语来讽刺的明证吗?以学过的旧知识来印证,是求知的一种方法。

有学生认为"这"显然是指"当三个女子从容地转辗于文明人所发明的枪弹的攒射中的时候",这一景象确实是"伟大"到令人"惊心动魄"。联系上文三位女子临危不惧、相互救助的记叙,正是对她们"竟能如是之从容"的"伟大"形象的赞颂。把三者的伟大形象与"中国军人""八国联军"的暴行进行鲜明的对比,更显示出这三位死难者的凛然正气。联系上下文思考、推敲,也是读懂文章的重要方法,言之也有据、有理。

至于"八国联军"的问题，1900 年镇压义和团的是德、美、英、法、俄、日、意、奥，课文中说的"八国联军"与 1900 年的"八国联军"有相同的部分，但也有差别。那时的"八国联军"攻陷北京后，清政府与十一国公使签订了《辛丑条约》，十一国即"八国联军"加上荷、比、西三国。后来俄国十月革命胜利，从中退出；德、奥在第一次世界大战中战败，也从中退出。于是十一国只剩下了八国。由于这八国是原先"八国联军"和十一国中的主要部分，两者一脉相承，基本一样，所以鲁迅仍用"八国联军"这一称谓。

学生自己探求知识，对获得的成果均感满足，说起来振振有词，俨然像个"学问家"。兴趣的源泉来自对知识的渴求，来自积极开动脑筋攻克难题。

三、珍视学生学语文的点滴积极性，热情保护，真诚发扬

教师要耳聪目明，对学生学习中的些微变化要看在眼里，记在心里。尤其是学生对探求知识跃跃欲试的时候，哪怕是一丝微笑，哪怕是嘴角动一动，都不能漠然对待，要珍重和保护他们学习的积极性，创造条件让他们发表意见。

举个例子来说，学《在烈日和暴雨下》这篇课文时，教师提了一个问题后说："这个问题谁来回答？"当教师用目光扫视教室，等待学生思考回答时，意外地碰上了一双期待着的眼睛，尽管戴着眼镜，可它似乎在清楚地说："老师，你叫我吧，我能回答。"教师又惊又喜，立即请他发表意见。他先是脸一红，接着就站起来捧着书慢条斯理地说开了："这一部分写骆驼祥子为生活在夏天烈日下煎熬。先总的写天热得'发了狂'，地上像'下了火'；再从'街上'的'柳树''马路'的'白光''便道上'的'尘土'等角度描写烈日；然后……"学生凝神听着，有些调皮的还回转头或侧转身注视着他。小陆同学这样声音响亮比较有条理地回答问题，不仅出乎同学意料，教师也有点愕然。一年之前接这个班级时，每堂课提问，就是这个小陆同学总是把头埋得低低的，有时和课桌上的书只有二三寸的距离，教师捉不到他的视线。别的同学回答了问题，他头才慢慢地抬起来；若目光偶然碰上了教师，也总是立刻躲闪开。教师课上表扬，课外谈心，他学习积极性大为高涨，上课目光凝聚了，集中了，稳定了，再也不躲闪了。原来常用的字"吃"，也会错写成"吃"，300 多字的作文别说遣词造句、谋篇布局，单错别字就有十几个的他，犹如变了一个人。

他用功了，用心了，内驱力起了大作用，才有了如今这样的变化。教师对学生的点滴进步要保护再保护，鼓励再鼓励。

有些看来是极其枝节的事，学生表现出很大的兴趣，表现出积极性，同样要珍视，要保护。教《记一辆纺车》时，为了让生长在上海这座大城市里的孩子了解什么是纺车，教师就从一幅油画中临摹了一架纺车作为教具，供学生观察。画贴出后，一位女同学站起来说："纺车倒像，我浦东外婆家就有这样的纺车，但车上少画了一个钉子。"说着，就跑上讲台指着黑板上挂的画评论起来。画上的纺车有没有钉子，有没有木榫头，与学课文关系不大，但这位同学观察仔细、认真执着的态度十分可爱，这也是学生学习内驱力的一种表现。

有时有些学生表现出来的举动比较幼稚，教师千万不能取笑他们，仍然要尊重他们，保护他们的积极性。有次语文课外活动是智力竞赛，小王同学课后恳求教师让她当主持人，并画好了一张竞赛场的座位安排表。这个在小学看到写作文就哭鼻子的小姑娘，如今对语文活动有如此强烈的兴趣，当然要保护、肯定、表扬。教师满足她的要求，并组织其他学生一起设计竞赛内容，一起安排竞赛程序。她高兴地笑了，任务也完成得很好。学生年幼，幼稚也是一种真诚，不能小视。

5·2 不能千课一面

语文教学有法，但无定法。从教材实际、学生实际出发，达到一定的目标。教学全过程是启发式，促使学生主动学习，这些是应该遵守的法则。由于课文体裁不同，难易有别，由于教育对象程度不同，年龄大小有差别，因此教学不能一个模式，不能千课一面，应该因文而异，因人而异。

长期以来，语文教学中形成了一种教学八股，不管什么样的课文，也不管学生的实际能力，总是从介绍时代背景、介绍作者开始，然后解释词句、划分段落、归纳中心思想，最后概括主要写作方法。这种教法也有可取之处，但所有的课文都用这种模式套，就必然千课一面，学生上课发腻，趣味寡然。语文教学改革的春风对这种单一的模式进行了冲击，出现了多种多样的课堂教学结构，形成了多种多样的教学方法，这是语文教学的一大进步。不过，新的模式出现，也要百花齐放，不能囿于某一个程式,把这个程式定为一尊。语文课综合性强,内容丰富多彩,用一个模式难以框住。把某一种模式夸大到万能的地步,课堂教学就失去了活泼的生命力。

一、教出文章的个性,使学生学有所得

钻研教材,洞悉文章的个性,就为克服千课一面的教学弊病打下坚实的基础。课文各有特色,教学时把握特色,加以重点显示,就会一课一个样,学生有新鲜感,学起来兴趣倍增。中学生具有好奇好胜的特点,新异的刺激物能引起他们的定向探究活动。如果教学内容与方法不断更新与变化,就可以有效地激发学生进行新的探求活动,保持与发展旺盛的求知欲。如果总是采用同一或相仿的教学方法,学生学习的积极性就受到压抑。当然,一课一个样不是离谱,它受制于语文教学大纲总目标,受制于语文教学原则,受制于语文教学分年要求。

比如《春》《海滨仲夏夜》《香山红叶》《济南的冬天》这个单元都是写景的文章,如果用一个方法教,单一地强调写景要抓住景物特征,再好的课文也味同嚼蜡。因此,教师要在钻研教材、熟悉文章思路的基础上精心设计,教学思路突破文章的写作思路,选用合适的方法实现教学目标。

教师教该单元时是这样开头的:"继米开朗琪罗之后的法国大雕塑家罗丹曾这样说:'美是到处都有的,对于我们的眼睛,不是缺少美,而是缺少发现。'我们人总要和大自然接触,大自然的美可以说无处不在。它不同于巧夺天工的工艺美,也不同于绕梁三日的音乐美,更不同于充满青春活力的人体的健壮美。然而,它又似乎是各种美的综合。尤其是我们伟大祖国,山川锦绣,真是美得令人陶醉,它在春、夏、秋、冬不同的季节不同的地方展现不同的美姿。现在我们要学习的是一组描写四季景物特征的散文,要运用反复吟诵、分析比较、阅读仿写等方法理解它们高超的艺术手法和表现的情境美,培养我们用双眼观察美的能力,陶冶我们的情操。"一个单元教学的起始,用这样几句话描述,学生被引用的有关"美"的名言所吸引,被描述的大自然的美、祖国壮丽山川的美所吸引,积极性高涨,兴味盎然地进入了该单元学习的轨道。

四篇课文四种教法。教《春》,紧扣文章细笔细绘的特点,课上要朗读,吟诵,体会语言的优美。要求学生读准确,读流畅,读出意境,读出感情。采用的方法是:教师示范读讲一两段,指导学生理解描写的顺序、描写的角度、描写的方法、描写的语言,边剖析,边启发学生想象,然后由学生独立分析。这样做,充分运用文章横式结构组材的特点以及每一段描写方法大同小异的特点。教《海滨仲夏夜》紧紧扣住一个"变"字,着重引导学生理解如何描写活动中的景物。根据教学目标对教材作详略取舍的处理。课上不采取吟诵的方法,而着重在推敲关键词句,体会作者怎样描写活动中的景物。要求学生定点观察,开展想象,比较广泛性地写春景与集中笔墨写仲夏之夜的海滨的区别,比较春花、春草、春风、春雨……横式组材的方法与以时间的推移为线索组材方法的不同。至于《香山红叶》则采用请学生读讲的方法跟随向导游香山,紧紧抓住记游的线索,请学生讲听到老向导讲些什么,目睹香山哪些好景,与老向导接触后有哪些感受,在读读讲讲的训练中理解文章的主题,体会景美—人美—时代美的构思特色。半山亭上观好景的段落重点锤打一下,不仅要求学生讲述看到了什么,而且要分析作者是怎样描写的,引导学生运用在《春》学习过程中懂得的分析方法独立分析,培养阅读理解的能力。《济南的冬天》则是抓住"温晴"这个文章的眼睛,要学生诵读,细思,理解体会两个要点:一是作者如何精选景物,笔笔点"温",处处写"晴"的;二是感情的潜流如何在字里行间流动。然后仿写一处景物,进行比较,开展讨论,体会作者驾驭文字的功力。

要教出学生学习的兴趣,教学思路要开阔,不拘泥于文章的思路,不总用平推的方法教,不总用几步法、几段论,而是要深挖课文的特点,采用多种多样的方法。这些方法不是背离文章的思路,而是从不同角度不同侧面引导学生琢磨、体会,领会作者的写作意图和构思的匠心。

二、考虑学生的实际水平,因文定法

在教学中,常常有这样的情况:文字浅显易懂的课文,学生觉得"熟","没什么可学";教师觉得"浅","没什么可讲"。其实,这类文章比之名篇大作,更接近学生的实际,只要因文而教,引导得法,学生不难从中学到立意谋篇、选材组材,乃至遣词造句等多方面的知识,读写能力的培养也容易奏效。面对浅显易懂的课文,或

描绘引人入胜的画面,或从某一点深入,讲出寓含的精深的道理,使学生学有收获。这种教法可称为:"浅文深教。"如《一件珍贵的衬衫》是自读课文,学生一看就懂,那就要引导他们深入探究一下,激发求知欲望。该文一事一叙,采用倒叙的方法写。请学生在初步阅读的基础上思考:什么叫倒叙?怎样的情况才可用倒叙?运用倒叙方法须注意些什么?这篇文章不用倒叙行不行?如果不用倒叙,应该怎样叙述?你认为采用怎样的叙述方法更感人,理由何在?学生思考、讨论、作讲述练习,浅文学起来也就不浅了。

深文也可浅教。有些经典性文章内容博大精深,可探讨、学习的东西十分丰富,学生不可能在短短几节语文课里学得周全。那就要从学生的实际出发,紧紧围绕教学目标加以取舍剪裁。比如《在马克思墓前的讲话》《论"费厄泼赖"应该缓行》等文,教时要切合高中学生学习语文的实际,理论上的深入探讨,历史背景的追溯、研究,就无须花精力花时间了。

在一篇课文中,哪怕是讲授某一个知识,某一种写作方法,也要力求做到有特点,不能用千篇一律的讲法。多角度多侧面地思考,文章中细微之处就能凸显出来。把握了细微之处,学生受益越大。比如同是讲景物描写,《春》中的文笔细腻,如写春草:"小草偷偷地从土里钻出来,嫩嫩的,绿绿的。园子里,田野里,瞧去,一大片一大片满是的。"淡雅,水灵,犹如水彩画。《故乡》开头的景物描写:"时候既然是深冬;渐近故乡时,天气又阴晦了,冷风吹进船舱中,呜呜的响,从篷隙向外一望,苍黄的天底下,远近横着几个萧索的荒村,没有一些活气。我的心禁不住悲凉起来了。"景色萧索,一片悲凉。无多种色彩点染,只是用枯笔作简单的勾勒。丁玲《果树园》中一段景物描写是:"当大地刚从薄明的晨曦中苏醒过来的时候,在肃穆的清凉的果树园子里,便飘荡着清朗的笑声。鸟雀的欢噪已经退让到另外一些角落去。一些爱在晨风中飞来飞去的小甲虫便更不安地四方乱闯。浓密的树叶在伸展开去的枝条上微微蠕动,却隐藏不住那累累的硕果。看得见在那树丛里还有偶尔闪光的露珠,就像在雾夜中耀眼的星星一样。而那些红色果皮上的一层茸毛,或者是一层薄霜,便更显得柔软而润湿。云霞升起来了,从那重重的绿叶的罅隙中透过点点的金色的彩霞,林子中回映出一缕一缕的透明的淡紫色的、浅黄色的薄光……"显然,这是一幅果园晨色图,洋溢着生机与欢乐。这幅图是油画,色彩、光感、质感均描绘得一清二楚。把同是景物描写放置在不同课文里认识、理解、辨别,寻觅各自的特点,教起来就不会千篇一律,不会雷同。

总之,教材不同,学生情况不一样,教法就应随之而变化。有的课文适合朗读,就让学生多读,边读、边想、边议;有的课文需要讲解,讨论,就层层剖析,步步深入;有的课文适合学生自学,就引导学生自己阅读,自己消化。即使是同一类型的课文,侧重点也可不同,如或侧重词句,或侧重篇章,或侧重某个写作方法,或侧重思想情操陶冶。教学灵活绝非随心所欲,灵活的目的只有一个:让学生学得愉快,学得扎实,更有效地实现教学目标。

5·3　教出趣味,使学生迷恋

有人说,天才就是强烈的兴趣和顽强的入迷。著名物理学家杨振宁也曾说:成功的真正秘诀是兴趣。要使学生对语文产生兴趣,迷恋上它,教师就要努力把课教得情趣横溢。中学生对学科的选择性很不稳定,兴趣、注意力容易改变,语文教师对他们施以相当的影响,会产生良好的效果。

人们看一部好电影,看一场十分精彩的戏,往往会不自觉地忘记了自己,入了迷。自己仿佛置身于电影和戏曲之中,被那曲折的故事情节、生动的人物形象、精湛的语言艺术所吸引,台上台下浑然一体,给人以一种艺术的享受。语文教学当然不同于电影和戏曲,但语文教师应力争创造这种艺术佳境,使学生置身于高尚激越的情感、汩汩清泉的知识和妙趣横生的语言氛围之中,感受到艺术享受。

教师并不都是要板着面孔上课,以表示尊严;要和颜悦色,赤诚地、平等地相待,使学生觉得可亲可近,有如沐春风之感。课堂上笼罩着死气沉沉的气氛,学生如芒刺在背,学习起来就七折八扣,影响效果。不论是明白如话的浅文章,还是道理比较深奥的议论文,只要教得得法,都能使学生学得愉快活泼。笑是感情激流的浪花,课堂里常有笑的细流在潜动,或因某一问答、某一细节突然引起一阵笑声,师生感情融洽,可增添课的趣味,增添课堂欢愉的气氛。教师要想方设法把课教得有情趣,使学生咀嚼到其中的甘甜。

一、以新奇的知识吸引学生，激发他们求知的欲望

教课最忌陈谷子、烂芝麻，一句话翻来覆去，一个知识重复许多遍，学生耳朵听出了老茧，学习积极性受到障碍。比如讲"观察"，第一次讲，学生感到新鲜，每次都讲"观察要细致""观察要仔细""观察要……"学生脑中难以形成兴奋点。如果在不同的课文教学中，不同的写作指导课上，变换说法，效果就好得多。如：对人、事、物，要"识得真，勘得破"。如："身之所历，目之所见，是铁门限。"①如：不仅要注意形貌，还要"识得神气"。如：不仅要善于抓住对象的特征，还要把自己的感情交融其间，有独特的感受和发现，等等。实际上都在讲观察，只是说法不同，角度有所变化。学生有新鲜感，所学知识容易入耳入心。

以新奇的知识吸引学生，是一种有效的途径。这儿说的"新奇"，不是指前所未有的知识，而是对学生的水平而言，学生过去没接触过的，一旦听到，学到，就有"新奇"的感觉。例如《岳阳楼记》是范仲淹的传世名篇，对文中的名句"先天下之忧而忧，后天下之乐而乐"，中学生几乎无人不晓。怎样才能深刻理解它的意义与价值，首先要把他们引入文章的佳境。怎样引呢？教师是这样说的：

《岳阳楼记》不仅以"先天下之忧而忧，后天下之乐而乐"的高尚思想情操给后人以深深的启迪，就是对洞庭景色的描绘，也是景物描写中的一绝。"朝晖夕阴"的万千气势，"淫雨霏霏"的阴风浊浪，"春和景明"的上下天光，把巴陵胜状刻画得有声有色，如在眼前。然而，你们是否想到：据有一种说法，范仲淹没有到过洞庭湖，也没有登过岳阳楼，笔下所描绘的巴陵胜状，非亲眼所"观"，而是虚拟的。既是虚拟，为何又写得如此逼真，叫人拍案叫绝呢？原来他有生活上的积累，再加以读画所得，笔下便出现绝妙好景。范仲淹是苏州人，从小熟悉太湖景色，后来又官贬饶州（现江西上饶），又对鄱阳湖的景色十分了解。生活上有太湖景、鄱阳湖景的积累，再从滕子京那儿得到《洞庭晚秋图》的画，仔细阅读，把直接经验和间接经验巧妙地糅合，笔下洞庭湖的景色就活灵活现。

学生全神贯注，被从未接触过的材料所吸引，迅速进入学习轨道，深入课文之

---

① 铁门限：用铁皮包裹的门槛，这里指生活对人的影响和限制。

中去辨别,评析这个材料究竟可信度怎样。

当然,把课教出情趣,绝对不是要杂耍,卖噱头,搞庸俗低级的笑话。教学是极其严肃的事,来不得半点油滑和浅薄。因而,须清醒地认识到课的趣味性能否实现应把握两个要点:一是研究和洞察学生的心理活动,加强课的针对性,把激发兴趣建立在科学的基础之上。二是以知识激发学生的兴趣。知识本身就有巨大的吸引力,知识是一种快乐,而好奇则是知识的萌芽。教学时,抓住学生好奇的特点,以有关知识扩大他们的视野,促进他们主动积极地学习。

二、曲径通幽,带领学生入佳境

课要教得清楚明白,学生要学什么,有怎样的步骤,如何才能掌握,须一清二楚。但不是所有的课都一眼见底。有些课目标高悬,或步步推进,或层层剥笋,以逻辑的力量征服学生,推动学习。有些课文表达情意委婉曲折,不适合用上述方法教,可顺教材之势,用曲径通幽的方法将学生带入佳境,获得求知的欢乐。

例如,《荔枝蜜》是一篇优美的抒情散文,从表面上看,作品写的只是一个人人常见、极其平常的事物,即蜜蜂采花酿蜜,但在它那诗情画意之中,却蕴含着隽永的弦外之音,热情洋溢地赞美新生活的建设者,赞美高尚的奉献精神。作者在揭示这一深刻主题时,不是开门见山,而是一层又一层,通过委婉曲折的感情表达出来的。针对课文这样的特点,教学上采取如下的做法:

先揭示文章的眼睛。在黑板上书写一个大大的"蜜",要求学生分析字形结构。学生一下子集中了注意力。分析上中下字形结构后,要求学生开展联想,"蜜"与什么有关系,于是由蜜而蜜蜂而采花酿蜜,再进而拓展,由蜂而人,拉出了解构文章的线索。

在抓点拎线,学生对文章总体上有初步了解的基础上,带领学生步入"曲径"。怎样带领?以问题开路。作者对蜜蜂的感情怎样?为什么"不大喜欢"?又为什么会"原谅它了"?既然"原谅",为什么感情总"疙疙瘩瘩"的?既然"感情上疙疙瘩瘩的,总不怎么舒服",为什么又会对蜜蜂发生兴趣呢?这种感情又是怎样发展的呢?作者这种细腻的感情,先抑后扬的曲曲折折的写法,峰回路转,味道无穷。当学生在曲径中步行,对文中细致的刻画、入微的描绘品析时,抓住第一个"幽处"重锤敲打。

一篇好的课文总有一些言简意赅、言简意深、言简意丰的关键词句、重点词句,教学时注意把握这些词句,引导学生用重锤敲打,使其中所饱含的思想情操溅出耀眼的火花,照亮学生的心灵,引起他们的共鸣。《荔枝蜜》中这样两段话:

老梁说:"蜂王可以活三年,工蜂最多活六个月。"

我不禁一颤:多可爱的小生灵啊!对人无所求,给人的却是极好的东西。蜜蜂是在酿蜜,又是在酿造生活;不是为自己,而是为人类酿造最甜的生活。蜜蜂是渺小的,蜜蜂却又多么高尚啊!

显然,作者写这段话时是动了情的。教学时这个"颤"不能放过。我抓住"颤"这个字要学生推敲:"颤"是什么意思?读音是什么?作者为什么会"颤"?又为什么"不禁一颤"?"颤"以后流入笔端的是怎样的思想、怎样的感情?学生阅读、思考,发表意见。"颤"音 chàn,此处不读 zhàn。振动,抖动,因外因而产生的抖动。工蜂"最多"活六个月,整日整月采花酿蜜,不辞辛劳,生命却如此短暂,作者意想不到,心颤动了。作者被老梁的话猛然一击,情不自禁地作出反应,故而是"不禁一颤"。这个"颤"是对辛勤酿就百花蜜,留得香甜在人间的小蜜蜂的赞颂,是对小蜜蜂短暂的生命所显示的意义和价值的领悟。所以,紧接着是发自肺腑的赞美——"多可爱的小生灵啊",紧接着又融情于理,评述蜜蜂对美化人类生活所做出的贡献。通过对"颤"这个词的锤打,拎起这一段的议论抒情,注情于蜜蜂小生灵,使"对人无所求,给人的却是极好的东西"的高尚情操闪发耀眼的火花。

探幽后继续前进,由蜂而人,赞颂劳动人民为创造新生活而忘我劳动,赞颂"为人类酿造最甜的生活"的人们的奉献精神。最后,作者情不能自已,以梦托志,自己也变成了一只小蜜蜂。如果说前一个"幽处"还比较显露的话,这儿的"幽处"就更为含蓄、深邃。为了让学生对此处所表达的情意较为深入地领悟,一插入作者的介绍,二扩展有关内容。课的起始阶段不介绍作者,安排在课结束阶段进行,使学生对作者、对课文主旨印象深刻。当学生被蜜蜂酿蜜精神,被劳动人民为别人、为后世子孙酿造生活的蜜的精神所感动时,教师顺势一转说:文章的作者又何尝不是如此呢?于是简介杨朔生平,指出他虽被林彪、"四人帮"迫害致死,离开人间,但他用心血酿造的"蜜",永留芬芳在人间,这些作品给我们思想上的启迪,情操上的陶冶。在学生受感染之际,教师从自我感受出发扩展有关内容,激发学生进一步深思。高尔基①给儿子一封信中说的一番话与《荔枝蜜》中赞颂的思想精神极其相似,能激起大家无穷的深思。学生立刻笔录,全神贯注。信的内容是:

花

——致彼什科夫

你走了,可是你种下的花儿却留下了,花长得很好。我望着花,心里欢欣地想道,我的儿子在离开卡普里前,留下了美好的东西——鲜花。

如果你这一辈子,随时随地给人们留下的都是美好的东西——鲜花,思想,和对你的美好回忆,你的生活就会变得轻松和愉快。那时你就会觉得自己已是为大家所需要的,这种感觉会使你的心灵变得充实。你要知道,给永远比拿愉快。

喏,祝你一切都好,马克西姆!

阿列克赛

1907 年 1 月 26 日

学生带着感情朗读,与"多可爱的小生灵啊"这一段对照起来读,"给永远比拿愉快"的思想就在脑中萦绕,袅袅不绝。

学生迷恋上小生灵,学着课文的笔法描绘蚂蚁、蚕、蜜蜂、蝴蝶、乌龟、龙虾等。写《春蚕到死丝方尽》,文笔就曲折有致。怕蚕、想蚕、养蚕、找蚕、提蚕、扔蚕、捧蚕,多角度刻画,小生灵的形态、生活习性、对人们的贡献,都得到了生动的表现。

三、课要有一定的深度和难度

苏联教育家赞可夫说:"要以知识本身吸引学生学习,使学生感到认识新事物的乐趣,体验克服学习中困难的喜悦。"道理很明白,学习内容能激发学习兴趣,学生智力活动本身能激发学生更浓的兴趣。过分简易的知识、机械的训练会削弱学生学习兴趣,削弱学习动机。

---

①　高尔基:苏联作家、社会主义现实主义文学奠基人,原名阿列克赛·马克西莫维奇·彼什科夫。

在中学生学习兴趣上，实用性和肤浅性虽占有一定的位置，但由于他们大脑皮层的发展，大脑结构的进一步完善，接触事物日趋广泛，他们对事物的本质、规律性的知识产生探讨的愿望，故而教学时须把握这一特点，因势利导，增强他们的求知欲。

如《从百草园到三味书屋》，作者用了对比的方法前后对照，表达自己的爱憎，揭示发人深省的问题。教学时如果只拎出概念要学生说一说，记一记，难以满足学生的求知欲，因为"对比"这个术语小学生就接触过。然而，在这篇课文中怎样运用对比，产生什么效果，学生不一定理解得周全，教学时可从细致、具体方面来加大难度。也就是说，不仅要求学生从整体上来认识文章前后的两相对照，而且要求理解环境与环境、事情与事情是怎样具体对照的。既了解它们之间的不同，又寻觅其中的逻辑联系（童年游玩的乐趣，管得住身，管不住心）。训练上有一定的难度，学生寻求解答的欲望强烈，克服困难的兴趣就增大。

有些课文浮光掠影学一学，学生认识不到其中的奥妙，常常兴味索然。如果引导学生深究底里，见自己学习时之所未见，闻自己之所未闻，学习积极性就大不相同。如诗人臧克家写的《闻一多先生的说和做》一文中有："一九三〇年到一九三二年，'望闻问切'也还只是在'望'的初级阶段。他从唐诗下手，目不窥园，足不下楼，兀兀穷年，沥尽心血。杜甫晚年，疏懒得'一月不梳头'。闻先生也总是头发零乱，他是无暇及此的。"这个句子如扫视一下，学生所得只是闻先生治学刻苦的粗略印象，体会不到其中意味的深刻、隽永。如带领他们步步深入地探求，味道就大为浓郁。如先识字，"兀"wù；再理解"兀兀穷年"的意思，一年到头穷苦不息；然后查查出处，原来出自韩愈的《进学解》，该文中有"焚膏油以继晷，恒兀兀以穷年"的句子。仔细咀嚼，句中难点不少，至少有三点可追根穷源。①"望闻问切"是怎么一回事？原来是中医诊治疾病的方法。一字一法，四字结合起来使用。为什么钻研文化典籍要以诊断疾病的方法来比喻呢？原来是承接上文钻研的目的——"开一剂救济的文化药方"而来，承接紧密，语势顺妥。②"目不窥园"呢？只是一般的形容吗？一查检，才知用了典。《汉书·董仲舒传》中写董仲舒因专心致志学习，"盖三年，不窥园"，文中以此形容闻一多，可见其钻探文化宝藏精神的惊人。

③杜甫晚年"一月不梳头"又是怎么一回事呢？原来引的是杜甫自己的诗句——"百年浑得醉,一月不梳头"。杜甫奔波一生,难得在成都草堂有较安定的生活,故疏懒得一月不梳头。文中引这一句在于进行反衬,突出闻先生孜孜矻矻、日夜不懈的精神。难点攻破,再把几句联系起来思考,就会发现文简意丰,比喻、反衬、用典恰到好处,深刻而形象地刻画了闻先生为寻求拯救民族于危亡而勤奋刻苦令人赞叹不已的精神。句式长短交错,气势流畅。

教学时对课文中有些词句、有些问题深入探讨,不是要难倒学生,而是培养学生深入龙潭取宝的那么一股劲儿。《庄子·列御寇》中有这么一句话:"夫千金之珠,必在九重之渊而骊龙颔下。"教师有责任在学生青春年少之时培养他们入深渊探摘知识明珠的兴趣和勇气。众所周知,数学家陈景润之所以奋力攀摘数学皇冠上的明珠,不正是因为在中学时代教师向他高高悬挂起哥德巴赫猜想有待证明的目标,不正是在他的心田撒下探求宝贝的种子吗?

四、课要有时代的活水,使学生有所感奋

兴趣是获得知识、开阔眼界的重要推动力,而感奋可促使兴趣深化,促使兴趣持久。最使学生感奋的是揭示追求探索的方向,是步入社会、步入人生的启示。而时代的信息与学生的思想感情最容易沟通,因而课堂内常有时代的活水流淌,气氛就会活跃,精神就易振奋。

教材中相当数量是过去的作品,教学时不能满足于模拟世界,再现过去生活的真实,还要注意引发,把学生的学习和沸腾的实际生活联系起来,和社会主义现代化的建设事业、家庭的生活、少先队和共青团组织的生活联系起来。

所谓联系,当然不是长篇大论,给课穿靴戴帽,或外插一个大肚子,而是在服从教学目标的前提下,根据课文的内容,有机地插入一些新信息,启发学生思考。只要联系紧密,天衣无缝,哪怕是一两句话,学生也会情绪昂扬,感奋起来。

以教《少年中国说》为例。要揭示该课文在当时历史条件下的积极意义,须向学生介绍时代背景。先引现实生活的活水,再要学生历数 1840 年至 1900 年清政府丧权辱国的史实。学生口述国庆盛况,突出了生活的欢乐,突出新生的中华人民共和国正阔步前进。学生振奋之际,就势一转,回顾历史,构成鲜明对比。学生历数 1840 年至 1900 年的历史事实，一件件、一桩桩都是丧权辱国，人民处在水深火热之中。在欢乐与苦难的对比之中，学生有所感奋。然后点明当时凡有爱国心的人都寻求拯救民族于危亡的道路，作品就是在这样的历史背景下产生的。在评价该文的历史局限、阶级局限时，插入了一句"他有一颗中国心"，教室里立即出现了意想不到的活跃。

我们所处的时代是科技、文艺种种信息大量涌现的时代，教师努力吸取，慎加选择，引入教学，课堂内就不断有时代活水流淌。如学《活板》，在理解文字含义的同时，充分认识毕昇创造的活字印刷术对人类文化的伟大贡献。毕昇去世后 400 年，欧洲才有活字印书。然后说明科技飞速发展，要学生列举当代印刷进展的情况，学生兴趣盎然。有的说胶印，有的说彩色印刷，有的说喷墨印刷，有的说静电复印，有的说电脑排版，等等，下课以后学生还谈论不止，说得头头是道。

5·4 传之以情，以情激情

教语文，要紧的是把学生的心抓住，使学生产生一种孜孜矻矻、锲而不舍的学习愿望。语文学科的教学，是通过一篇篇课文语言文字工具千变万化的运用接触学生思想情感的，有它独特的引人入胜的特点。教师在教学中，要充分发挥祖国语言文字的魅力，让学生体会到文章蕴含的情和意，激发他们内在的学习积极性，使他们在思想、品格、情操等方面受到陶冶，语文水平获得提高。教师应把握教材的特点，在教学中传之以情，并善于以情激情深入学生的情感世界，拨动他们的心弦，使他们学得感动，学有难忘的收益。

一、教师自己要"进入角色"

"夫缀文者情动而辞发，观文者披文以入情。"（刘勰《文心雕龙·知音》）自古至今，一篇篇名诗佳作，之所以传诵千古，流芳百世，是因为作家文人笔墨饱蘸着自己的思想感情，甚至凝聚着心血和生命。教师教学生这些佳作，自己首先应认真体验作品中的感情。语言文字是表情达意的工具，学生对课文中的情和意的理解、感染的程度，往往取决于教师的影响与传递。

文章不是无情物，教师钻研教材，同样要有情，千万不能采取冷漠的旁观的态度。要使学生真正在思想、品格、情操等方面受到陶冶,教师自己要"进入角色",披文以入情。也就是根据作品中的具体形象,展开丰富的想象,或唤起联想,或联系自己的生活经验、生活知识,来丰富和补充作品中的形象,真正把作者寄寓的情思化为自己的真情实感,才能打动人,感染人。"不精不诚,不能动人。故强哭者,虽悲不哀;强怒者,虽严不威。"(《庄子·渔父》)写文章要用真情浇灌,不是情动于中,写出来的文章就是虚情假意,苍白没有力量,硬哭,硬嚎,也不可能博得人的同情。备课和读文章也是如此。自己不被文中的高尚的思想、高尚的情操所感动,不被文中真理的力量所折服,教学时语言不可能出自肺腑,空灵,空泛,当然也不可能产生感人的力量。

例如教柯岩的《周总理,你在哪里》时,紧紧抓住一个"找"字,带着学生和作者一起,到处寻找,从高山、大海到森林、边疆;从五洲四海到祖国的心脏,急切地寻找,深情地呼唤:"周总理,我们的好总理,你在哪里呵,你在哪里?"山谷回音,大地轰鸣,松涛阵阵,海浪声声……炽热的感情,火样的诗句,像千尺洞箫,激起了学生强烈的共鸣。学生的心,为什么会随着诗句激荡?学生朗读起来,为什么会荡气回肠?除了诗句本身的魅力外,更重要的是师生缅怀周总理的深情。教师进入角色,与作者一样倾注真情于语言。想到了周总理伟大的人格,非凡的才能,想到了周总理几十个春秋南征北战,戎马倥偬,想到了周总理为国家为人民出尽了力操碎了心,特别是想到周总理的临终嘱咐,把自己的骨灰撒在祖国的山山水水,情不能自已。伟大的人格,献身的精神,盖世的伟绩,震撼自己心灵,因而,教学就不是一般的语言的表述,而是心声的吐露,而是由衷的歌颂,而是深切的悼念。情注课中,课堂生辉。

二、用有声的语言传情

情要真。虚情假意犹如剪刻的纸花,没有生命的活力。情真意切的文章,流传千古仍能熠熠发光彩。教这样的课文,要善于以声传情。一是对特别感人的语句、段落反复朗读,用有声的语言把文字中蕴含的深情表述出来。教师读,学生读,通过口耳,渗入心头。二是教师的语言要带情,要能引起学生的共鸣。

例如,诸葛亮的《出师表》就是语重心长、真挚感人的典范。后主刘禅昏暗不明,诸葛亮出师之前上奏表要后主实行明智治国,有所作为。从分析形势到进言劝谏,到出师明志,到临别寄情,全文 625 个字,句句恳切,字字真诚,感人至深。"亲贤臣,远小人,此先汉所以兴隆也;亲小人,远贤臣,此后汉所以倾颓也。先帝在时,每与臣论此事,未尝不叹息痛恨于桓、灵也。侍中、尚书、长史、参军,此悉贞良死节之臣,愿陛下亲之信之,则汉室之隆,可计日而待也。"让学生反复朗读,体会作为刘备临崩托孤之老臣,对受托辅助的幼主激励、启发、期望之殷殷,情意之恳切,字里行间皆是情。学生的感情被激起,教师可顺势点一两句:前人说,读《出师表》而不流泪的不是忠臣,可见"情"在文章中的重要作用。

有些文章采用直接倾吐的方式来抒发感情。直接倾吐是作者胸中激情难以抑制,直接从心底喷涌而出。教这类文章,须激情似火,不仅要以声传情,而且要能以情激情。闻一多的《最后一次讲演》感情极度强烈,如岩浆迸发,愤怒的火焰直射国民党反动派。用一般朗读的方法难以淋漓尽致地表现一泻千里的气势和慷慨激昂的精神。为此,先点明时代背景,激发学生感情。课是这样起始的:

板书:

请将你的脂膏,

不息地流向人间,

培出慰藉的花儿,

结成快乐的果子。

导引:这是闻一多先生《红烛》诗里"序诗"的几句。闻先生是这样说,也是这样做的。他青年时代是新月派诗人,后来成为研究旧经典的学者,最后成为青年所爱戴、昂头作狮子吼的民主战士,走了一条爱国知识分子所走的道路。为了争取和平民主,反对发动内战,他遭到国民党杀害,将"脂膏"流向人间。他学识渊博,才华出众,死时才 47 岁,真是"千古文章未尽才"。

出示《闻一多传》,激发感情:凡是对我们国家、民族做过贡献的人,我们永志不忘,为他们树碑立传。出示《闻一多传》,说明该书的封面图案——黑色大理石的花纹,正中上方一支醒目的红烛,正是先生的写照。毛泽东同志在《别了,司徒雷登》一文中说:"我们中国人是有骨气的。许多曾经是自由主义者或民主个人主义者的人们,在美国帝国主义者及其走狗国民党反动派面前站起来了。闻一多拍案而起,横眉怒对国民党的手枪,宁可倒下去,不愿屈服。""我们应当写闻一多颂",因为他"表现了我们民族的英雄气概"。

简介讲演前后,进一步激发感情:为什么说"拍案而起""横眉怒对"?为什么说"表现了我们民族的英雄气概"?且看他最后一次讲演的前前后后的事实。1946 年 7 月 11 日,国民党特务暗杀著名民主人士李公朴。7 月 15 日上午 10 时,闻一多在云南大学亲自主持"李公朴先生追悼大会",由李的夫人张曼筠报告李的殉难经过。报告时张泣不成声,而场内特务抽烟说笑,无理取闹,极为嚣张。闻一多先生见此情景,怒不可遏,拍案而起,怒对凶顽,即席作了这篇讲演。当日傍晚,闻先生参加《民主周刊》记者招待会后,在回家的路上,遭到特务的暗杀。《最后一次讲演》是篇记录的讲演稿,题目是整理记录的人所加。这篇讲演距今虽已数十年,然而,那鲜明的立场,爱憎的感情,势如破竹的气势,慷慨献身的红烛精神,仍然会深深地叩击我们的心弦。

学生爱憎感情激动起来后,要求学生在阅读课文的基础上,试作"现场"讲演,把握短句,把握带有感叹词语的句式。"今天,这里有没有特务?你站出来!是好汉的站出来!你出来讲!凭什么要杀死李先生?(厉声,热烈的鼓掌)杀死了人,又不敢承认,还要诬蔑人,说什么'桃色事件',说什么共产党杀共产党,无耻啊!无耻啊!(热烈的鼓掌)这是某集团的无耻,恰是李先生的光荣!李先生在昆明被杀,是李先生留给昆明的光荣!也是昆明人的光荣!(鼓掌)"学生越讲越激动,作者在文中表露的凛然的正气,火一般的炽热的感情,引起了学生的共鸣,因此,语言一泻而下,讲得十分有气势,短句的力量,问号、感叹号的威力都在有声的语言中得到充分的表现。这样来学习句句铿锵、掷地有声的语言,比教师抽去"情"的精髓,作这样那样苍白无力的句式讲解,效果不知要好多少倍。

三、细细咀嚼,体味寓含的深情

许多文章不是直抒胸臆,直接抒情,而是情寓语言之中,写得十分含蓄。教师要善于带领学生细细咀嚼,深入体会,激发他们学习的兴趣。例如《在马克思墓前的讲话》是一篇名文。1883 年这位国际无产阶级的伟大导师逝世了,一盏多么明亮的智慧之灯熄灭了。人们的悲痛难以用语言表达。在伦敦海格特公墓，亲人们为马克思举行了葬礼。在安葬这位伟人的时刻，与他一生并肩战斗的最亲密的战友恩格斯，用英语发表了这一篇极其重要的讲话。讲话的开头是：

3月14日下午两点三刻，当代最伟大的思想家停止思想了。让他一个人留在房里还不到两分钟，等我们再进去的时候，便发现他在安乐椅上安静地睡着了——但已经是永远地睡着了。

从表面看，这段话平平实实，用陈述句交代了马克思逝世的时间、地点。但是，只要透过字面深入挖掘，就可领悟到其中对马克思这个伟人的崇高评价，和对马克思的如海一般的深情。要学生思考：为什么文中没有直接明写马克思"逝世"，而是用了三个"了"的句子？为什么用"停止思想"，而不用一般人逝世时用的"停止呼吸"或"心脏停止了跳动"？经过咀嚼，学生领悟到用"停止思想"更能突出马克思是"当代最伟大的思想家"。他批判地继承了人类全部的精神财富，他的伟大思想是人类智慧的结晶。为什么写"安静地睡着""永远地睡着"，而不写"与世长辞"或"离开了人间"？因为这样写更能含蓄而深沉地表达恩格斯对失去战友的无限悲痛。他认为他的战友永驻人间，只是"睡着"而已，然而，事实是无情的，毕竟是"永远地睡着了"，离开了人间。破折号后面的"但已经是永远地睡着了"，既是前面"睡着"的重复，又是补充。这样的遣词造句，寓含着感人肺腑的深情。教师带领学生咀嚼词句，再伴以深沉的朗读，学生不仅能体会到作者运用语言文字的功力，而且在推敲文字表现力的同时，人物的伟大形象，战友之间高尚而深厚的情谊就和语言因素糅合在一起，渗透到学生心中，激发他们进一步学习的兴趣。

6　诱导学生善于发现

教育家苏霍姆林斯基在《给教师的建议》一书中这样说:"学习的愿望是一种精细而淘气的东西。形象地说,它是一枝娇嫩的花朵,有千万条细小的根须在潮湿的土壤里不知疲倦地工作着,给它提供滋养。我们看不见这些根须,但是我们悉心地保护它们,因为我们知道,没有它们,生命和美就会凋谢。"这段话十分精彩,告诉我们学生的学习愿望须千方百计地保护。学习语文的求知愿望当然也应千百倍地爱护。

激发与保护学生追求知识的愿望有多种途径多种方法,但诱导学生在阅读课文的过程中有所发现尤为重要。由于那些众多的"细小的根须"积极劳动,学生在有意无意之中会发现令自己惊喜、惊异或惊讶的问题。此时此刻,脑力劳动所获得的快乐会使学生增添自信,增强自尊,增长自豪感,学习进入佳境。

学生要能经常品尝到这种诱人的快乐,关键在教师善于引导。

6·1　步入艺术之宫,风光无限

任何一篇佳作,只要认真阅读,仔细品味,小而言之,会觉得是件艺术品,大而言之,是艺术宝殿,艺术宝库。对生活缺乏热情的无心者一掠而过,视而不见;执着追求的有心者,会感到满目琳琅,美不胜收,从中可获得众多的启发。语文教师要向后面的目标努力,不仅自己做探宝的有心人,而且要积极诱导学生善于发现,寻宝探宝,吸取养料,提高语文素养。

一、树立"宝藏"意识,激发探宝的愿望

教语文,千万不能把语言文字看作僵死的符号,搞令人目眩的排列组合。文

章本是有情物,它反映的人、事、景、物,大至大千世界,小至针尖般的细微感情,都是作者智慧和心血浇铸而成,其中蕴藏着深邃的思想、精辟的见解、丰富的感情与运用祖国语言文字的功力。教师引导学生树立"宝藏"意识,学生见到课文就会一扫单纯的白纸上写黑字的观念,而是能感受到课文是活的,动的,有血有肉的,丰富多彩的,就会热爱教材,对课文有感情,从而产生探宝的愿望。

让学生树立"宝藏"的意识,靠说空话是不行的,教师须加以指点,让学生见到"宝",识别"宝",进而主动积极地探求宝藏。例如《林黛玉进贾府》中对王熙凤的语言描写有这样一句:"天下真有这样标致的人物,我今儿才算见了!况且这通身的气派,竟不像老祖宗的外孙女儿,竟是个嫡亲的孙女……"初看,只是恭维新来贾府的客人林黛玉,当然,这种恭维是高规格的,惊叹林黛玉是自己"见所未见"的标致人物,捧得高雅,捧得不见庸俗的痕迹。如果认识仅止于此,还谈不上"宝",语言描写把王熙凤内心刻画得入木三分还远没有看到。

这句话把它放到特定的贾府人际关系里理解,这个绝妙佳笔的光彩就跃然纸上。王熙凤是贾府的铁腕人物,她貌美如花,但工于心计,心狠手辣。她在贾府大总管的宝座要坐稳,最为重要的是讨老祖宗的欢心。因而,初见林黛玉时必然恭维林黛玉,贾母说过:"我这些儿女,所疼者独有你母。"而今母又离世,其女当然更受厚爱。其实,称赞林黛玉只是由头,归根到底要让老祖宗舒服。让老祖宗心里舒服,又不能直说,更不能得罪在老祖宗身旁的邢夫人、王夫人与众多姐妹,于是便说了句"况且这通身的气派,竟不像老祖宗的外孙女儿,竟是个嫡亲的孙女"。用两个"竟"字说明又像又不像,妙极。内亲外戚本来有别,而今把林黛玉称赞为"竟是嫡亲孙女",与上文老祖宗的"所疼者独有你母"暗合,讨得老祖宗的欢心。再者,这样说,又肯定了迎春姐妹等嫡亲孙女的地位,使她们感到荣耀,邢夫人、王夫人当然也就喜在心头。相对比直说"是"不知要高明多少倍。一话说出,举座皆乐,王熙凤工于心计、巧嘴利舌的特点真是刻画得入木三分。这种刻画形象、运用语言的能力怎能不是宝贝呢?一个句子尚且如此,通篇当然宝藏许多,用心采掘,就可丰收而归。

二、步入艺术之宫，引导学生开掘

即使是富矿，不开采，仍然长眠于地下，显示不出光彩，更谈不上为人们所用。进入艺术之宫，不用眼精细观察，不用心积极感受，同样不能识别宝，更谈不上有效地开掘。

要开掘，须注意冲破常见的定式，让学生能真正步入艺术的殿堂，而不是只见到某一件或某两件物品。例如学刘鹗的《明湖居听书》，往往定在白妞的唱上。白妞的唱当然是妙绝，也确实是全文的重点所在。但如仅仅抓住此，不仅不能感受到殿堂的整体美，即使这部分的绝唱，也难以光彩夺目。

步入艺术之宫，须注意整体感受。首先是感受明湖居这个大戏园子里的氛围。两个多小时以前，除了戏园子中间七八张桌子虚席以待外，其余一百多张桌子已座无虚席，有的连午饭未吃也来等候。随着时间推移，观众越来越多，几乎是人满为患，而且其中不少是有身份的。这种期盼，这种气氛，这种环境，学生能有所感受，必然预想到台上出现的人物一定非比寻常，于是有"开掘"的积极性。谁知台上出现的一个男人甚为丑陋，似乎出人意料，大煞风景。然而，人丑艺高，抑扬顿挫，入耳动心，"台下叫好的声音不绝于耳，却也压不下那弦子去"。以丑托美，别开生面，进一步引发学生探求的愿望。上场的黑妞歌喉出众，唱腔不凡，"字字清脆，声声宛转，如新莺出谷，乳燕归巢"，已经达到"觉一切歌曲腔调俱出其下，以为观止矣"的地步，已经好到极点，似乎在艺术上不能再有奢望。就在此时，作者用观众的一席话把白妞推到台前。"他的调门儿都是白妞教的，若比白妞，还不晓得差多远呢！""好顽耍的谁不学他们的调儿呢？只是顶多有一两句到黑妞的地步，若白妞的好处，从没有一个人能及到他十分里的一分的。"如此评价，如此推崇，简直到了此曲只应天上有的程度，怎不对人有极大的诱惑力呢？于是，重点描写白妞的场景出现了。

进入艺术之宫，从整体感知入门，就能够了解布局的匠心，写法的高妙。红花还要绿叶扶。环境烘托，弹弦艺人的烘托，黑妞绝唱的烘托，观众评论的烘托，层层铺垫，形成千呼万唤始出来的气势。引导学生理清文章的思路，可初步领略到旖旎风光。

珍宝部分须细观赏，才能领略到风光无限。仍以《明湖居听书》为例。白妞唱是绝唱，没有刘鹗的绝妙佳笔，绝唱就不可能留世。正面描写绝唱确非易事。先以比喻具体描绘声音入耳的妙境，再以通感手法具体描绘声音的千变万化，把抽象的声音通过视觉器官、心理感受使之具体、形象，展现说唱的美妙。"五脏六腑里，像熨斗熨过，无一处不伏贴，三万六千个毛孔，像吃了人参果，无一个毛孔不畅快"，让学生朗读，品味，体会，可联想，可想象，可以自己的生活经验补充。唱腔的千回百折让学生用线条来表现。如何如攀登泰山节节高起，接连有三四叠；又如何陡然一落，如飞蛇在黄山三十六峰半中腰里盘旋穿插，周匝数遍；又如何声音愈低愈细，渐渐听不见；又如何有一点声音从地底下发出，忽又扬起，像放东洋烟火，千百道五色火光，纵横散乱……用视觉形象的展现描摹声音的形象，看得见，摸得着，学生就可领略到声音的无限风光。如果不识其中佳妙，文末"梦湘先生"论述的"余音绕梁，三日不绝"改为"三月不绝"才"透彻"，就会有空穴来风之感，无真切体会。

三、重要的在于学生自己发现

观赏宝物要能识得佳妙，全靠自己用心，别人只是指点。文章中许多妙笔无须教师一一讲述，可放手让学生阅读，潜思，引导他们谈自己的心得。哪些语句好，就谈哪些语句，哪里写作方法用得巧妙，就谈哪里的写作方法。放手觅宝，学生就能真正开动脑筋。例如，有的学生发现作者描写白妞的眼睛特别传神。"那双眼睛，如秋水，如寒星，如宝珠，如白水银里头养着两丸黑水银，左右一顾一看，连那坐在远远墙角子里的人，都觉得王小玉看见我了。"用比喻的手法从不同角度刻画眼睛的美。用"秋水"状其清澈，用"寒星"状其闪光，用"宝珠"状其晶莹，用黑白水银状其明亮。作者未用美丽、漂亮等词语来修饰，但美寓其中，令人有不尽的遐想。

有时仅一小段话，只要精于思索，同样可从中获得宝藏。叶君健的《看戏》一文描写群众观看京剧表演大师梅兰芳先生演出《穆桂英挂帅》的场面，教学时要求学生懂得文中详写、略写与中心意思的关系。剧情是略写的，有学生突然发现文中的略写好像与众不同，不是简略叙述，一笔带过。教师抓住时机引导，发掘其中宝藏,让学生领略风光。"那里面有歌,也有舞;有悲欢,也有离合;有忠诚,也有奸诡;有决心,也有疑惧;有大公的牺牲精神,也有自私的个人打算。但主导这一切的却是一片忠心耿耿、为国为民的热情。这种热情集中地、具体地在穆桂英身上表现了出来。"这种略写功力很深。用排句表达,从京剧的歌舞形式、剧情内的矛盾冲突,到全剧的主题思想,女主角的英武形象,叙述得一清二楚。既简略,又内容丰满,富于文采。学生有所发现,深入探寻,就能获得新知。

6·2 训练对语言的敏感

叶圣陶先生说:"文字语言的训练,我以为最要紧的是训练语感,就是对于语文的锐敏的感觉。"吕叔湘先生也说:"语文教学的首要任务就是培养学生各方面的语感能力。"(引自《语文学习》1985 年第 1 期《学习语法和培养语感——访吕叔湘先生》)由此可见,语文教学中训练学生对语言的敏感十分重要。

语感就是人对语言文字的感受能力,包括语音感、语义感、语法感、语境感、语艺感等。有人认为语感是指对语言的形象感、意蕴感和情趣感的总称,这是很有道理的。语言形象感指接受语言材料对脑海里形成如见其人、如闻其声、如观其形的生动活泼的立体画面;意蕴感指能体会出语言材料所蕴藏的丰富的深刻含义;情趣感指能体会出语言材料所包含的情感和趣味。教学中引导学生把握说话、诵读的重音、停顿,理解词序、词法、句法,领悟修辞、文学形象的佳妙,均有助于训练对语言的敏感。

一、以丰富的语言材料从外部刺激学生的言语器官

语感通常被认为具有捉摸不定的特性。语感敏锐的人对语言直觉感知的能力特别强,对语言文字的正误、含义、形象、情味能够立即判断,用词中的细微差别顷刻之间也能辨别。反之,感悟力差,反应迟钝。这种对语言文字的感悟力是不是先天生成的呢? 不是,靠后天的训练与培养。

听、读的过程是言语的感受、认识、领会的过程,引导学生经常地、大量地接触和使用语言材料,从外部刺激学生的言语器官,使他们大脑皮层细胞之间形成较为牢固的联系,反复进行,重复实践,久而久之,对语言文字能直觉感知,迅速

领悟。

有些文章引导学生通过默读、速读，刺激视觉器官，进而作用于大脑皮层，从而对作品的基调、概貌、主旨有所领悟。而扫描式的速读训练尤其要占一定的比重。每日读报章杂志，接触众多的语言材料，从中挑拣出对自己有用的东西，获得想知道的信息。它与精读细嚼不同，更多的是直觉体悟，模糊判断，整体把握。

有些文章可以让学生听读、朗读，通过听觉器官、言语器官，刺激大脑皮层，训练学生对语言的领悟力。例如《向中国人脱帽致敬》就是训练学生对语言敏感力的好教材。全文如下：

记得那是十二月，我进入巴黎十二大学。

我们每周都有一节对话课，为时两个半钟头。在课堂上，每个人都必须提出或回答问题。问题或大或小，或严肃或轻松，千般百样无奇不有。

入学前，前云南省《滇池》月刊的一位编辑向我介绍过一位上对话课的教授："他留着大胡子，以教学严谨闻名于全校。有时，他也提问，且问题刁钻古怪。总而言之你要小心，他几乎让所有的学生都从他的课堂上领教了什么叫作'难堪'……"

我是插班生，进校时，别人已上了两个多月课。我上第一堂对话课时，就被教授点着名来提问："作为记者，请概括一下您在中国是如何工作的？"

我说："概括一下来讲，我写我愿意写的东西。"

我听见班里有人窃笑。

教授弯起一根食指顶了顶他的无边眼镜："我想您会给予我这种荣幸：让我明白您的首长是如何工作的。"

我说："概括一下来讲，我的首长发他愿意发的东西。"

全班哄地一下笑起来。那个来自苏丹王国的阿卜杜勒鬼鬼祟祟地朝我竖大拇指。

教授两只手都插入裤袋，挺直了胸膛问："我可以知道您是来自哪个中国的么？"

班上当即冷场。我慢慢地对我的教授说："先生，我没听清楚你的问题。"

他清清楚楚一字一句,又重复一遍。我看着他的脸。那脸,大部分掩在浓密的毛发下。我告诉那张脸,我对法兰西人的这种表达方式很陌生。不明白"哪个中国"一说可以有什么样的解释。

"那么,"教授说,"我是想知道,你是来自台湾中国还是北京中国?"

雪花在窗外默默地飘。在这间三面墙壁都是落地玻璃的教室里,我真切地感受到了那种突然冻结的沉寂。几十双眼睛,蓝的绿的褐的灰的,骨碌碌瞪大了盯着三个人来看,看教授,看我,看我对面那位台湾同学。

"只有一个中国,教授先生。这是常识。"我说。马上,教授和全班同学一起,都转了脸去看那位台湾人。那位黑眼睛黑头发黄皮肤的同胞正视了我,连眼皮也不眨一眨,冷冷地慢慢道来:"只有一个中国,教授先生。这是常识。"

话音才落,教室里便响起了一片松动椅子的咔咔声。

教授先生盯牢了我,又递来一句话:"您走遍了中国么?"

"除台湾省外,先生。"

"为什么您不去台湾呢?"

"条件不允许,先生。"

"那么,"教授将屁股的一边放在讲台上,搓搓手看我,"您认为在台湾问题上,该是谁负主要责任呢?"

"该是我们的父辈,教授先生。那会儿他们还年纪轻轻哩!"

教室里又有了笑声。教授先生却始终不肯放过我:"依您之见,台湾问题应该如何解决呢,如今?"

"教授先生,中国有句老话,叫作'一人做事一人当'。我们的父辈还健在哩!"我说,也朝着他笑,"我没有那种权力去剥夺父辈们解决他们自己酿就的难题的资格。"

我惊奇地发现,我的对话课的教授思路十分敏捷,他不笑,而是顺理成章地接了我的话去:"我想,您不会否认邓小平先生该是你们的父辈。您是否知道他想如何解决台湾问题?"

"我想,如今摆在邓小平先生桌面的,台湾问题并非最重要的。"

教授浓浓的眉毛如旗般展了开来并且升起:"您以为在邓小平先生的桌面上,什么问题是最重要的呢?"

"依我之见,如何使中国尽早富强起来是他最迫切需要考虑的。"

教授将他另一边屁股也挪进讲台,换了个更舒服的姿势坐好,依然对我穷究下去:"我实在愿意请教,中国富强的标准是什么? 这儿坐了二十几个国家的学生,我想大家都有兴趣弄清楚这一点。"

我突然一下感慨万千,竟恨得牙根儿发痒,狠狠用眼戳着这个刁钻古怪的教授,站了起来对他说,一字一字地:"最起码的一条是:任何一个离开国门的我的同胞,再不会受到像我今日要承受的这类刁难。"

教授倏地离开了讲台向我走来,我才发现他的眼睛很明亮,笑容很灿烂。他将一只手掌放在我肩上,轻轻说:"我丝毫没有刁难您的意思,我只是想知道,一个普普通通的中国人是如何看待他们自己国家的问题。"然后,他两步走到教室中央,大声宣布:"我向中国人脱帽致敬。下课。"

出了教室,台湾同胞与我并排儿走。好一会儿后,两人不约而同看着对方说:"一起喝杯咖啡,好么?"

这堂对话课绝非一般的师生对话,而是斗语言艺术的课,斗智慧的课,斗民族志气、民族自尊的课,语言、构思均很有特色。教师采用听读的方法,训练学生对语言的敏感。

教师读,学生听,要求学生口述听后感受最深的,从语言形式到思想内容,从组材谋篇到人物形象,学生可畅所欲言,有的认为第一回合的"概括"回敬得极妙,一开始就兵来将挡,压住了对方的气势;有的认为"哪个中国",明知故问问得好,使得教授战术垮台,不得不赤裸裸上阵;有的认为关于台湾问题短兵相接,理应分胜负,偏偏不着痕迹地转入国家富强的标准,真是棋高一着;有的认为场景有吸引力,不仅主要人物形象鲜明,而且众配角起众星托月作用,旗鼓相当;有的认为全文用得最好的词就是"戳",把一名中国人的自尊刻画得入木三分;有的认为最为重要的是分寸感把握得恰到好处,对方是名教学严谨的教授,不过是刁钻古怪的人,因而,一个个问题问得很促狭,如果写成敌我对垒,就走样了……一个人感悟一两点,相互交流,学生的言语器官不断受到外来的刺激,对语言的敏感程度就能加深。

在听读的基础上再默读或朗读,或进行情境教学,对讲,插话,加深学生对语言材料的理解。

二、在语言实践中体会语言材料蕴含的情感、趣味与深刻含义

读、写、听、说,都是语言实践。在语言实践中必然接触或运用若干语言材料,接触与运用时注意揣摩、推敲、锤炼词句,对其中的情、趣、义体会,探究,剖析,有助于培养语感。例如莫怀戚的《散步》写的是家庭生活。一家四口春天在田野散步,写得平平实实,可是文中的那份情、那份趣须认真揣摩,才能有所发现,有所领悟。特别是结尾一段,可作为训练语感的好材料。"这样,我们就在阳光下,向着那菜花、桑树和鱼塘走去。到了一处,我蹲下来,背起了母亲;妻子也蹲下来,背起了儿子。我的母亲虽然高大,然而很瘦,自然不算重;儿子虽然很胖,毕竟幼小,自然也轻:但我和妻子都是慢慢地,稳稳地,走得很仔细,好像我背上的同她背上的加起来,就是整个世界。"这是一幅多么美丽、多么动人的美满家庭的画面,充满了真,充满了善,充满了美,与明媚春光、与生机盎然的春景如此和谐一致。这种和美的孝敬娘亲的真情,浓郁的亲子之爱,是通过两个极其平常的字眼"蹲""背"来展现的;"胖"和"瘦","老"和"小",相映成趣,构成和谐的乐章。最后一句中的"加"和"整个世界"是情感的高潮所在,对这对夫妇来说,背上的老的、小的就是他们的生命,他们的一切,他们内心世界的全部。平凡之中寓深情,朗读、咀嚼、揣摩、体味,这些语言材料就不是简单的形式上的组合,而是有血有肉,意味隽永。阅读文章如果只重形式,读不出蕴含的意味,对语言的敏感性就难以得到训练。

三、指导学生密切联系生活,切身体察语言的意义和情味

对语言文字能否有灵敏的感觉,能否有理性的直觉,和对生活的直接体验与间接体验(通过图片、影视等媒介)有密切关系。刘国正在《我的语文工具观》一文中说:"语言的功能是反映和摹写。离开生活,反映和摹写都无所附丽,像一面照临空虚的镜子,所照空无一物,只剩下一个毫无影像的镜片。说像也不像,毫无影像的镜片是有的,毫无内容的语言是没有的,可以说,离开了生活,也就没有了语

言。而语言一经与生活联系就无比活跃起来，简直像一个万能的精灵。它可以精确逼真地摹写千差万别的物象，可以准确生动地反映纷繁复杂的事件，可以清晰明白地表达人们的思想感情，如此等等。"可见训练学生语言的敏感性，联系生活是何等重要。叶圣陶对这个问题也有明确的论断，如果单靠翻字典，就得不到什么深切的语感。唯有从生活方面去体验，把生活所得到的一点一点积累起来，积累得越多，了解就越深切。语文教学中指导学生阅读时，须注意唤起他们生活中的种种体验。哪怕是极普通的一个词，极明白的描写，只要与生活联系，领悟就大不相同。

例如：《看云识天气》开头"天上的云，真是姿态万千，变化无常"一句，引导学生唤醒生活经验，在脑海里生成生动活泼的立体画面，羊、狗、狮、虎、山峰、深谷、树林、花朵，等等。一个个形象奔涌眼前，不仅众多，而且色彩纷呈。此时此刻，"姿态万千，变化无常"八个字就不是平面的、静态的，而是立体的、灵活的。以后读到、听到"万千姿态""千姿百态""多姿多态"等词就会不加思考，立即反应。

训练对语言的敏感，还须启发学生联想与想象，使学生在言美、形美、意美的情境中有所发现，获得熏陶。

6·3 于默读静观中驰骋想象

想象，从心理学角度讲，就是人们在已有表象的基础上通过头脑加工厂创造出新形象的一种思维活动。一个想象力丰富的人，他的创造力就强，能够把自己已经占有的知识重新组合创造种种新形象或幻想出前所未有的形象。从这个意义上来说，想象力确实像活化知识的酶。

宋代画院考试中曾有这样的逸闻：画题是"竹锁桥边卖酒家"。许多画画的都在"酒家"二字上下功夫，着力画出房舍。李唐[①]却不如此，他仅在桥边竹外挂一酒招子，上写一个"酒"字，便把藏在竹丛里的酒家表现出来了。这种艺术创作中

---

① 李唐(1066—1150)：宋代画家，擅长山水、人物，与刘松年、马远、夏圭并称"南宋四大家"，存世作品有《万壑松风图》《清溪渔隐图》等。

超拔的新意,不仅在于画的技巧非凡,更在于想象力的超群。对学生进行语文能力训练时,应注意培养这种超群的想象力。

一、在有限的课堂里开拓学生无限的想象

知识是静止的、封闭的和有限的,而想象力是运动的、开放的和无限的,想象力是能动的知识。如果把知识比作"金子",那么,想象力就是"点金术",能使知识活化,能进行创造。教语文,当然不能把事先已经准备好的种种知识、结论一股脑儿塞进学生的脑子,捆住他们想象力、创造力的翅膀,而是应该千方百计使他们在读写过程中"思接千载""视通万里",激发他们神思飞扬,让他们处于创造的气氛之中,享受丰富的精神生活。千万不能把语文学习歪曲为只识记枯燥的文字符号,把学生弄成压干了的花朵。

阅读需要借助于想象,而想象力是读书的重要能力。带领学生阅读课文,不能只着力于作者介绍、词语解释、段落划分、中心思想归纳,不能把色彩明朗、情思横溢或含蓄隽永的课文教成干枯无生命活力的文字符号。好像一幅画,看来大地山河在一个框子里,但留给人极其丰富的想象余地。这一幅画的"一"可收到"二""三"的效果。教课也是如此,要善于在有限的课堂内开拓学生无限的想象。

学生要能在默读静观中驰骋想象,十分重要的是教师须认真钻研教材,选准能启发学生想象的"触发点"。把握文章的特色,抓住关键词句引发开来,可开启学生的想象。关键词句犹如一团线的头,头拉得好,就会思绪绵绵,思想插上翅膀飞翔。如《驿路梨花》,这篇课文的特点是不断设置悬念,引人入胜,表现了景美、人美、心灵美。怎样通过阅读让学生进入描述的境地,与文中人物呼吸相通,思想交融,确有身临其境之感呢? 那就要学生脑中能再现文中描绘的图景。文中第一句可选作想象的触发点。"山,好大的山呵! 起伏的青色群山一座挨一座,延伸到远方,消失在迷茫的暮色中。""山,好大的山呵!"一个感叹句,如异峰突起,立即把读者吸引,用反复朗读的方法作用于学生的听觉,使学生脑中出现立体图景。然后引导学生默读静观,抓住几个"点"驰骋想象。山—起伏—青色—挨—延伸—迷茫—暮色,犹如电影特写镜头,先出现哀牢山拔地而起的形象,然后镜头逐步拉开,展现群山紧挨、密林遍布的画面。起笔突兀,学生感官受到震动,想象的线头

就极其自然地拉开,进入课文描绘的境地,发现语言的佳妙。

精彩的比喻极富形象性,如童话中的魔棒一样,碰到哪里,哪里就忽然明亮清晰。不少课文中运用了精彩的比喻,如能分清轻重主次,择其精要激发学生想象,学生对课文的理解就会具体深入。如《井冈翠竹》,先总写竹子的风貌,再分写竹子的精神,由形写到神。绘形时,作者以"当年山头的岗哨"和"埋伏在深坳里的奇兵"为比喻。以此为触发点开展想象,不仅对远眺所见竹子的神态、气势加深认识,而且能自然地联想革命年代战士的勃勃英姿,想象到今日井冈山人后代的意气风发的情景。从两个比喻出发想象开去,学生会发现比喻透露出的竹子的革命性,是为刻画竹子的思想精神埋伏笔。

图像、线条同样能触发想象。有些诗文用精确、多彩的语言描绘出令人赞叹的意境,给人以启示,以享受。教学时如精选有关图像引导学生辨认、欣赏,学生思维活跃,对语言的理解、辨析能力可加强。

二、调动学生的知识储存和生活经验,发展他们的想象力

想象力的发展须凭借感知过的种种材料,教学中注意唤起与调动学生的生活经验与知识储存,很为重要。感性知识越丰富,想象力越强,感性知识是想象的基础。反之,脑中空荡荡,即使外界有语言文字触发,脑中也难以形成生动、丰富的图像。教学时经常有意识地提供和交流感性知识,有助于学生的积累。

富有诗情画意的情景描写,往往要涉及景物的形、声、色。阅读教学中如果笼而统之叫学生想象一番,常不易取得理想效果。如果从视觉、听觉、嗅觉、触觉等多方面设计一环连一环的小问题促使学生想象,学生脑中图景就能清晰起来,立体起来。如《海滨仲夏夜》中月夜踏沙图是极好的描写,教学时要求学生边读边想教师提出的问题——看到什么?这是什么样的景色?听到什么?仔细辨辨声音,倾耳听一听,这是什么样的声音?触到什么?远看,近觑,作者写景,读者造境,把书中的无我之境想象成有我之境,使外物和内情融合,情景交融,增添真切感。用环链式的小问题轻轻叩击,就能有效地调动学生的生活积累,加深对课文语言运用的认识和理解。

想象能力的高低不仅决定于已有的感性材料的数量和质量,而且决定于一个人的语言水平。学生的想象活动是在语言调节下进行的,想象的内容一般是用语言的方式表达出来的,如脑中只有图像,而不能以清晰生动的语言表述,想象和思维的发展都会受到影响。

根据课文的特点,要求学生选择恰当的词语,组织语句,绘声绘色地描述人物形象、自然环境、社会环境等,可促使他们开展想象。如《听潮》中的博喻,要求学生具体描绘潮水来时的各种声响,要求描述得生动形象,使人有如闻其声、如历其境之感。进行这样的训练,不仅发展学生的想象力,而且对遣词造句的能力也是有效的培养。

文学作品为了使情节集中,人物形象鲜明,常以简驭繁,用笔比较跳荡,留给读者想象余地。教学时可抓住作品的某些特点培养和发展学生的推想能力。推想也是一种想象,是由眼前见到的事物推测没有直接见到的事物。阅读教学中可先抓住文中描写的有关情节、有关场景促使学生脑中再现生活的原貌,然后要求学生顺着作者思路推想情节的合乎逻辑的发展。这样训练的目的,不仅调动学生生活经验开展想象,而且可以从比较中体会剪裁的艺术技巧,学习构思的方法。如教《金色的八十年代》,要求学生推想第二个场景的具体情况,把暗写的补明,从而体会作者精心剪裁、明暗相辅的匠心。

即使是议论文,也可努力使抽象的道理形象化,特别是对低年级的学生而言。抽象的道理是从观察客观事物后形成的。为了帮助学生理解得具体,深入,同样需要启发他们想象,引导他们用生动的事实作补充。如《反对自由主义》阐述的自由主义种种表现和危害性就可启发学生联系生活实际开展想象,加深认识。

三、采用充满情趣的方法促使学生在脑中展现立体图景

有人说,如果把客观实际比作空气,那么,想象就是翅膀,只有两方面紧密结合,才能飞得高,飞得快,飞得远。这个道理用来认识和指导学生阅读中展开想象的翅膀也是很有益处的。阅读教学中教师常选择和创造充满情趣的方法指导学生阅读,不仅促进学生想象力的发展,而且可深入理解语言文字表达情意的奥妙。方法多种多样,须因文而异。

方法之一是作图。文学作品常具有诗情画意,把用文字写成的诗改换成用线条画成的画,情味增添。学生要画,就要反复读课文,理解得正确、深入;画了以后,图像展现,又可图文对照,欣赏分析,评长道短,开展想象,活跃思维。如辛弃疾的《清平乐·村居》,词中疏疏几笔,活画出小农家老小两代人的五个形象,展现了优美如画的江南山村景色。教学时要求学生把词中塑造的农家景象也来"白描"一番,把作者的文字"白描"变成用画笔和线条"白描"。学生兴味盎然,不仅考虑翁媪的形貌、神情,考虑大儿、中儿、小儿的神态、动作,而且考虑空间的位置如何安排,溪、田、门前、藕池、茅屋等如何配置才符合诗意。学生开展想象,脑中浮起立体图景,方能准确下笔。画后品词,更能深味诗句的表现力和意境的生活气息。有的同学理解得不大好,画面上就会有所反映。当然,这种作图有别于美术课,它只是培养想象能力、提高阅读理解水平的辅助手段,不能喧宾夺主。

方法之二是手势。有些课文绘景状物有声有色,有些人物描写一举手一投足都很有板眼。阅读时无生字难词,学生往往一晃而过,不注意咀嚼语言,难以留下深刻的印象。教学时抓住关键词句要学生佐以恰当的手势,学生不仅有浓厚的兴趣,而且可加深印象,如《驿路梨花》一文中过路人受"香气四溢"的感染,第二天他们未立即登程,而是以修葺小屋、挖深排水沟等行动向梨花小姑娘学习。正在学习之际,"突然梨树丛中闪出了一群哈尼小姑娘"。教学时要求学生以手势表场景,体会"闪"的传神作用。理解不深的同学只用一只手做一个快动作以表示"闪",而想象丰富的同学就用两只手做手势,一表示树,另一表示小姑娘。因为:"闪"写出了一群小姑娘走出来的速度,出现时的亮度,使人眼前豁然一亮,既写了树,又写了人,树密人稠,风光美丽。人从花中出,花白脸儿红,画面生机勃勃。有些人物动作,学生简单地描摹一番,课堂气氛可大为活跃。如《分马》中老孙头被马儿摔在地上后的种种表现用手势比画更显得栩栩如生。

方法之三是比较。阅读教学中选准想象的触发点促使学生开展想象是培养想象力的一种做法。但是,如果只局限在课文的词句,而不注意因势开拓,想象的内容有时就显得单调。如果抓住重点词句注意打开学生的思路,学生想象的内容就会比较丰富。再把想象的内容与课文中写的对照起来比较,对课文里有关的写作技巧理解就会深入。如《序曲》中老院长的出场,为何从"镜子"里出场,还有哪些出场方法，要学生充分想象。学生可说出多种，如推门，缓缓进来，咳嗽，轻轻抚肩，等等，然后比较，突出环境气氛的"静"，人物内心活动的"慌"。

方法之四是续文。有些课文结尾含蓄，耐人寻味。教学时抓住这个特点要求学生把文章续写下去。学生思想会展翅翱翔，积极探讨。这样做，不仅能激发学生浓厚的学习兴趣，而且有助于对课文脉络的梳理和主旨的钻研。如老舍的《小麻雀》一文结尾未明写小麻雀的结局，而学生从上文了解了小麻雀的悲惨遭遇后，感情上有所触动，对小麻雀的关心和同情促使他们很想知道小麻雀的结局如何。在这样的情况下，要求学生续文，开展想象，顺着文路推，学生积极性高涨。有的认为小麻雀最后是死了，因为它伤上加伤，"头挂得更低"，而作者也"不知道怎样才好"，无法拯救它；有的认为小麻雀最终还是活下来了，因为"它确是没有受了多大的伤"，而且，原来卷成一团的身子也"长出来一些"，同时，它明白世人有侮辱损害它的坏人，也有关心同情它的好人……学生看法不同，想象的情节也不尽相同，教师无须下统一的结论，而是尊重学生的意见，按他们自己所想的写续篇，学生的想象力得到锻炼。

方法多种多样，不一一列举。总之，想象是学生掌握知识的一个重要条件。课堂中善于把握各类课文的特点，有意识地唤起学生想象，不仅能促使学生加深对艺术形象的具体感受，而且促使他们对课文的认识有所发现，并向理性阶段深化。

7 组织语言训练和思维训练

我们常常非议"满堂灌"的教学方法,讨伐它的种种不是,然而在从事教学实践时又往往舍不得抛弃。这是什么缘故呢? 原因之一是曲解了教师在教学过程中的指导作用。认为教学就是"外塑",教师从外部来塑造学生,把知识"成品"灌输到学生的头脑中,起强制作用,这就否定了学生学习的主动性,影响和阻碍学生智力的发展。当然,教学中全然否定教师的指导作用,让学生凭主观意愿随心所欲地活动,同样不利于学生智力的发展。

教学就其本质而言,是教师把人类已知的科学真理创造条件转化为学生的真知,同时,引导学生把知识转化为能力的一种特殊形式的认识过程。关键在于引导这两个"转化"。施教之功是:贵在引导,要在转化,妙在开窍。教师的指导作用要发挥在"引导""转化""开窍"上。换句话说,教学就是教师有计划、有目的、有步骤地引导学生学习,千方百计地创造条件培养和调动学生学习的主动性。教师施教的指挥权必须与学生学习的主动权相结合;语文教师要利用学习的认知规律为学生语言和思维的训练领航开道。

7·1 开启思维的门扉

教学过程应该是师生共同参加的一个统一的脑力劳动过程。教师的脑力劳动应当跟学生的脑力劳动相结合,而最终目的还是学生开展积极的脑力劳动。从这个意义上说,教师应该是学生脑力劳动的指导员。语文教学的核心是从学生实际出发,按照教学大纲的要求,对学生进行语言训练。教师在对学生进行语言训练的同时,必须大力发展学生的思维能力。

在现代社会从事语文教学，当然不能采用嚼烂了知识喂给学生的陈腐办法，要学生死记硬背；不能用"零售"的办法把"散装"的字、词、句、篇送给学生，使学生难以捉摸规律，把思维方面应有的锻炼"转嫁"到记忆上。思维训练和语言训练应放在同等重要的位置。思维是对外界事物的概括的、间接的反映，思维是借助于语言来实现的。语言是思维的工具，没有语言的思维是不存在的；思维是语言的内容，没有思维就不可能有语言。学生要学好语文，提高语文能力，取得综合效应，思维方面应进行扎扎实实的训练。如果忽略这一点，学生不认真进行思维训练，读，就有口无心；看，浮光掠影；说，不得要领；写，内容干瘪，词不达意。学习困难的学生在思维方面往往有很大的弱点，比如提问题，他们不是不想提，而是提不出问题，发现不了问题。不会思考大大阻碍了他们学习的步伐。早在两千多年前孔子就说过："学而不思则罔，思而不学则殆。"（《论语·为政》）

光学习不思考会迷惘无知。教师要想方设法让爱思考的学生多思、深思，让不会思考的学生爱思、会思。在教学过程中，教师要善于根据教学目的与要求选用恰当的钥匙，不断拧紧学生思维的"发条"，使它转动起来，不断开启学生思维的门扉，引导他们发挥聪明才智。

教学过程实质上就是教师在教学大纲指导下有目的、有意识地使学生生疑、质疑、解疑，再生疑、再质疑、再解疑……的过程。在此循环往复、步步推进的过程中，学生掌握了知识，获得了能力。基于这样的认识，我在教学中经常问："为什么？""怎么样？""有何根据？""理由何在？"不但要让学生理解并掌握现成的结论，更要让他们积极思维，懂得形成结论的过程以及怎样去掌握结论。

激发学生产生疑问，是开启学生思维门扉的有效方法。众所周知，学源于思，思源于疑。疑是思之始，学之端。要学得知识，就得思考，而对所学的内容产生疑问则是思考的开端。"疑"是刺激学生积极思维的诱因，激发学习的动力。求知欲从某种意义上来说，就是解疑欲、解惑欲。为此，语文教学中要激发学生在求知过程中产生疑问，有所发现。教师不是把整理好的知识预先包装好，一包包地传授给学生，而是带领学生积极参加探求知识的过程，让学生用自己的头脑思考、辨别、分析、归纳，亲自获得知识。教师备课不仅要备知识，还要精心设计如何启发学生思考的问题,创设学生生疑的种种条件,启发他们积极思维。

一、鼓励学生发现问题

在授新课前要求学生先自学课文,独立阅读,发现问题。学生初步自学课文时,要求做到"三看一查一提问"。"三看"就是看课文、看注释、看课文前后编者的引导与设计的思考与练习;"一查"就是查字典、词典与有关的工具书;"一提问"就是提出自己阅读时不清楚的、有疑问的、不会解答的问题。学生自学前教师可提些思考的问题启发。学生并不是一开始就会提问题的,尤其是提有质量的问题;发现问题的能力是逐步培养起来的。开始学生生疑往往只在文章字词的表面,这个字怎么读,那个词什么意思,教师要指导他们深入篇章之中,把文章的前前后后,段落与段落之间联系起来思考。当学生质疑有所进展时,教师再拓开他们的思路,要求他们把阅读的课文与课外阅读、与自己的生活经验联系起来思考。这样步步诱导,持之以恒地培养,有质量的问题加以鼓励、表扬,或组织学生讨论,学生发现问题的积极性增强,发现问题的能力也大大加强。几乎每篇课文学生都会提出几个有质量的问题,包括对思考与练习的异议;有些课文乍看似乎没有问题,但经过独立思考,学生会提出一连串的令人思索的问题。如学生初学契诃夫的《变色龙》时,提出:赫留金说了这么一句话:"不瞒您说,我的兄弟就在当宪兵……"为什么他要有说没说地插上这一句呢? 奥楚蔑洛夫为什么一会儿脱下大衣,一会儿又穿上大衣呢? 整篇文章没有一处提到变色龙,为什么要用变色龙做文章的题目呢? 文章注释里只说是蜥蜴的一种,皮肤的颜色随着物体的颜色而改变,字典还解释为比喻在政治上善于变化伪装的人,课文中明明是第二种意思,为什么编书的人不注解呢? 是不是编者故意留给我们学生思考的呢? 事情明明是从人玩狗和狗咬人引起的,为什么只写狗咬人这部分,而人玩狗却一笔带过? 等等。问题不停留在词句的表面,材料剪裁,谋篇布局,乃至细节描写都涉及了。学生独立阅读,把问号装进脑子里是思维积极的表现,大大有助于阅读的深入。

二、在学生不易产生疑问处设疑,启发学生动脑筋思考

有些课文,或课文的有些词句,学生阅读时往往一晃而过,不觉得有问题,而这些地方往往是理解课文的关键所在,或者是容易发生差错的。针对这种情况,教师可故意设疑,激发学生思考。比如教《孔乙己》时,我故意设疑,问:"作品的主人公姓甚名谁?"有的学生一愣,接着笑了,说:"不知道姓和名字,绰号叫孔乙己。"有的学生说:"文中说,'因为他姓孔,别人便从描红纸上的"上大人孔乙己"这半懂不懂的话里,替他取下一个绰号,叫作孔乙己'。"学生这一"愣"很有好处,学生动脑筋想一想,再仔细读一读课文,理解就准确了。否则,有的学生会误以为这是真实姓名,那就大错特错了。不塞不流,不止不行。没有阻塞的地方,就没有水的流淌;没有停止,就没有行动。要学生产生疑问,思维积极,教师用问题堵一堵,塞一塞,一堵一塞,学生思维就活跃起来。正如上面所举的例子,学生立即联想到阿Q、小D,并判断一个人活在世上,别人遗忘了他的真姓名,只知他的绰号,这就预示了他悲惨的命运。

三、抓住矛盾加以展示,激发学生思考

对立的事物互相排斥,人们碰到这种情况容易引起思考。学习语文也如此。教师可抓住课文本身的矛盾,抓住学生理解课文过程中所产生的种种矛盾,引导学生开动脑筋。如魏巍的《我的老师》写蔡芸芝老师对学生的挚爱,其中写到蔡老师"从来不打骂我们",怎么"仅仅有一次,她的教鞭好像要落下来"又打了呢? 是不是矛盾? 学生阅读,思考,讨论,抓住了"好像"这个关键词,懂得了蔡老师是假愠,是似"打"而未"打",而且"仅仅有一次",与"从来不打骂"完全一致,不矛盾。这是对细节描写的正确理解。对文章主题的理解更要注意激发学生思想碰撞,深入思考。聂华苓的《人,又少了一个》中骨瘦如柴的女人明明活着,还"回过头来,冷笑了一声",还"漠然望了我一眼",怎么说"又少了一个"呢? 挑起矛盾,让学生思想上碰撞,学生就能全神贯注地阅读课文,咀嚼词句,探讨文章寓含的深意。

许多事实强有力地说明:我们大部分的伟大发现都应归功于"为什么",生活的智慧常常在于逢事就问个"为什么"。教学也是如此,教师要善于使读书无疑的学生有疑,有疑才有问,有问才积极思考,追根穷源。学生心扉打开,思维得到锻炼,学习质量就会明显提高。

7·2　创设辨疑、析疑的条件与气氛

思维从发现问题开始,但要不断深入进行,却有赖于分析问题、解决问题的逐

步展开。教师激疑、学生生疑后，要注意设置辨疑、析疑的条件与气氛，引导学生谈看法，摆见解，比较，分析，判断，推理。学生提出的问题，教师不必急于回答，应该在头脑里立刻进行梳理，分主、次、轻、重，按一定的顺序巧妙地安排在教学过程中逐一解决，引导学生相互启发，寻找答案。教师千万不能因赶进度而丧失启迪学生思维的良机。再说，教师不是所有的方面都超过学生，学生积极性调动起来以后，常常会产生很多意想不到的火花。这种火花是思维进入最佳状态的结晶，教师敏捷地抓住这些火花，把它在全班学生心中点燃，语言和思维训练的效果会大大加强。可以说是拨亮一盏灯，照得通屋明。

怎样指导学生辨疑、析疑呢？

一、注意调动学生"仓库"里的知识

教学时要善于调动学生知识"仓库"里的知识，使其运转，发挥作用。学生的基础不是零，他们有知识库存，即使是程度差的学生也是如此。温故而知新，启发他们运用旧知识，促进对新知识的理解和掌握，如《藤野先生》一文中描写清朝留学生的丑态时，有"实在标致极了"的句子。为了让学生理解"标致"的含义，要求学生列举与之相关的同义词、近义词、反义词，学生积极性高涨，举出美丽、漂亮、俊俏、婀娜、妩媚、潇洒、丑陋、难看等，讨论句中的"标致"应怎样理解时，有的学生说：这里是说反话，"丑陋""难看"不足以表达作者的感情，应该是"恶心"，词的前面附加"实在"，词的后面还要加个"极"，实在恶心到极点，表现了作者对醉生梦死的清朝留学生极端厌恶的感情。在辨疑的过程中，学生感到自己有知识，有力量，有希望，求知欲更旺盛。学生在自己知识仓库中寻找适当的词句时，不仅思维得到锻炼，而且对语言的识别能力大大加强。

有一种误解，认为教学时间紧，学生到自己知识"仓库"里提取不一定能讲在点子上，弄得不好，反而浪费时间。这种顾虑其实大可不必。一是对疑难问题或有兴趣的问题辨别、剖析，当然会有正有误，有深有浅，有比较精彩的看法，有不完整的，甚而缺这少那的。这种状况十分正常，学生知识"仓库"的量不可能等同，质也会有区别。但只要是认真动脑筋去提取，语言和思维能力都能得到锻炼。学生积极地学习，花时间值得。二是教师不能漫无边际地"调动"，哪些内容、哪些词

句、哪些写作方法等,可引导学生温故而知新,课前须精心准备,充分估计学生的知识基础和寓含的潜力。"调动"以课文为依据,抓住要点,适合学生的实际情况,不仅不浪费时间,而且大大提高单位时间的学习效率。

二、灵活地运用各种比较方法,培养学生良好的思维习惯,发展他们的思维能力

从思维的类型看,可以分为形象思维和抽象思维,从思维的过程看,可以分为分析、综合、判断、推理、想象等。要发展学生这些能力,在教学语言文字时经常采用比较的方法可收到一定的效果。教学中比较的天地十分广阔,古今作品之间、中外作品之间、同一作者的不同作品之间、文章的遣词造句、材料的选择剪裁等,都可以通过比较对学生的语言和思维进行训练。

教学时可采用纵向比较的方法,促使学生进行垂直思考。古今作品比较,课文中前前后后的比较就属这一类。如教吴晗的《说谦虚》一文,学生对论述的深刻性不易理解,教学时就可采用古今比较的方法促使学生加深认识。一是从课文出发,与《尚书·大禹谟》中的"满招损,谦受益,时乃天道"进行比较;二是与民间长期流传的"半瓶水晃荡,满瓶水不响"等俗语比较,让学生领悟到"满招损,谦受益"的格言受时间与空间的检验,真理性很强,而作者再来论述这个问题,不是对过去认识的重复,而是旧题注新意,从马克思主义认识论原理出发,从揭示人们认知规律的高度来论述谦逊的必要性,大大超过古人。这样透过事物的表面现象,一下子深入到事物的本质。通过比较,解决了学生心中的疑问——这种老题目有什么值得再谈的,是不是多此一举。

抓住课文关键词句或某些段落引导学生进行前后对比,可帮助学生把握事物的本质。如学《孔乙己》时,学生对孔乙己排出九文大钱的"排"字的生动性容易理解,但在刻画人物中究竟起多大的作用,学生往往理解不了,为此,教师要在培养他们思维深刻性方面导航。阅读时,可采用比较的方法指导学生深入理解教材,挖掘教材思想和艺术的内涵,探求作者的艺术匠心,弄清作者思想深刻之处。学《孔乙己》,要求学生不仅注意"排",而且要找出与它相应的词"摸",并启发学生辨析:为何作者此处要把"排"改易为"摸"？对刻画人物精神面貌起怎样的作用？

"排"与"摸"同是在咸亨酒店付酒钱的动作,但入木三分地反映出孔乙己处境的变化。"排"活画出孔乙己冒充斯文的酸腐相,而腿被打折以后,他已够不着柜台台面,无法"排"了,到了欲充斯文而不能的地步。"摸"用意十分深刻,刻画了孔乙己精神彻底被摧毁的悲惨。通过前后比较,学生对作者遣词造句的功力赞叹不已。

教学时也可采用横向比较的方法。也就是说在一个时间平面上同时将几个方面的问题进行比较,开拓学生视野,培养他们思维的广度,培养他们学会比较全面地、具体地分析问题,把握这一事物与那一事物之间的本质联系。同一作家的作品可以进行比较。如学习《有的人》时,引导学生与《论鲁迅》比较,认识同是纪念和评价鲁迅,但体裁、写法、语言等均不同,通过比较,思考问题的广度有所锻炼,对作品的个性特征认识得更为清晰。

教学中可经常进行换词换句的练习,对学生语言和思维进行训练。用词的准确性、语句的言简意赅常可通过更换显示其耀眼的光芒。如《一件小事》中有这样一个十分精彩的段落:"我这时突然感到一种异样的感觉,觉得他满身灰尘的后影,刹时高大了,而且愈走愈大,须仰视才见。而且他对于我,渐渐的又几乎变成一种威压,甚而至于要榨出皮袍下面藏着的'小'来。"作品与学生相距大半个世纪,要学生深入理解作品中"我"内心的感动与觉醒,理解在车夫高尚灵魂感召下自惭形秽的思想感情,困难是大的。我采用了更换关键词句的方法进行比较,分解难点。按观察事物的常规,应该是近大远小,而此处作者用一反常规的视觉形象刻画自己心灵的震动。在学生初步理解的基础上,要求他们把"而且愈走愈大,须仰视才见"换成比喻句,描绘车夫高大的形象。学生积极动脑筋,以高山、青松、巨人等作喻,但立即又自我否定,领悟到没有一个比喻合适,领悟到此处用比喻就把车夫的形象束缚住、限制住了,显示不出他本质的光华。而"愈走愈大,须仰视才见",运用了连续摇动的特写镜头,留给读者丰富的想象余地,感染力极强。"榨"也是传神之笔,不仅极言外力之大,而且音调铿锵。

有时还可以进行有无之间的比较。如《论雷峰塔的倒掉》中"和尚本应该只管自己念经。白蛇自迷许仙,许仙自娶妖怪,和别人有什么相干呢?他偏要放下经卷,横来招是搬非,大约是怀着嫉妒罢,——那简直是一定的"一段,要求学生阅读时去除"偏要""横来""那简直是一定的",比较用好还是不用好,用了起怎样的作用。通过有无的比较,学生体会到用了这些词和句,笔锋犀利,揭露深刻,剥开法海的伪善面孔,让其卑鄙下劣的灵魂公布于众,语言的表现力极强。

有比较,才有鉴别;有鉴别,才能深入认识事物的特点,掌握其规律。故而,在读、写、听、说能力的训练过程中,把比较的方法用在节骨眼上,学生思维能得到有效的锻炼。

7·3 鼓励创造精神

教师的作用是启发学习,而不是窒息学习。要鼓励学生进行探究,对课文的内容、文字,涉及的人、事、景、物,可大胆地发表自己的意见,评头品足,论是说非。

一、提倡采用研究性的学习方法

苏霍姆林斯基在谈到怎样组织少年的脑力劳动时说了一段很有趣的话,这就是:"学生不仅从我手里接过知识的砖头,不仅考虑应该把它们垒到哪里去,而且还仔细地端详这究竟是些什么样的砖头,它们是不是用那种构筑一座坚固的楼房所必需的材料制成的。"(苏霍姆林斯基《给教师的建议》)这段话清楚地告诉我们,学生在学习过程中绝不是承受教师讲解的容器,而是要能独立思考。教师并不能满足于把现成的结论告诉学生,而是要求学生对学习采取研究的态度。学生脑子里应该呈现构造知识的图景,对知识的理解可以有种种假说,种种解释。然后经过比较、分析,特别是借助班级同学集体的力量加以评论,就可获得正确的结论。在这种情况下,知识也好,能力也好,不是消极地掌握,而是靠动脑筋积极获取的,其中不乏创造的因素。

例如学习《藤野先生》时,学生提出一系列问题进行研究。有些问题似乎并不在本次教学考虑的范围之内,学生提出了,且很有道理,教师就会灵活地调整计划,尊重学生的创造精神。

有的学生说:文章劈头一句"东京也无非是这样","也"是关联词,前面没有句子,关联什么呢? 有的学生认为,这正是绝妙的地方。作者身处清朝,政治腐败,官府乌烟瘴气,民不聊生,实在痛心疾首。东渡日本留学,为的是寻求救国救民的道理,没想到东京的清朝留学生也是如此腐败。有的学生认为,"也"好在前面有许多潜台词,如果把国内情景写出来,岂不累赘?学生拿到了"也"这块砖头,而且知道放在哪儿,起什么作用,教师原先未考虑。

有的学生认为,作者记住"日暮里",记住"水户"等地名,表现了作者的爱国主义精神。由此引发了一场争论。一方认为"水户"是明遗民朱舜水客死的地方,可以此表露爱国主义思想感情,而前者难以解释,拉扯不到爱国主义思想感情上。一方认为,"日暮"象征着国家的衰败,作者东渡日本留学,目的是寻求救国之路,可是到了东京看到清朝留学生如此醉生梦死,感到前途茫茫然。旅途中一看到"日暮里"这个地名,触景生情,故而记得。因此,记得这个地名同样是表露鲁迅先生爱国主义的感情。双方争执不下时,一位学生陡地站起来说:"别争了,你们不能望文生义,鲁迅先生自己说:'不知怎地,我到现在还记得这名目。'你们比鲁迅先生还知道吗?"学生这一说很有见地,学习要研究,不能臆断。教师肯定了学生畅所欲言,同时指出:考证事物应注意本证,不能牵强附会。鲁迅先生说"不知怎地"是最可靠的证明。推论要有根据,不能建筑在主观臆断的基础上。然而,"不知怎地"必有其具体内容,有兴趣的课外可查阅资料,深究一番。

二、爱护闪发出的创造性的火花

学生辨疑、析疑时,教师无论如何不能以自己思考问题的范围给学生"画地为牢",叫学生"就范"。学生思考问题通常有自己的习惯性思路,怎样由感性认识上升到理性认识,怎样根据种种事实下判断,怎样进行分析,进行归纳,等等。有时由于某些因素的触发,会突破习惯性思维的羁绊,闪发出创造性的火花。教学中教师要善于把握种种因素,培养和鼓励学生的创造精神。

学习《记念刘和珍君》时,有学生提出:"'我向来是不惮以最坏的恶意来推测中国人的',后面又说'有限的几个生命,在中国是不算什么的,至多,不过供无恶意的闲人以饭后的谈资,或者给有恶意的闲人作"流言"的种子',作者用了三个'恶意',似乎太多了。显然,它们的含义不一样,容易混淆,反倒不好。再说,'以最坏的恶意'来推测中国人也不应该,中国人不都是坏的。"学生把文中前后的语句联系起来思考,学得积极主动。

经过这位同学提问的触发，学生十分活跃，辨别，讨论，认为"有恶意""无恶意"的"恶意"是指坏心思、坏心眼，而"以最坏的恶意"的"恶意"是指最坏的设想、最坏的估计，并不是对中国人有恶意。鲁迅先生是"横眉冷对千夫指，俯首甘为孺子牛"的人，怎可能对所有的中国人有看法呢？显然，作者"推测"的"中国人"是指那些"下劣""凶残"到使他难以预料的反动派及其走狗，以此来揭露他们远比自己推测还要坏得多的嘴脸。如果改成"来推测有些中国人"就合适了，不过，文章的味道就不一样了。这是气愤到极点、悲哀到极点喷出来的话，读者能看懂，能领会。

这种阅读心得是有个性的，有自己独特看法，教师须立即鼓励。这种闪烁的火花又引发了其他学生的思考。有学生认为，"向来是不惮以最坏的恶意来推测中国人的"，是鲁迅先生思想的真实表露。他生活在旧营垒之中，看到的丑恶现象太多，愚昧状况太多，包括妇女在内的人民群众，推测他们落后、软弱、冷漠、无知，而今，"三一八"惨案使他觉醒，"中国的女性临难竟能如是之从容"，从这一点说，他有自责的意思，从另一角度看，他是在歌颂中国女子的勇毅和伟大。

学生十分可爱，教师要理解他们。他们感兴趣的不全在长知识，更在于独立开展抽象思维过程的本身，也就是喜欢长知识和长智慧相互结合的智力活动过程。学生勇于谈看法，摆见解，课堂里就常会闪发火花。

三、满足学生"吃不饱"的要求

学生学习语文过程中常有"吃不饱"的感觉，教师对学生这一心理特征常常缺乏认识，总觉得这个水平不理想，那个差错也不少，对学生语文的总体水平和潜在能力估计不足，于是，就出现讲得偏多偏浅的情况，学生能理解的还不厌其烦地教。这样，学生思维活泼不起来，创造性思维更是受到抑制。

教课时，针对学生"吃不饱"的现象，多鼓励他们积极探求，不仅是课文本身，也可以拓展到课外。学生情绪高涨，内心喜悦，往往课堂上会出现"神来之笔"。

例如学习契诃夫《装在套子里的人》，学生被别里科夫这个可悲、可笑、可恶、可憎的形象所吸引，提出：小说刻画人物是先从衣、住、行、待人接物、精神状态、语言习惯、社会影响等方面作一般性描述，然后把他放到"爱情"这件事中作具体描绘的。显然,二者不并列,前一部分是概况介绍,后一部分是具体刻画,以印证前面的介绍。但仔细推敲,又觉得不对劲。别里科夫逢事必讲:"千万别闹出什么乱子。"事情大到差点儿要与柯瓦连科的姐姐华连卡结婚,倒反而没有一句这样的话,似乎不合情理。再说,柯瓦连科、华连卡那么活泼、好动,单是骑自行车就够吓死别里科夫了,他怎么不怕"闹出什么乱子"来呢?

学生居然能看出这一点,这是教师始料未及的。教师在肯定这个看法的同时,趁势拓开,说:"课文是节选的,只有原作的一半篇幅。小说《套中人》原是以中学教师布尔金跟兽医伊凡·伊凡内奇讲故事的形式来介绍别里科夫的。现在请大家就结婚这个问题想一想,别里科夫会有怎样的心理活动,怎样的语言?"学生根据课文中人物的语言描写、心理描写,展开想象,有声有色地加以补充。在学生热情叙说的基础上,教师把删节的有关部分告诉他们。"别里科夫曾说过这样一段话:'不成,婚姻是终身大事,应当先估量一下马上要承担的义务和责任……免得以后出了什么乱子。这件事闹得我六神不安,我现在通宵睡不着觉。老实说,我害怕:她和她弟弟的思想方式有点古怪,他们讲起道理来,您知道,有点古怪,她的性情又很活泼。一旦结了婚,以后说不定就会惹出什么麻烦来。'"学生煞有兴趣地记录了下来,感到了一种满足,而提问题的同学更露出几分得意。

鼓励学生的创造精神,学生的求知欲望倍增,语文能力、认知能力往往超水平发挥,推动教学往纵深发展。

7·4　注意加温,重点突破

课堂上常有这种情况:举手、质疑、辩论常集中在某些学生身上,他们学习得特别主动积极,而有的学生主动性就差些。对他们除须深入了解原因外,要采取重点帮助的办法,为他们创造条件,促使他们开动脑筋,提高使用语言的能力。思考能力是逐步培养的,发表见解的能力是逐步锻炼的。

一、在难易适度上做文章

教练员训练运动员要善于发挥每个运动员的才能,教师训练学生也是如此,要认清学生的差异,使程度好的、中的、差的,思维敏捷的、迟钝的都开动脑筋,有所进步。对学习困难的学生尤其要保护他们的点滴进步，不挫伤他们的积极性。在设计课堂提问时应有难有易，有简单有复杂，高低兼顾。如教《哥白尼》一文时，对哥白尼学说的重大作用，教师设计了三个台阶式的问题启迪各类学生的思维，组织他们进行语文能力的训练。先要求学生找出表现哥白尼的学说对人类思想发生深刻影响的关键词语。学习困难的学生也能迅速找出，这就是"天翻地覆"。接着要求他们迅速改变词序而不变本意。"地覆天翻""翻天覆地"，学习一般的学生都能回答。然后要求学生说明怎样"天翻地覆"，中等程度的学生都能抓住由"天动"改为"地动"的要点，用完整的句子回答。最后要求学生组句，用这个关键词说明哥白尼学说对人类思想发生怎样的深刻影响，这就有了一定的难度。学习较好的学生稍加思索后能解答。有的说："哥白尼的学说不只在科学史上引起了空前的革命，而且对人类思想的影响也是极深刻的，深刻到把人类的认识天翻地覆地倒转过来。"设计阶梯式的问题，由简到繁，由易到难，不仅学习比较困难的学生当堂能积极思考，而且给他们指出攀登的途径，激励攀登的勇气。

不过，这种训练的情况不是静止的、不变的。如果一直以简单的、容易的问题作用于学习困难学生的耳目，那这些同学的思维与语言训练的积极性仍然不可能高涨。因而，问题的设计十分讲究。分析、归纳、判断、综合，有一定难度的问题"迫使"这些同学思考，他们也能有所发现，尝到豁然开朗的喜悦。重要的是：对思考缓慢、头脑比较迟钝的学生要特别耐心，给他们以时间，以适当提示，千万不能因急于赶教学进度而越俎代庖，而使他们"摆脱"了思考。

二、变换训练的方式

训练不能总是教师提问，学生举手回答。教师可指答，学生可齐答；学生可轮流答，重复答，跳答。

语言和思维训练一定要和扎扎实实的阅读能力培养融为一体。朗读、默读、速读，乃至背诵，都须牢牢把握"思"字，架空"读"去说大道理，练嘴皮子，就使语言和思维训练走了样。

方法多种多样，可以创造；目的只有一个，就是让学生的脑子转起来，动起来，越学越聪明，对语言文字理解和驾驭的能力越来越强。

三、注意加温

对语言和思维训练中有种种障碍的学生,教师须热忱地重点帮助,为他们铺路搭桥。教学中训练学生概括能力十分必要,概括是对教材规律性的认识,是对文章字、词、句、段之间内在联系的认识,它是思维的飞跃,思想的升华,有些学生进行概括能力训练很感困难。如阅读《美猴王》,要求学生给每一段列小标题。有的学生煞费苦心列出"悟空出世""众猴入洞""悟空为王"三个标题。尽管形式上像小标题,但未能准确地反映课文内容,于是教师"铺路",询问学生是不是猴子一出现就叫"悟空",指引一下,学生意识到当时石猴还未赐名悟空。于是把"悟空"改为"石猴"。第二个标题"入洞"也不妥帖,于是再以问题"铺路",启发学生阅读思考:这部分笔墨主要叙述什么事呢?"入洞"之前主要干什么呢?三个标题的主语可不可以一致起来呢?如果可以一致,理由何在呢?在指点的过程中充分肯定学生动脑筋的积极性,尽量用学生的语言表述。教说,帮说,学生懂得"探洞"比"入洞"确切,更懂得概括的语言应精练,三个标题中的"石猴"应删去。真心实意地指点、鼓励,具体地帮助,学生思维获得锻炼,语言表达的准确度也逐步提高。

总之,教师要千方百计培养和调动学生学习语文的积极性,指导和鼓励学生通过自己的脑力劳动学习语言文字,利用学习的认知规律为学生语言和思维的训练领航开道。

8　精心安排教学节奏

　　文似看山不喜平，起伏曲折，就会使读者兴趣浓厚，步入胜境，领略无限风光。课也要如此，不能总是等速度，在一个平面上移动，平板无味，令人昏昏欲睡。要善于调动教材内容，安排讲练环节，有起有伏，有鲜明的教学节奏，这样，就能产生良好的教学效果。

　　节奏原是音乐用语，指音乐中有规律的强弱长短现象；比之工作，指均匀的、有规律的工作进程。所谓教学节奏，是指教师运用教材教和学生以教材为依据的学之间有规律的协调发展。也就是说，在一堂课或连续的几堂课的发展过程中，分清主次，决定粗细详略，把握快慢强弱，在教学目标的统率下，有节奏地把教与学和谐地统一在一起，形成一个整体。上课应强调规律性，无规律性则乱，无强弱快慢则平板，都不能吸引学生。教师从教材特点和学生的心理特征、知识与能力的实际情况出发，在教学内容、环节安排、教法运用等方面运筹教学节奏，用鲜明的节奏促使学生的大脑皮层产生兴奋，并注意合理调节，使之保持持续的注意。

8·1　课堂教学流程的有效把握

　　众所周知，我们所说的教学过程是指学生在教师有目的、有计划地指导下，积极主动地掌握系统的文化科学基础知识和基本技能，发展能力，增强体质，并形成一定的思想品德的过程。语文课堂教学过程是其中的有机组成部分。要在一堂课内完成特定的教学任务，须有效地把握其流程，如课的类型与结构，课堂各教学环节的构成，时间分配，教学过程中各教学环节的组织工作，等等，均须认真而细致地考虑。

一、要有"序",循序而渐进

生产任何产品,都有一个操作过程,操作程序愈合理,劳动效率愈高。教课不是从事物质生产,不是依附机器而操作,但是要有效地传授知识,有效地培养能力,学生学习有实效,同样要讲究操作的程序。操作程序合理而科学,符合学生认知的规律,教学时间就能充分运用,学生受益就比较多。

语文课堂教学中要防止两种无"序"的现象。一是一讲到底,课文里碰到什么自以为要讲的字、词、语句,就讲什么字、词、语句,碰到什么修辞手法、写作方法,就讲什么修辞手法、写作方法。这种课讲得再清楚也是"模糊"的。既没有按照教学要求、按照循序渐进的原则,对教学内容进行剪裁与取舍,又无视学生当堂训练语文能力的重要,何"序"之有? 实质上教师"广种",须"收"什么,学生有意无意地选择,不可能丰厚。二是听任学生摆弄,某一个或某几个学生提出问题,就跟着他们转,让全班同学为之讨论。教学是有计划、有目的地进行的,学生能提出问题,这是学习积极性的表现,但问题要立即筛选,立即分类,根据教学目的择其精要进行讨论,进行研究。有的只需个别指导或课外指导,无须在全班铺开。班级教学面向全体学生,不能追求热闹,东一榔头西一棒子,影响学生有序地学习语文。

就一篇课文来说,循序而渐进,指遵循教材内容结构的顺序,组织教学内容,安排教学环节。教学流程中一环扣一环,有逻辑性。例如秦牧的《大自然警号长鸣》是一篇说明成分很重的议论文。指导学生阅读,使他们弄清楚"大自然已到处发出紧急警号"的主旨,可充分运用文章层层推进的特点,以问题组织学习的台阶,逐层深入地有序进行。如:文章标题中的"警号"是什么意思? 作者怎么会提出"大自然警号长鸣"这个问题的? 从哪件事情入笔? 又如何逐步扩展的? 作者说明这些事实目的何在? 文中是怎样阐述"大自然警号长鸣"原因的? 作者具有怎样鲜明的态度? 这些议论与前半部分的说明有何关系? 组织学生阅读、讨论,"序"在其中:

1. 课文的先后顺序。

2. 先说明,后议论。说明由个别到一般;议论是正反两面进行论证。前者为后者铺垫,是后者的依据;后者是前者的深入,上升到理性的思考。

3．先感性，后理性。

学生在总体理解的基础上，对某个局部、某个细部可敲打一下。比如：由说明转入议论之时，为什么作者提出"别太过分以为我们'地大物博'吧"？这样提的作用是什么？这个问题如果放在梳理全文时提出，反而容易扯开，造成模糊。全文脉络疏通，每个部分把握得清楚以后，回过来再敲打，对这种反题的作用——立论根据就更为清晰。有序不等于机械化、呆板，如何处理得当，要从效果出发。

至于传授知识、培养语文能力的由易到难、由简单到复杂、由个别到一般、由单项到综合等，均应注意与教学流程相协调。

二、可变"序"，创造最佳效果

"序"不是绝对不能改变，所有的课文都按照作者思路从开头推到结尾。就如写记叙文一样，如果只允许顺叙，不允许倒叙、插叙，岂非笑话？"序"是指不杂乱无章，有一定的规则，至于按怎样的规则进行，要根据教材的特点和学生的知识水平、语文能力而定。

课堂教学有时可用逆推的办法。先让学生找出文章的主旨或结论，然后围绕主旨或结论逆推到课文的开头，再顺势而下，把握全文。如茅盾的《雷雨前》，用变序的方法组织教学，比用顺推的方法有效，学生容易直奔文章的中心。课的起始就启发提问：文中哪句话点明了全文的主旨？学生浏览全文，找到了文章末尾的一句话："让大雷雨冲洗出个干净清凉的世界！"抓住了文章的主旨，再进一步启发：作者希望"冲洗出个干净清凉的世界"，那么，雷雨前究竟是怎样一个世界呢？请同学们就"干净清凉"这个词寻找两个反义词。学生思考后回答："雷雨前是个肮脏闷热、龌龊窒息的罪恶世界。"学生领悟到这一点，教师就顺势而下，要求学生阅读，找准描绘雷雨前肮脏闷热世界的五幅画面，拎出它以时间推移为线索的纵式结构特点。最后再来品析文章主旨的深刻思想、扎实基础和丰富感情。"让大雷雨冲洗出个干净清凉的世界"表达了人们要求推翻旧世界、创建新世界的信念。对大雷雨的渴望，对大雷雨来临的喜悦，充满了对光明前途的向往，是乐观主义精神的体现。这句话的出现，不是空穴来风，而是一步一步逼出来的。正由于作者精心描绘了一幅幅闷热龌龊的图景，层层推进，步步进逼，笔笔加浓，人被压抑得透不过气,压到了绝处,就在这刹那,人们从心灵深处必然爆发出这种强烈的呐喊。前面的文章写透,主题的出现就给人豁然开朗的感觉。结尾—全文—结尾,主旨—"逼"出主旨的一幅幅画面—主旨,文章写作思路的"序"变动了一下,但教学流程更符合教材特点,更符合学生认知规律,因而,效果比较好。

课堂教学有时可用纵横交错的方法。有的教材比较长,结构比较复杂,既有横式结构的组材,又有纵式结构的组材。为了在有限的课时里,让学生一眼看清文章的脉络,可采用纵横交错的方法。把纵向排列的材料排成纵队,把横向排列的材料排成横队,再找出二者的交接处,文章的骨架就一清二楚。如《为了六十一个阶级弟兄》,以时间为经以地点(空间)为纬,根据这一特点,要求学生边阅读边纵横交错地排列材料,学生很快理清线索,把握内容与写法。

变"序"的方法很多,可因文而异,因学生情况而异。但不管怎样处理,目的只有一个,就是取得良好的乃至最佳的教学效果。

三、环节清楚,阶段分明

前两点侧重从教材内容的组织谈教学流程的把握,这儿侧重从课的步骤述说。

一堂课要富有节奏,须对教学过程中的各个阶段妥作安排,要树立一个"分"的观念。课不能模糊一片,要根据学生的认知规律分阶段、有步骤、有阶梯地进行。一堂课是个整体,可视课的类型、教学目的、教学内容、学生情况的不同而分为若干阶段,在每个阶段之中根据教学内容,教学要求又可分为若干环节,环节与环节之间应紧密相扣。

就阅读课而言,粗略分一分,可分为课的起始阶段,阅读理解、分析鉴赏阶段,课的结尾阶段。有的课还可设计一个"尾声",让学生带着问题下课堂。比如阅读理解阶段又可分为整体感知、重点剖析、字词推敲、朗读领悟、讨论评析等若干环节,每一环节都为下一环节做准备,做铺垫。要有效地把握教学流程,必须:

1. 每个阶段、每个环节的设计要服从教学目的,避免旁逸斜出。

2. 教师组织学生学习的工作要贯彻始终,使每个阶段学生都学习情绪高涨。

3. 学生语言和思维的训练犹如红线贯串各个阶段。

4. 课时分配合理,避免前松后紧或草草收场。

5. 有一定的速度,注意培养学生适应现代社会生活节奏的能力,避免课总是慢镜头、慢动作。

写作课、练习课、复习课等,同样需要注意分阶段、有步骤,有效地把握流程。

8·2 起始阶段的吸引力

俗话说:文章开头好就成功了一半。京剧主角出场时一个亮相,吸引观众,满堂生色,博得全场喝彩。课也是如此,起始阶段是给课定调,要着力激发学生学习某篇课文的兴趣,引起他们求知的欲望,牢牢吸引他们的注意力。

课的起始阶段要有吸引力,课前须精心设计,考虑教材的特点和学生的实际。古人谈写诗作文起句之妙处,均可移植过来,为教课而用。如"凡起句当如爆竹,骤响易彻。"(明代谢榛《四溟诗话》卷一)"歌行起步,宜高唱而入,有'黄河落天走东海'之势。"(清代沈德潜《说诗晬语》)"起句须庄重,峰势镇压含盖,得一篇体势。"(清代方东树《昭昧詹言》)吸引学生注意力的方法很多,常用的有以下这些。

一、以知识吸引学生

知识就是力量。知识是我们这个世界的绝对价值,学生必须学习,必须掌握知识。求知是青年人的天性,在课的起始阶段,用学生不熟悉不掌握或不了解的知识作为导入新课的引子,学生就兴味盎然。

如教学《孔乙己》的起始阶段,可这样设计:

"本文写于 1918 年冬,发表于 1919 年 4 月的《新青年》,后收入短篇小说集《呐喊》。凡读过鲁迅小说的人,几乎没有不知道《孔乙己》的。凡读过《孔乙己》的人,无不在心中留下孔乙己这个遭到社会凉薄的苦人儿的形象。鲁迅先生自己也说过,在他创作的短篇小说中,最喜欢《孔乙己》。他为什么最喜欢《孔乙己》呢?孔乙己究竟是一个怎样的艺术形象?鲁迅先生是运用怎样的鬼斧神工之笔来精心塑造这个形象的?学习本文之后就可得到明确的回答。"

"过去有人说,古希腊索福克勒斯的悲剧是命运的悲剧,莎士比亚悲剧是主人公性格的悲剧,而易卜生的悲剧是社会问题的悲剧,从某种意义上说,是有道理的。那么,孔乙己的悲剧是什么样的悲剧呢?悲剧,往往令人泪下,然而,读了孔乙己的悲剧,眼泪往往向肚里流,心里感到一阵阵痛楚。这又是为什么呢?学习之后可以得到回答。"

学生对鲁迅先生喜欢《孔乙己》,对索福克勒斯、莎士比亚、易卜生的悲剧特征不了解,课起始阶段一介绍,学生求知欲得到调动,积极地阅读课文,从中寻找满意的答案。

又比如从作者的创作特色引入课文,学生原本不了解,教师用生动、形象的语言描述,学生立刻步入学习境地。教《变色龙》这篇课文的起始阶段是这样处理的:

"安东·巴甫洛维奇·契诃夫(1860—1904),俄国作家,是具有世界声誉的短篇小说大师。他20岁开始创作,一生写了700多篇短篇小说。《万卡》《小公务员之死》《套中人》《变色龙》均脍炙人口。这些作品多取材于俄国中等阶层的'小人物'。

"他创作的小说主题挖掘得很深,而这深刻的主题思想是通过人物形象的塑造来表现的;主人公的典型性格特征作为整篇作品的焦点,以此为核心安排场景、情节、细节,和配置不可少的其他人物,形成了生动的形象体系。用他自己的话来说:'人在写小说的时候总是不由自主地先忙着搭好它的架子:从一群人物和半人物里只取出一个人物——妻子或者丈夫,把这人物放在背景上,专门描写他,使他突出,把其余人物随便撒在那背景上,像小铜币一样,结果就成了一种像是天空的东西:中间是一个大月亮,四周是一群很小的星星。'这就概括了他短篇小说创作的一大特色。

"他的创作技巧十分高超,高尔基赞扬他:'只需一个词就创造一个形象,只需一句话就可以创作一个短篇故事,而且是绝妙的短篇故事,它像螺钻般钻入地下一样地深入生活的深处和实质中去。'

"本文是他的早期作品,发表于1884年。1881年,亚历山大二世被谋杀,亚历山大三世继位。为了保证统治者的安全,沙皇大大加强了警察的权力,建立了恐怖的警察统治。这就是故事创作的背景。现在看'大月亮'在这个故事中是何等样的人?"

创作的形象体系,"大月亮""小星星""一个词就创造一个形象""一句话就可以创作一个故事"等知识,学生从未接触过,因而,一下子就抓住了学生的心。

二、以激发感情吸引学生

思想感情是文学作品的主体,它是通过艺术形象达到以情感人的目的。白居易说:"《诗》者,根情。"(白居易《白氏长庆集·与元九书》)诗歌教学、散文教学离开了情的感染,语言文字就会成为干枯的符号,引不起学习的兴趣。教文学作品,深入挖掘教材中的情感因素,就能以情动情,使学生学有兴趣,受到感染。如教"诗八首"这样起始:

"人们一谈到诗,往往会联想到驰骋的想象、充沛的感情、鲜明的形象、音乐般的语言,会联想到优美、动人、鼓舞、力量。确实如此。诗,像种子一样,有一股顽强的爆发力。好的诗歌破土而出以后,它的芳香会和民族精神融合,长久地滋润大地。今天我们读的古诗八首,有的距今已900年,有的距今达1500年之久,然而,诵读咀嚼,仍可闻到其中的芳香。"

激发学生对诗歌、对诗歌中寓含的民族精神的热爱,学生诵读时情感倍增。

激发感情时,教师不仅要善于运用语言叩击学生的心灵,而且要注意充分调动学生的学习积极性。如教《雨中登泰山》时,起始阶段这样安排:

"你们游览过祖国的名山大川吗?那奔腾咆哮、一泻千里的长江、黄河,那千姿百态、气势雄伟的三山五岳,孕育了我们中华民族的古老文明,一想到它们,民族自豪感就会充盈心头。请说说看,谁游览过名山?游览过哪些山?(学生答)在所有的名山中,五岳为最。哪五岳呢?(学生试答:东岳泰山,南岳衡山,西岳华山,北岳恒山,中岳嵩山。)五岳之长呢?巍巍泰山。泰山有拔地通天之势,擎天捧日之姿,历代多少文人墨客写诗撰文讴歌、赞美,杜甫的五言古诗《望岳》就是其中之一。"

请学生背诵:"岱宗夫如何?齐鲁青未了。造化钟神秀,阴阳割昏晓。荡胸生曾云,决眦入归鸟。会当凌绝顶,一览众山小。"

"'一览众山小'的境界是令人神往的,只有登攀到'绝顶',才能领略那无限风光。今天我们学李健吾的《雨中登泰山》,请作者为向导,跟随他攀登高耸雄奇的泰山。"

课起始,学生积极投入,兴趣大增。

三、以旧带新吸引学生

有意识地经常让学生有机会展示自己掌握的知识,学生就会有一种得意感、自豪感,在这个基础上引入新的学习课题,新的学习内容,学生非常容易接受。例如教《春》的起始阶段:

"今天,我们学习朱自清先生的《春》。一提到春,我们眼前就仿佛展现出阳光明媚、东风荡漾、绿满天下的美丽景色,就会觉得有无限的生机,无穷的力量。古往今来,许多文人用彩笔描绘春天,歌颂春天。

"同学们想一想:诗人杜甫在《绝句》中是怎样描绘春色的?(同学背诵:'两个黄鹂鸣翠柳,一行白鹭上青天。窗含西岭千秋雪,门泊东吴万里船。')王安石在《泊船瓜洲》中又是怎样描绘的?(同学背诵:'京口瓜洲一水间,钟山只隔数重山。春风又绿江南岸,明月何时照我还?')苏舜钦在《淮中晚泊犊头》中又是怎样写春的呢?(同学背诵:'春阴垂野草青青,时有幽花一树明。晚泊孤舟古祠下,满川风雨看潮生。')

"同学们背诵的这几首诗都是绝句,容量有限,是取一个景物或两三个景物来写春的。今天学的散文《春》写的景物可多了,有山、水、草、树、花、鸟、风、雨等。作者是怎样描绘的呢?再说,春就在我们身边,现在我们就欢乐地生活在阳春三月的日子里,文中写的这些景物的姿态、色彩等你注意到没有呢?让我们细读课文,领略大好春光,寻找与作者观察的差距。"

四、以直观演示吸引学生

数理化教学中有实物演示,以强化学生对事物的认识,语文教学中同样可采用这种方法。图画、实物、幻灯、模型、录音、录像等教学手段,主要是通过视觉、听觉、触觉等途径让学生感知。课的起始阶段采用,尤其能吸引学生注意力。据国外一些实验证明:用语言介绍一种物品,识别它的时间为 2.8 秒;用线条图介绍,识别时间为 1.5 秒;用黑白照片介绍,识别时间为 1.2 秒;用彩色照片介绍,识别时间为 0.9 秒；如果让学生看实物，则识别时间为 0.4 秒。由 2.8 秒减少到 0.4 秒，可见直观演示对提高教学效率是何等重要。根据教材的需要，在课始、课中、课末适当地运用教具，运用现代教学手段，均可引起学生注意，吸引学生进入学习境地。

例如教《藤野先生》，课的起始教师出示了两张照片，一张是周树人东渡日本，在日本留学时的照片，一张是鲁迅先生 1926 年在厦门大学任教时的照片。学生感到新鲜，注意力立即集中。然后，教师说：今天学习鲁迅先生的散文《藤野先生》。这篇文章选自散文集《朝花夕拾》。"朝花夕拾"是什么意思？请学生试释。早上开的花，傍晚捡起来，因而是回忆性的散文，是鲁迅在厦门大学任教时，写青年时期东渡日本留学的生活片段。如作者自己所说，是从"记忆中抄出来"的。

《记一辆纺车》《核舟记》等均可采用此方法，学生一下子就集中了注意力。

课的起始阶段吸引学生注意力远不止上述几种方法，如还可以检查预习，导入新课；开宗明义，明确学习目标；开拓想象，创设意境；创设质疑的条件，让学生发现问题，引出求知的矛盾，触发解疑的积极性，等等。不管采用何种方法，目的只有一个，就是让学生在课间休息时涣散的情况迅速得到转变，精神振奋地进入学习轨道。

8·3 有起有伏，有疏有密

古人说：文武之道，一张一弛。拉得太紧，弓弦就会断；太松，箭射不出，更不可能中"的"。治国如此，工作、生活也都如此，要张弛结合，有紧有松，有节奏地合理安排。

教师从中悟出道理：教学过程自始至终绷得太紧，学生难以承受，尤其对初中学生来说，要 45 分钟全神贯注，实为难事；如果自始至终松散，学生学习积极性不可能得到调动，得到发挥，教学目的难以落实，教学质量不可能理想。为此，根据学生的生理心理特点，教学过程要精心设计，有起有伏，有疏有密。

教课如画画，不能同一种墨色，同一种线条，总要根据题意，深深浅浅，浓浓淡淡，粗粗细细，这样，才能主旨突出，陪衬得当，浑然呈现整体。

一、剪裁教学内容,突出重点,把握主次详略

使用某篇课文对学生进行知识传授和语文能力的训练,不能面面俱到,不能胡子眉毛一把抓。究竟教什么给学生,这是必须明确的首要问题。教学目的不明确,节奏就成了随心所欲的制品,缺少科学的依据。教学目的清楚实在,教学前就可根据教学目的对教学内容进行处理,量体裁衣,轻重有当。

要善于拎出课文的要点,尤其是长课文,更要透过繁多的文字拎出全文的要点。这些要点往往分布在文章的各个部分,把它们排列成序,根据学生理解的程度,确定教学重点,明确教学难点。这些要点基本上是有起有伏教学节奏的波峰部分,要学生全神贯注学习思考的。如《二六七号牢房》是一篇较长的课文,学生似乎一看就懂,但知之甚浅,兴趣不浓。这是由于学生的生活实际与课文中所抒写的生活距离极大,有质的区别。如果磨碎了教,学生更会味同嚼蜡,而抓住要点,组织鲜明的教学节奏,可唤起学生注意力,在时间和空间的跨度上搭起认识的桥梁。这篇文章从全文看,要点有二:一是揭露德国法西斯狡诈凶残的反动本质,二是歌颂捷克革命者坚强不屈的崇高品质和乐观主义精神。这两个要点分布在课文的三个部分之中,每个部分各有自己的侧重点。第一部分:牢房环境,爱国者卡瑞尔形象。第二部分:牢房中难友更迭;"老爸爸"约瑟夫·贝舍克的战斗深情。第三部分:法西斯暴行;伏契克的信念、意志和乐观主义精神。三个部分的要点并不割裂,而是有交叉,互补互透。捷克英雄群像中伏契克是最主要的,三个部分均用了笔墨,不过主次的位置有变化,使各个部分要点更为显露罢了。因此,排列要点对人物形象以伏契克为主,卡瑞尔、"老爸爸"居次;而人物思想精神的光芒是在法西斯牢房中闪耀的,因此环境写实也是必不可少的教学要点;人物的思想精神和感情上的爱憎又是通过平实含蓄的语言来表达的,因而这个特点理所当然的应该是教学要点。不过,排列时应将它贯串于前二者之中,在特征明显之处深入推敲。

教学要点拎准了,就可大胆地有勇气地删剪繁枝繁叶,使教学上的重点显露、突出。对教学内容不作详略取舍的处理,教学上就难以摆脱平板呆滞的气氛,难以形成教学节奏。无"轻"显不出"重",无"伏"不易看出"起"。疏密也是相同情况。如《二六七号牢房》的第一部分两个要点的处理可形成鲜明的节奏。"从门到窗子是七步,从窗子到门是七步。这个,我很熟悉。""走过去是七步,走过来是七步……是的,这一切,我很熟悉。"四个"七步",两个"很熟悉",言简意深,学生不易理解得周全深入,故而要揭示其内在含义:用反复回荡的句式描写牢房的狭小,令人窒息;揭露捷克反动派和德国法西斯是一丘之貉,都是迫害革命者的刽子手;表达作者身居囹圄而渴望自由的感情和勇于献身的精神。这是教学节奏中的"起""峰",教学中从"重"从"详"。而第二个教学要点的处理就要大力删剪枝叶。写卡瑞尔的笔墨多达近千字,不分巨细都教,学生反会模糊一片。哪些句子最能深刻揭示他的精神世界的,就牢牢捕捉住。一个侧面描写"他留在我们记忆里的,只有他那善良的心",一个正面描写"但这是我的义务,你知道,我只能这样做",二者结合起来刻画,人物精神毕现,其余描写部分只需用概括的语言疏疏一带而过。该详则详,该略则略,节奏就分明。

教学难点不一定是教学重点,如根据教学目的要求衡量,不作为教学重点时,对有关的教学内容同样有个删繁就简的问题。否则,容易拖长时间,拖拉节拍,影响教学效率。如《事事关心》一文中"围绕对联评东林"是全文中的难点所在,因牵涉到东林党人等历史知识,学生不易弄清楚,如花费许多时间去疏导又非教学目的所需,就应避开,只要与学生研究这一部分在全文中的作用和一些语句在表情达意上的妙处就行。至于教学难点又是教学重点,处理时当另作别论。

二、要善于连线成体

教学中突出重点、排出难点的同时,要处理好非重点的内容,如不注意穿针引线,课就会脱钩脱节,不成整体。教师要善于概括,拉线走针,既不脱漏,又为突出教学重点提供支撑架。

如《二六七号牢房》中"挂在门口的号牌上的名字,从两个换成三个,又从三个换成两个,然后又是三个,两个,三个,两个,新的囚犯来了又去了。只有从来就一直住在二六七号牢房的我们两个——'老爸爸'和我,仍然没有分离。""可是怎样来描述呢?这是一件不容易的事。两个人,一间牢房,一年的生活。"为什么在这段话中相同的数量词反复出现?为什么用三个偏正短语排列成这样一个特殊的句子？只有带领学生咀嚼推敲，才能使语句背后包含的潜台词神意尽出。数量词的反复出现既揭示时间的流逝，更饱含复杂深沉的感情，有对离去的战友的怀念，有对牺牲者的哀悼，更充满了对德国法西斯残害革命者的愤怒与憎恨。三个偏正短语的组合更是表达了千言万语表达不尽的思想感情。在短暂的时间、有限的空间里，共同的命运，地狱的风风雨雨，生死的朝朝暮暮，"老爸爸"和"我"凝结了无限深厚的战斗友情。这是波峰。通过重锤敲打，学生对"老爸爸"和"我"之间的战友情深已能体会，因而文中的大段叙事就无须费力，只要让学生找准"老爸爸"生活上关心照料，精神上鼓励支持"我"的一系列动词，用线一拉，这部分文章的整体就一清二楚。重锤敲打时密度高，拉线时就疏疏几笔。

即使对难点的处理也可采用这样的方法。前面说到"围绕对联评东林"这一段文字时，文中讲到好几个历史人物，为了理清关系，也用走线的方法解决。这几个历史人物之间是有师承关系的，请大家用手比画，在他们之间画几条线，把他们连接起来。这样，既避开了纠缠不清的名词术语、历史事实，又帮助学生看到东林人物的局限性，懂得了看待古人古事要用历史唯物主义的眼光，一分为二。

整个教学过程应该是教师和学生群体共同演奏的和谐悦耳的教学交响曲。它是一个整体，切勿把教学内容肢解得面目全非；它又有十分精彩的段落，给人以启迪、激励与智慧，切不可模糊一片。

8·4 高潮的掀起

叙事性文艺作品在情节结构组成部分中有一环是"高潮"，这一环是指作品中的主要矛盾冲突发展到最尖锐、最紧张的阶段，决定矛盾双方命运和发展前景。在高潮中，主要人物的性格、作品的主题思想都获得最集中、最充分的表现。课堂教学当然与叙事性文艺作品迥然不同，但在课堂教学进程中，由于教材深入理解的需要，教与学双方全身心投入，完全可以掀起高潮，学生积极主动地进行脑力劳动，产生火花，产生智慧，学习能力能得到充分的表现。

一、选择刻画人物，体现课文主题思想最精彩的段落

教材对学生来说，从某种意义上就是一大堆问题。它潜藏着需要解释、需要

认知、需要发现、需要解决的问题。学生在阅读过程中,往往能发现一二,能作肤浅的了解,而真正要洞悉底里,理解语言文字的深刻含义与表现力,教师要善于紧扣教材的特点,提出问题,挑起矛盾,让学生置身于教材的主要矛盾冲突之中思考、探索,寻求解决的途径。

前面说到教学过程须有起有伏,和谐而有规律地发展。整个过程可"起""伏"多次,"起"往往是课文重点、难点所在,但"起"不都是高潮。为了充分发挥课文的特点,为了充分调动学生学习的积极性,为了更有效地实现教学目的,可在"起"的环节中选择最精彩的段落组织教学高潮。这些段落往往是课文中矛盾冲突最尖锐、最紧张的阶段,在刻画人物思想性格和表现主题思想方面有独到之处。例如都德的《最后一课》,根据故事情节的发展,在课文的最后一部分掀起高潮。课堂里的场景是这样的:

教室里鸦雀无声。"……啊! 这最后一课,我真永远忘不了!"小陆满怀感情的朗读深深感染了同学。

"当、当、当……"录音机里突然传出了敲钟声,沉重,遥远。趁学生惊诧之际,教师出示一张韩麦尔先生写完"法兰西万岁"两个大字后的彩色图片。要求学生图文对照,仔细观察,仔细阅读,并在理解的基础上用饱含感情的语言描述《最后一课》课堂上庄严肃穆的场景,描述韩麦尔的神情、语言、动作,以及他内心的痛楚和期望,描述此时此刻小弗郎士的心情和感受,说明这个场景在《最后一课》中的地位和作用。

学生观察,阅读,情不自禁地朗读,极其认真地寻找"惊人"的语言来表述自己的看法——

"这是一个令人心碎的场景,真的,令人心碎!"

"教堂的钟声,祈祷的钟声,普鲁士兵的号声,是驱赶韩麦尔出课堂出学校的最后信号,所以他难过到极点,脸色惨白……"

"他心里乱极了,他要和同学们作最后的告别,但痛苦使他的喉咙哽住,不能用语言表达。'我的朋友们啊',说明他对同学、对镇上的人爱极了,留恋极了。"

"他只向学生做了一个手势,话也不说,其实,坐在课堂上的人心里都明白,韩麦尔被迫离开学生，离开家乡，痛苦极了。我觉得这里是'此时无声胜有声'。"

"写'法兰西万岁'两个大字的情景激动人心，这两个大字是韩麦尔使出全身的力量写的，他把丧失故土的痛楚，把对侵略者的仇恨，对自己祖国的热爱，对恢复失地的向往和信念，都凝聚在里面了。"

"韩麦尔的神情，写的字，使小弗郎士更加震动了，他一下子长大了，他从没有这样敬仰他的老师，老师对祖国一往情深的热爱使他感动不已。"

"这个场景是《最后一课》的高潮，我要是小弗郎士，这一课我真的永远忘不了。"

"我不是小弗郎士，我也忘不了。"

……

课文的最后场景按故事情节的发展，不言而喻，应是高潮。但分析学生的心态，掀起高潮不易。按照文章写法的习惯轨道，"啊！这最后一课，我真永远忘不了！"是煞尾之句，学生读到这里，容易误解为主要内容已完，末尾不过是交代几句而已。这是继续学好课文的心理障碍。再说，课文中渲染的不平常的严肃的气氛，韩麦尔的不寻常的服饰与神态，法语课上言简意深的教导，习字课上从字帖引起的想象……犹如波峰叠起，学生一直处于兴奋状态，读到"我真永远忘不了"很容易自我调节，思维的弦松弛下来。为此，须巧妙地"引"，大胆地"放"，聚意"点睛"，才能发挥这部分课文的教育功能与训练价值，落实教学目的，在学生心中留下不可磨灭的印象。

引。声像并举，引入高潮。在学生朗读刚停，寂静笼罩课堂的刹那间，骤然响起"当、当……"的钟声，使学生既怔又诧，全神贯注。学生注意力刚集中，出示有关彩图，诉之于他们的视觉，激发学习兴趣。

放。以形激思，深究主题，放手让学生眼看、耳听、口述、心思，发挥学习的主动性。场景寓含的深意是通过鲜明的形象来反映的，从形象推敲入手，可激发学生积极思考，加深对主题的探讨和领悟。初一学生因知识与能力水平所限，综合分析有一定困难，采用三个"描述"、一个"说明"展开讨论，可连点成线，连线成体。学生力所能及，思维活跃，气氛热烈，既锻炼了阅读分析能力和口头表达能力，观察力、思维力、想象力、创新力也相应获得发展。学生注意力高度集中,前半部分课文的学习又为领悟主题蓄了势,描述时常有"神来之笔",闪烁出智慧的火花。

点睛。以情激情,在学生心里弹奏爱国主义最强音。韩麦尔向故土、亲人告别的庄严而令人心碎的场景发生在 19 世纪的法国,然而那种强烈的爱国主义精神是人类最美好的感情,教学中要着力"移情",在学生心中激起强音。一以文中之情激学生之情,二以教师胸中之情点燃学生爱国火焰。聚意点睛,站在学生之中交流真切的感受,叩击心弦,传情激情,熏陶感染。

课堂教学的高潮必然呈现立体化结构,发挥多功能作用。师生互动,熔知识传授、能力培养、智力发展、思想情操陶冶于一炉。

二、紧扣课文特点,步步推进,以文中最强音激荡学生的胸怀

课堂教学高潮的掀起不是人为地制造,而是在洞悉课文特点的基础上,依课文发展之势,在学生语言和思维训练过程中步步推进。学生进入课文,为课文中的人、事、情、理所打动,爱其所爱,憎其所憎,思想感情与课文内容血脉相通之时,以文中的最强音激荡学生的胸怀,学习就能掀起高潮。

例如《包身工》这篇课文,内容充实,表达方法多样。既以包身工起床、吃早饭、上工、放工一天的活动为组织材料的主线,又以包身工制度的起因、发展和趋向为副线,两线交织构成文章的整体。记叙时点面结合,既介绍恶劣的居住情况、饮食情况和劳动条件,又描绘"芦柴棒""小福子"的悲惨命运。在记叙过程中穿插说明包身工制度的起因,议论说明包身工发展的原因和实际情况,抒发强烈的爱憎。教学时根据课文特点,紧扣时间线索,层层推进,以典型的形象、确凿的数字、真挚的感情作用于学生的耳目与心灵,在学生思维与感情获得双调动之时,牢牢抓住文章的最强音,即结尾部分,作者集中抒情与议论部分,激荡学生的胸怀。采用阅读、讨论、深究语言内涵等方法,激发学生对包身工制度、对压榨包身工的老板们的愤恨,让学生深刻领悟把"船户养墨鸭捕鱼"的事和包身工的遭遇进行类比的表现力,揭示了人不如禽,连"一点施与的温情也已经不存在"的悲惨处境;深刻领悟以"没有光,没有热,没有温情,没有希望……"及"有的是二十世纪的技术、机械、体制和对这种体制忠实服役的十六世纪封建制度下的奴隶"的一正一反的鲜明对比,控诉包身工制度的罪恶,表达强烈反抗意识的表现力;深刻领悟结尾一段呼告手法蕴含的强烈的愤怒和坚不可摧的信念。学生经过讨论,把全文的内容前前后后联系起来,掺入自己的生活储存和知识储存,有真切的感受。在这个基础上,反复朗读、齐读、个别读,特别是对比的语言、呼告的语言,读出气势,读出义愤,读出对帝国主义和封建势力的谴责与声讨,读出对噬人制度的愤怒,形成高潮,在学生心中留下长久的记忆。

8·5 课已尽而意无穷

课不能虎头蛇尾,草草收场。古人讲述诗词、套曲、文章时,十分强调结尾的重要性,如"尾声以结束一篇之曲,须是愈著精神,末句更得一极俊语收之,方妙"(明代王骥德《曲律》卷三)。确实如此,结尾如有传神之笔,可使全文增色。课堂教学不是写诗作文,不是谱写乐曲,但它应是完整的篇章。有起始,有发展,有高潮,当然也应有良好的结尾。结尾阶段如果处理得当,能更好地实现教学目的,强化学习效果。

课堂教学结尾阶段的处理,有两点须牢牢把握:一是采用不同的方法显示文章的特点,使学生印象深刻;二是努力培养学生的求知欲,不断激发他们学习语文的兴趣。

一、紧扣教材特点,反馈学习成果,强化教学目的

一个单元、一篇课文教学目的的制订,既要从学生实际出发,又要从教材的实际出发。课结束阶段,从反馈学习成果的角度显现教材特点,可更清晰有效地达到教学目的。例如教《范进中举》一文,为了让学生达到理解文中鲜明的对照手法和高超的讽刺艺术的目的,结束阶段要求学生就人物"言"与"行"的对比、"言"与"言"的对比、"言"与"意"的对比举一二例,交流学习成果。学生翻阅全文,点点画画,兴趣高涨,发言积极。

如:范进口述"噫!好了!我中了!"一语三叹,欢乐之情从口涌出。接着的"行"是"往后一交跌倒,牙关咬紧,不省人事",这是乐而发狂的"行",两相对比,产生强烈的讽刺效果。

又如：胡屠户两次贺喜的表演，同一地点，对同一对象，评价截然不同。前面是说"我自倒运，把个女儿嫁与你这现世宝，历年以来，不知累了我多少"；后来"现世宝"成了举人，成了老爷，语言立刻变化，说"我自己觉得女儿像有些福气的，毕竟要嫁与个老爷，今日果然不错"。言与言强烈对比，鞭挞得入木三分。

再如：张乡绅开口亲热，"世先生""亲切的世兄弟""至亲骨肉一般的兄弟"，这是"言"。而言中之意是"适才看见题名录，贵房师高要县汤公，就是先祖的门生"，意思是你的中举，还带有我家的一份功劳。抬一抬，拉一拉，"言"与"意"对照，揭示该人物丑恶的灵魂。

在学习过程中，学生对人物本身前后不同的表现进行对照已初步掌握，在此基础上，换个角度，从"言""行""意"对照来剖析，学习不仅深入，而且学生无机会发言的简直是兴致未尽，大有不吐不快的味道。

二、深化，拓展，加深对作者写作意图的理解

有些课文作者的写作意图往往超越文章本身，深入探究，能留给读者不尽的思考。由于教学目的的规定，教学过程中很难过多地涉及，结束课文教学时采用一定的训练方法，让学生思考、口述，乃至笔写，可从中获得启发。

例如《周总理，你在哪里》这首诗歌，是诗人用心灵歌唱总理，用回环往复的手法呼唤总理，五洲四海，天上人间，上下求索。学生被诗中火一般的燃烧的激情所感动，被周总理赤胆忠心对革命，鞠躬尽瘁为人民的高尚品质和革命精神所感动，课的结束阶段要求学生就"总理呵，我们的好总理！"谈自己的感受。"好"是个稀淡平常的词，可是在诗中它包含着无限丰富的内容，凝聚着无限赞颂的感情。要求根据诗歌内容及平日对周总理的了解，引用名人名言或自己的语言，谈这个词、这个句的千钧分量。有的学生说："我们的好总理，好在横眉冷对千夫指，俯首甘为孺子牛，我们永远不忘他的恩情。"有的说："自古丞相擎天柱，我们的总理是'万古云霄一羽毛'，是丞相中最杰出的。"有的说："周总理，我们的好总理是亘古未有的伟人，文能治国，武能安邦，功盖天地，万古流芳。"学生列举了总理在政治、军事、外交、关心人民疾苦、关心文化建设等各方面的丰功伟绩，而且寻找恰当的词语、组织优美生动的语言来表达。这样安排，深化了教学内容，学生语言与思维得到锻炼,思想升华,感情净化。

再如教《事事关心》,课将结束时,教师阐明:显然,作者引用古人对联的目的绝对不是拜倒在古人的脚下,而是古为今用。要求学生就学过的一些古诗文举例说明这个重要观点。学生积极地到知识库存中检取,列举了《列子》中的愚公移山,范仲淹的"先天下之忧而忧,后天下之乐而乐",顾炎武的"天下兴亡,匹夫有责",刘基的"金玉其外,败絮其中",李清照的"生当作人杰,死亦为鬼雄",文天祥的"人生自古谁无死,留取丹心照汗青",《论语》中的"学而不思则罔,思而不学则殆""三人行必有我师",《习惯说》里的"为学贵慎始",《黄生借书说》里的"书非借不能读",陆游的《诉衷情》,于谦的《石灰吟》,等等,并根据自己的理解阐述其中的道理。这样拓展的好处是:(1)巩固旧知;(2)扩大视野(有些是课外阅读中的);(3)锻炼口头表达能力;(4)训练思维的敏捷性;(5)激发民族自豪感,懂得中华民族历史悠久,文化灿烂,掀开历史的每一页,都可以发现其中有无穷无尽的宝藏;(6)进一步理解古为今用的道理,领悟作者的写作意图。

三、进一步整体感知,或带着问题下课堂

有些课文可采用总—分—总的方法教。先通过阅读或朗读,学生对课文有初步的整体印象;然后就某些局部,如重点、难点,进行剖析、推敲;结束阶段可进一步引导学生整体感知,而此时的整体感知与起始时的朦朦胧胧已很不相同,是在理解文章语言形式与思想内容有机结合的新的层面、新的水平上的整体感知。为了让学生第二次整体感知获得良好效果,可根据课文特点采用朗读全文、有表情地朗读全文、配乐朗诵全文的方法。如《在马克思墓前的讲话》课的结束阶段,请朗读水平较高的同学有表情地朗读全文,不仅让学生对文中论述的马克思的理论贡献、革命实践、崇高品质有进一步完整的认识,而且充分发挥文章内在的感染力。

借助板书有条理地综述全文内容与结构,也有助于整体感知。总述时要言简意明,言简意赅。

学习不是一次完成的,有些课文的教学学生提出许多问题,无须全部解答,要根据教学目的决定取舍详略。有的问题当堂不一定解答,但有探讨的价值,那就

可以带着问题下课堂,引导学生课后阅读、探讨。如《二六七号牢房》课将结束时,教师把学生提的问题"'这时候,老爸爸就靠床站着,凝视着这一线转瞬就要消逝的阳光……只有在这个时候,我们才会看见他那忧郁的目光'的描写是不是损害了老爸爸的形象? 他的目光为什么'忧郁'呢?"留给学生课后思考,寻求解答。这样处理,可收到余音缭绕的效果。

　　课的结尾可采用多种多样的方法,力求做到课已尽而意无穷,既使学生巩固所学课文,又有更饱满的热情探求新知。

9　荡漾起琅琅书声

语文课堂上不能放"无声电影"。语文阅读教学中如果只重视默读，让学生直接从文字符号转化为意义单位，理解得好的同学脑子里可能会出现无声电影，特别是有动人情节、鲜明形象的课文。然而，汉字是形、音、义的结合体，用汉字书写的佳作，只诉之于视觉，它的语言的力量、思想的内涵就大大受到限制。尤其对正在学习语言的中学生来说，出声的阅读训练十分重要，能发展口头语言，培养语感，加深对课文的理解、感受；朗读与默读的能力同时进行训练，相互配合，相互促进，学生就得益甚多。

至于把活泼泼的语文课变成专门做没完没了支离破碎的阅读训练题，那课就变了味，连无声电影都谈不上了。

自古以来，学语文从来强调诵读，诵读能咀嚼文字的意义，揣摩说话的神气，体会文章的神韵，把文章语言学到手。许多语文学得成功的经验告诉我们，语文教学要充分发挥"有声语言"的作用，课堂上要有琅琅书声荡漾。

9·1　把无声的文字变成有声的语言

教学中教师要善于把课文中无声的文字通过师生的共同努力，变成有声的语言。语言或铿铿锵锵，如金属撞击，或潺潺淙淙，如小河淌水，伴随着悦耳的音响，课文中的思想、情感就会叩击学生的心灵，学生眼到、口到、耳到、心到，学得愉快，学得有效。

一、朗读是心、眼、口、耳并用的学习语文的好方法

朗读课文，无论是白话文，还是文言文，无论是记叙散文，还是议论散文，无论

是诗歌,还是剧本片段,在课堂教学中都应占有相当的比重。有两种看法对朗读训练有障碍。一是对朗读课文的重要性缺乏足够的认识。认为阅读理解只要在看、在想方面下功夫就行,对口、耳发挥的作用估计不足。事实上,有些文章、有些精彩段落光靠眼睛看,难以完整地深刻地读出文章的意味,体会语言文字运用的鬼斧神工的奥妙。默读,只调动视觉器官与思维器官,当然有它快速、静思等优点,但朗读是心、眼、口、耳并用,它的心理活动方式是:眼→心(脑)→口→耳→心(脑),是口、耳、眼等感觉器官与思维器官并用。这样语言文字通过多种感觉器官作用于脑海,文字的音、形、义,语言的形式与内容一起刺激读的人、听的人,作者的语言就渐渐化为读的人的语言,渐渐地心领神会,而听的人又会感到作者就好像站在自己的面前,学起来格外亲切。学语言,规范的活泼泼的环境很重要,朗读名篇佳作正是创造良好语言环境、语言气氛的一种方法,课堂上经常荡漾朗读课文的叮叮咚咚音响,学生不断受到良好语言的熏陶,对语言的理解能力、感悟能力就会大大提高。总之,默读不是不重要,读书看报、查阅资料等,均需要默读能力,要扎扎实实培养;但就学习语文而言,朗读,把文章读出来,先出于口,再入于耳,然后了然于心,所起的作用默读不能代替,也代替不了。二者都重要,不能偏向一面,丢开一面。

二是认为课堂教学时间有限,讲解分析还来不及,用在朗读上太浪费了。简明、精要的讲解分析能启发学生深究课文底里,研讨语言表情达意的奥秘,起点拨、开窍作用,指导与帮助学生学好课文,提高理解语言文字的能力。过多的讲解,喋喋不休的唠叨,效果适得其反。学生的语文能力,教师是讲不出来的,主要靠学生自己大量接触并有意识、有目的地去学习规范、生动、优美的语言,朗读课文是接触、理解、消化、吸收语言的一种有效方法,学生自己朗读,教师指导得法,绝不会浪费时间。即使有的学生读得疙疙瘩瘩,也是要读,而且更要花时间读,更说明朗读训练的重要性。读多了,读顺了,读熟了,书面语言转换为口头语言,入耳又入心。

扫除以上所说的两种认识上的障碍,把朗读放在阅读教学的应有位置上,教学中就会根据教学目的要求的需要,自觉地加以运用,提高学生口头语言能力和阅读理解的能力。

二、把握朗读的要领

朗读要取得良好效果,教师须指导学生掌握要领;不掌握基本要求,不掌握要领,张开口就读,随意性很大,就难以达到朗读的目的。

从朗读过程来说,有准备阶段和出声朗读阶段。朗读准备工作的第一步是先整体阅读课文,了解课文说的是什么,也就是初步掌握朗读内容。比如要认认真真识字,不能像默读时那样,眼睛一扫而过,要把字读出声来,就来不得半点含糊。其实,默读时对不认识的、把握不准的字同样应查工具书,不能像障碍赛跑一样,跳越过去。要查阅工具书,弄懂一些新词的意思;联系上下文,理解一些难懂的或寓意深刻的句子。与此同时,还可查阅有关资料,了解课文写作的背景及有关知识。比如《就英法联军远征中国给巴特勒上尉的信》一文,朗读前要弄清楚:

1. 维克多·雨果是 19 世纪法国著名的浪漫主义诗人和作家,这封信选自他的《言行录》。1860 年 10 月英法联军疯狂地焚毁了圆明园,并以此为荣耀。雨果在事情发生以后的第二年,写信给巴特勒上尉,严正地表明自己的观点。

2. 文章的基调。信从头至尾充满了凛然正气。侵略者想从他那儿获得"赞誉",而他义正词严,谴责英法两个强盗劫掠的野蛮行径,谴责他们焚毁了亚洲文明的奇迹,断言他们将受到历史的制裁。"我要抗议,感谢您给了我这样一个抗议的机会。""现在,我证实,发生了一次偷窃,有两名窃贼。"这一句句、一行行,浸透了对侵略者的憎恨,义愤填膺,洋溢满纸。

3. 信中对东方艺术瑰宝尽情歌颂。站在东方艺术和西方艺术总体特征的高度进行比较,由衷地赞美圆明园这座世界名园的艺术价值。"请您用大理石,用玉石,用青铜,用瓷器建造一个梦","饰以琉璃,饰以珐琅,饰以黄金,施以脂粉","请同是诗人的建筑师建造一千零一夜的一千零一个梦,再添上一座座花园,一方方水池,一眼眼喷泉",运用排比、叠词等手法形成气势,使胸中热爱人类艺术珍品的高尚感情在文中奔腾。

4. 信中对被损害被掠夺的中国人民寄予深切的同情。有的用反语揭露强盗的行径的同时,为中国人伸张正义,如"我们欧洲人是文明人,中国人在我们眼中是野蛮人。这就是文明对野蛮所干的事情"。有的是直接表露自己的心愿,如"我希望有朝一日,解放了的干干净净的法兰西会把这份战利品归还给被掠夺的中国"。

5. 珐琅 fà láng。珐,不可误读成 fǎ。

6. 希腊的巴特农神庙:古希腊祭祀希腊神话中智慧女神雅典娜的神庙。埃及的金字塔:古埃及法老(国王)陵墓。形式单纯、高大、简洁、稳重的几何形建筑,象征法老的统治威力。罗马的斗兽场:罗马市民观看角斗的娱乐场,上下分 5 区,各有直接通往场外的通道,共 80 个出入口,供观众出入,建筑甚为壮观。巴黎的圣母院:法国巴黎著名天主教堂,1163 年兴建,1250 年完成。

朗读之前对这封信的来龙去脉有所了解,理解作者在文中所表露的敢怒、敢言、敢歌、敢赞的崇尚正气和憎恶邪恶的感情,查阅了文中涉及的有关知识及容易误读的字,这就做好了读前准备工作。其中尤其要注意的是对文中的字、词、句,不但要解决其声、韵、调、语流音变等读音问题,还要分析词和短语、短语和句子之间的逻辑关系,加深具体感受。例如"治人者的罪行不是治于人者的过错;政府有时会是强盗,而人民永远也不会是强盗"这一句中"治人者的罪行"与"治于人者的过错"两个偏正短语是并列的,中间用"不是"连接,这就把统治者的所作所为与被统治者截然分开,观点正确,明朗,丝毫不含糊。分号后面的句子与分号前的句子也是并列关系,不过后者更显露,"永远"一词,表达了斩钉截铁的态度。理解了它们之间的关系,朗读时如何把握,心中就有了底。

出声朗读课文要做到正确、流利、有感情。正确是基础,是基本要求,学生朗读时"正确"这一关不容易过。最常见的毛病是添字、换字、漏字,句子读破,疙疙瘩瘩。有些是由于粗心大意,有些是读前缺乏准备,对一些长句、难句不理解,有些是眼睛和口不协调,看的是这个字,读出来是另一个字。正确,还包括使用普通话,声、韵、调,轻音重音,儿化音节以及句子的语气都应合乎普通话的语音规范。语音是语言的物质外壳,是语义的载体,以声表义是语言的本质。指导学生朗读须加强规范,去除随意,要求他们发音正确,吐字清楚,音量恰当,句读分明,语气连贯。训练时要不厌其烦地强调朗读对学习口头语言、书面语言的重要性,不厌其烦地请读者自我纠正与请同学纠正，培养认真读书、一丝不苟的良好习惯。

朗读要在流利上下功夫，顺利流畅，节奏清晰和谐，无佶屈聱牙的情况。朗读课文在正确的基础上求流利，把作者的书面语言化为读者自己的口头语言，如出自己之口、自己之心，这样理解课文内容，学习课文语言就步上了一个新台阶。文章能不能读得流畅，具体地反映一名学生的口头表达能力，对文字的感悟能力，和思维的敏捷程度。要训练学生读得流利，须从三方面入手。一是加深对课文的理解，二是朗读时对停顿、重读和语调的把握特别注意，三是增加训练次数，多多揣摩，力求熟练。仍以《就英法联军远征中国给巴特勒上尉的信》中几句话为例。"在世界的某个角落①，有一个世界奇迹②。这个奇迹③叫圆明园④。艺术有两个来源⑤，一是理想⑥，理想⑦产生欧洲艺术⑧；一是幻想⑨，幻想⑩产生东方艺术⑪。圆明园⑫在幻想艺术中的地位⑬就如同巴特农神庙⑭在理想艺术中的地位⑮。一个几乎⑯是超人的民族的想象力⑰所能产生的成就⑱尽在于此⑲。"这几句话要读得流畅，须深刻理解作者是站在东西方文化比较的高度来盛赞圆明园这个世界奇迹的，"超人的民族的想象力"是盛赞的关键语言。朗读时既要注意结构停顿，又要注意感情停顿。结构停顿是显示课文结构层次关系的停顿，如句子之间、层次之间、语法结构之间的停顿。上面所引的这段话有 19 处可作停顿，①②④⑤⑥⑧⑨⑪⑮⑲是结构停顿，③⑦⑩⑫⑬⑭⑯⑰⑱是感情停顿。感情停顿是根据心理需要、感情需要而作的停顿，如赞扬、贬斥、激动、沉吟等，为了表达情意的需要，可作停顿。感情停顿处也是结构停顿处，因为它显示了词或短语在句中的地位，词与词之间，词与短语之间的关系。一般说来，结构停顿处学生容易把握，而感情停顿处或不作停顿，或停顿不是地方。要读得确能表达作者的喜怒哀乐，褒贬爱憎，须指导学生细细体味文中意，文中情。上述这段话之所以可作几处感情停顿，是突出了欧洲艺术与东方艺术来源的区别，启发人们思考；是赞颂圆明园在幻想艺术中的杰出地位，赞颂创造这伟大建筑的中华民族无与伦比的超人想象力，表达了对民族的崇敬，对圆明园的热爱。一个外国人对中华民族的杰作祖露真诚，倾注挚爱，出于文学家的良心，出于弘扬正气，主持公道。朗读时作感情停顿，能渲染气氛，充分表达文中的感情。

重读与语调的把握也很重要。所谓重读,是用力大,气流强。朗读有重有轻,有强有弱,这样就把一般的意思和强调的意思区别开来。重读的词与句,可加强音量,可拖长音节。哪些词句应该重读,重读到什么程度,要从课文的具体内容考虑,求得自然,不能硬做。比如《一月的哀思》中"车队像一条河,缓缓地流在深冬的风里……"这一句在诗中反复出现,这种诗歌的复唱既表达诗人无比悲痛的感情,又显示诗歌的结构线索,还能形成诗歌一唱三叹的韵律。朗读时可重读,但不是用加强音量的方法,而是用低沉的、缓慢的方法来处理更合适,特别是"缓缓地""流""深冬""风",要读得悲痛、深沉,"风""里"要拖长音节,把后面省略号的味道也表现出来。又比如《故乡》中"我希望他们不再像我,又大家隔膜起来……然而我又不愿意他们因为要一气,都如我的辛苦展转而生活,也不愿意他们都如闰土的辛苦麻木而生活,也不愿意都如别人的辛苦恣睢而生活"。朗读时重音除放在"展转""麻木""恣睢"等实词上外,重音还须放在"然而"这个虚词上。因为这一段的意思是曲曲折折表达的,"然而",用这个转折关联词语强调三个"不愿意",因而须重读。语句重音的位置不能生硬、机械地确定,应从朗读目的、愿望的高度,在理解和感受文章的基础上,深入到文章的感情脉络中去分析、体会、把握。

语调一般分为四类:平直调、昂上调、弯曲调、降抑调。学生朗读时往往直接和具体的思想感情挂上钩,程式化,给人以做作、不舒服的感觉。比如疑问、惊异的句子一律用昂上调(上扬调),请求、感叹的句子一律用降抑调(下降调)。其实,任何作品中的语句,朗读变成口头语言时总是曲折的。曲折性是语调的根本特征,它是通过声音的高低、强弱、长短、音色综合表现的。比如:"竹叶烧了,还有竹枝;竹枝断了,还有竹鞭;竹鞭砍了,还有深埋在地下的竹根。"开始可以用平缓的语调,然后递进性地加强,逐步上昂,突出坚韧不拔的气概。

文章不是无情物,"有感情地"朗读,才能充分表达文章的情意,也才能真切地受语言文字的熏陶感染。李渔就剧本、角色和演员曾说过这样一段话:"言者,心之声也,欲代此一人立言,先宜代此人立心。若非梦往神游,何谓设身处地。……务使心曲隐微,随口唾出。"(《李笠翁曲话》)用于朗读也很合适。朗读的人须深入作品之中,"梦往神游","设身处地",使得写作人的"心曲隐微",由朗读的人"随口唾出"。基于这样理解、感受基础上的朗读,当然会"有感情"了。

一篇课文要读得正确、流利、有感情,须反复训练。动脑,动口,把无声的文字变成有感染力的有声语言,对听的人来说,是一种高尚的精神享受,对读的人来说,是攀登语言艺术高峰的必经途径。

三、开展朗诵活动

在学生朗读训练的基础上,可提高一步,根据课堂教学需要,适当地开展朗诵活动。尤其是诗歌体裁的课文,要重视朗诵。

朗诵着重以声传情,把静态的文字通过有声语言动态化,形象化。需要提醒学生的是:不能过分夸张,不能矫揉造作,不能手舞足蹈。朗诵要取得良好效果,须懂得:阅读理解是前提,对课文理解得越深刻,感受越强烈,朗诵时就能得心应"口",充分表达情意;可借助眼神、表情、动作,但不能喧宾夺主;最为重要的是以声取胜,咬字要清晰,高低、强弱、轻重、缓急不能有丝毫含糊,语言技巧的运用要紧贴课文的内容。

朗诵活动开展得好,能激发学生朗读的兴趣,提高朗读的水平。

9·2 因文而异,因人而异

朗读训练是训练阅读能力必须经过的首要阶段,它的主要目的是培养理解能力、鉴赏能力,增强语感,提高口头表达能力。朗读并不是把文字简单地变为声音,朗读的人无动于衷,而是应积极地,倾注身心地去分析、理解、体味所读的材料。一个字、一个词、一个句子,在朗读的人的心目中,不仅仅是白纸黑字,不仅仅是抽象的概念,而且是有生命、有活力的形象。要做到这一点,须在加深感受上下功夫。一是认真钻研要朗读的文字材料,弄懂词句,弄清结构,弄明主题,弄清背景,这样对文章的个性,也就是它的独特性有所领悟,感受到字里行间所蕴含的情意。二是朗读人的经验、体验。朗读也是一种创造,并不是机械地照本宣科,而是糅合了读的人的生活感悟、语言技巧。体验越深,对文字的领悟越深,朗读时就能使文字活起来,以情带声,以声传情。

朗读训练要取得良好效果,在把握基本要求的基础上,还须做到:

一、指导学生在形象感受和逻辑感受上下功夫

语文教材由各种体裁的选文组成,要朗读得正确、流利、有感情,当然须注意各种体裁选文的特点,训练表达技巧。而表达技巧是受内部心理状态支配的。这里所说的心理状态,主要指感受。朗读者通过词句的刺激,引起对客观事物的感知、体会,包括眼、耳、鼻、舌、身方面的感觉和时间、空间、运动方面的知觉。也就是说"感之于外",而"受之于心"。比如我们看到《荔枝蜜》中"热心肠的同志送给我两瓶。一开瓶子塞儿,就是那么一股甜香;调上半杯一喝,甜香里带着股清气,很有点鲜荔枝的味儿。喝着这样的好蜜,你会觉得生活都是甜的呢……"这样的片段,会似乎看到两瓶荔枝蜜,会嗅到荔枝蜜的香甜。实际并未看到,并未嗅到什么,只是字词、句子给我们的刺激,刺激感官,刺激大脑皮层。这就是朗读者因文字语言引起的感受。

指导学生在形象感受上下功夫。形象感受主要来源于作品中的形象。诗文中的语言,特别是实词所具有的形象性,是表达作者思想感情,给人以熏陶感染的重要因素。朗读前要对叙述、描写的语言,特别是实词部分要认真咀嚼,体会。如白居易《琵琶行》中"大弦嘈嘈如急雨,小弦切切如私语。嘈嘈切切错杂弹,大珠小珠落玉盘",是对琵琶弹奏的具体描写。要把这一段朗读好,首先须感受到:"大弦""小弦"两句刻画在不同指法弹奏下产生的截然不同的音乐效果。"嘈嘈""切切"两个象声词把大弦、小弦各自的音色刻画了出来,音量也伴之以区别。前者沉响浊重,后者幽微细轻。"如急雨""如私语"两个比喻,分别表现出紧张、快速与舒缓、亲切的气氛。"大珠""小珠"圆润、光亮,"玉盘"晶莹、光滑,珠子与玉盘碰撞,清脆悦耳。"错杂弹",指轻重和谐,错落有致。抓住这些实词开展想象,具体感受,所弹奏的琵琶声音的美,声音的错综变化,活泼跳跃的音符如在耳边萦绕,而"大珠小珠落玉盘"又诉之于视觉,给听觉又增添色彩。珠圆玉润,视觉听觉互通,琵琶声的婉转流利就在脑中"活"起来,"动"起来。此时此刻,朗读者融化在诗歌之中,脱离了认识客观事物的表面的、粗浅的、混沌的状态,朗读时可充分表达情意,做到声情并茂。由此可知,朗读时要把诗文中的形象闪现出来,须注意"实词"的处理,开展丰富的想象,使课文中的情、景、物、人、事、理在朗读者内心活起来,

似乎看到、听到、嗅到、尝到一样。朗读的学生对诗文中的形象在视觉、听觉、嗅觉、味觉、触觉等方面有感受,朗读就能提高水平。当然也不能忽视时间觉①、空间觉②、运动觉③的感知。诗文有时间与空间的因素,朗读时同样要有具体的感受,既要想象,但又不能流于空泛无边,要找出它们的形象确指性,正确地表达作品的思想情意。比如《散步》第一句:"我们在田野上散步。"接着写"这南方初春的田野!大块小块的新绿随意地铺着,有的浓,有的淡……"空间定格在田野,然而是南方的田野,想开去,视通万里,又要收回到"南方",与北方的田野大不相同;时间定格在"初春",万象更新的日子。时空结合起来想象,感受就具体实在。语言有动作性,看描写人物行为动作的文字,凭自身经验,就会产生相应的运动觉。朗读诗歌、小说、记叙性散文,要取得良好效果,形象感受起十分重要的作用。

与此同时,教师还要指导学生在逻辑感受上下功夫。任何一篇佳作,在逻辑上总是严密的,不可能散乱一片。文章中的逻辑关系,主要指全篇各层次、各段落、各语句之间的内在联系。这种内在联系,犹如文气,贯通全篇。朗读前指导学生理清文章脉络,理清结构层次,使他们在脑中形成感受,这就是逻辑感受。朗读前对文章的主次详略、轻重缓急、上下衔接、前后呼应、结构特色等有具体、清晰的感受,就能把文章的思路化为自己的思路,很顺畅很有层次地从口头表达出来。逻辑感受要真切,须注意文中虚词的运用。"不但……而且……""虽然……但是……"等对表达一层层意思起至关重要的作用,朗读时须明白、清楚,有时某些虚词可起指路标的作用。比如《在马克思墓前的讲话》是以议论为主,兼有记叙和抒情的演说词,要朗读好这篇文章须弄清文章的脉络。先叙述马克思逝世的情况,再介绍马克思卓越的理论贡献,然后又叙述他的革命实践活动,最后论述他崇高的革命品质,并以"他的英名和事业将永垂不朽"作结。还须弄明白,无论是叙

---

① 时间觉:是察知时间进程的一种高级的复合感觉,被称为眼(视觉)、耳(听觉)、鼻(嗅觉)、舌(味觉)、身(触觉)、意(心觉)之外的"第七感"。

② 空间觉:即空间感觉,指基于感觉的空间定位而构成空间表象的能力,是各种特殊感觉共同活动的结果,又被称为"第八感"。

③ 运动觉:简称"动觉",是辨别身体各部位运动状态的内部感觉。

述情况，还是议论马克思的伟大发现及其深远影响，都饱含着赞颂和敬仰的深情，也就是记叙、议论、抒情三者水乳交融。学生朗读前，应指导他们对整篇文章有逻辑感受，要把握全局，文章由四个部分组成，这四个部分是如何层层推进的，每个部分之间是如何衔接的。如第二、第三部分用"因为马克思首先是一个革命家"衔接理论发现与实践活动两个内容，"首先"要重读，提示下文要讲述新内容。又如第三、第四部分之间用"正因为这样，所以马克思是当代最遭嫉恨和最受诬蔑的人"过渡，前半句承接上文，"这样"指代马克思卓越的理论贡献和光辉的革命实践，下文开启对崇高品质的议论，"因为……所以……"表因果关系的关联词一定要读清楚，"所以"要停顿，要重读。

即使是一小段文章，朗读时对句与句之间的关系，一层层意思之间的关系同样要有清晰的感受。如"一生中能有这样两个发现，该是很够了。即使只能作出一个这样的发现，也已经是幸福的了。但是马克思在他所研究的每一个领域，甚至在数学领域都有独到的发现，这样的领域是很多的，而且其中任何一个领域他都不是肤浅地研究的。"第一句承接上文，赞颂马克思创建历史唯物主义和创造剩余价值学说。接着用"即使……也……"作退一步论述，作更深一层的赞颂，实词"够""幸福"，后者更具色彩，分量更重。接着，用"但是"一转折，开拓新领域，对每一个领域的成就加以综述，在综述时，用"甚至"来强调数学领域的独到发现，用"而且"进一步述说研究的深入。这一段话共三个句子，进，退；退，进；曲曲折折，犹如峰回路转，朗读时须精细地把握，才能准确地表达。这里颂扬马克思的功绩不是一一列举事实，而是用一系列表范围、表程度、表数量的形容词、副词来说明马克思研究范围之广，领域之多，成绩之显著，思想之深刻，他确实是当代最伟大的思想家，科学巨匠。

朗读议论文，逻辑感受十分重要。感受深，目的明确，不会似是而非，脉络清晰，不会模棱两可。

朗读不同体裁的课文，或侧重形象感受，或侧重逻辑感受，二者不能截然分开。议论性文章虽是逻辑思维的产物，概念、判断、推理，但是，不管论述什么道理，都是以客观世界的生活事实为依据的。常见的议论文多是夹叙夹议从抽象概念到典型例证，最后作理论性结论，因此，同样需要形象感受，只不过侧重点不一样罢了。如孟子的《生于忧患，死于安乐》论述忧患使人勤奋，激励人们有所作为，得到生存发展，安乐使人怠惰，会萎靡死亡的道理。为了论证这个道理，先摆了六个论据——"舜发于畎亩之中，傅说举于版筑之间，胶鬲举于鱼盐之中，管夷吾举于士，孙叔敖举于海，百里奚举于市"，每个论据有人物有情节，对照注释阅读或查阅有关资料，一个个活泼鲜动的形象就会在脑中闪现；空间觉也不一样，"畎亩""版筑""鱼盐""士""海""市"各不相同。形象感受准确、深入，朗读时这些论据就清晰、有力。记叙的文章，哪怕是诗歌，同样有篇章，同样须文气贯通，因而也须注意逻辑感受。比如臧克家的《有的人》是诗歌，朗读时形象感受很重要，但这首诗是进行哲理性的议论，特别是用对比的手法进行议论，这就需要逻辑感受。诗的第一节："有的人活着/他已经死了；有的人死了/他还活着。""死"与"活"对比，第一句与第二句对比，句中停顿、分行处也是对比，把语言链条中正反关系弄清楚，朗读时文路、文气就清晰无误。

二、充分调动学生朗读的积极性

一个班级里不可能几十名学生的朗读水平在一个起跑线上，要调动每名学生朗读的积极性，须采取多种不同的方法。

齐读是让每名学生朗读的一种好方法。有的学生无朗读习惯，有的学生羞于开口，在课的进程中，寻找适当时机，选择重要段落，让学生齐读。读前提出明确要求，读后评议、指点，每名学生都可获得训练。

有针对性地指导，使每名学生在原有基础上获得提高。比如，有的学生朗读时常漏字、添字、改字，这多半是由于以自己的想象代替作者的文字，默读时未养成认真、细致的良好习惯。用逐字纠正的办法不易收到好效果，从培养良好的朗读态度入手，要求特别细致、特别认真，不要一目十行，宁可慢些，但要正确。不厌其烦地指导，错的情况必然大有改变。又如，有的学生不仅长句子读破句，即使短句，也会停顿不当。这多半是逻辑感受较差的缘故。要纠正这种状况，首先要在理解句子与句子、词与句子之间的关系上入手，单凭表面感觉读不好，只有深入理解，才能更好地感觉。这样的学生一般说阅读能力不强，要朗读好，默读理解尤其要下功夫。有的学生读得过"板",缺少有声语言的魅力。这多半是由于把自己置于旁观者的地位,未深入课文之中,未进入角色,这就要在情感上导引,激发朗读愿望,加深形象感受与逻辑感受。有的学生喜爱朗读,但常常读得飘忽,或者过分夸张,听起来有造作的感觉,不悦耳。这首先要肯定朗读的积极性,然后明确朗读的目的与要领,区别朗读与表演,在"风行水上,自然成文"上下功夫。因而,朗读既要有面上的要求,又要因人而异,加强个别指导。

朗读形成台阶式,让每名学生看到自己的进步,树立信心。学生朗读水平高低不一,教师要做有心人,思考哪些课文、哪些段落、哪些词句,请哪些学生读最合适,最能充分调动他们朗读的积极性。由易到难,由简到繁,由短到长,每名学生自己觉得有能力朗读好,心中就十分愉快。如果某个学生读得不理想,指导以后可请他复读,读到他自己满意,他的信心就会增添。表情朗读是学生认为的朗读高目标,有的教师在这方面才能欠缺,可请学生示范。有的学生音色美,吐字清晰,能读出文章的气势。课文学完,从头至尾朗读一遍,对读的人来说,是训练,是巩固所学内容,再次感受语言文字的魅力;对听的学生来说,不仅整体感知所学内容,而且是高尚的精神享受。学生既看到自己的进步,又感到有台阶可攀,积极性就高涨。

有些诗文还可采用吟诵的方法。吟诵的方法不强求一律,每名学生可自由发挥,用什么腔调,怎样抑扬顿挫,可根据对诗文的理解自己决定,只要语音正确,用普通话,与诗文基调不违背,听起来悦耳就可以。

总之,课堂上要常书声琅琅,须从教材的实际出发,从学生的实际出发,因文而异,因人而异。

9·3　发挥现代化教学手段的作用

现代化语文教学手段是指利用现代科技成果储存、传递声像信息,采用先进方法进行语文教学活动,目的在于求得教学的最佳效果。目前现代化教学手段已有很多种类,如幻灯、投影、唱片、广播、录音、电视录像、电影、语言实验室、电子计算机、多媒体教学设备等等。朗读教学中运用现代化教学手段对提高学生朗读水平很有帮助。其主要的作用在于：

一、创设情境，营造氛围

要朗读好一篇课文，首先要有朗读的愿望，要有积极的态度。对文中的情境感受得越具体，越深入，语言的色彩、分量、气势才能恰如其分地表达。为此，在朗读前创设情境，营造氛围也是一种有效的方法。比如毛泽东的《沁园春·雪》，这首词要朗读好十分不易。这首词写景，纵横千万里，大气磅礴，豪迈旷达；议论，上下几千年，气雄万古，豪壮风流；既抒发了对祖国壮丽河山的热爱，又表达了当今革命英雄空前伟大的抱负和无比坚定的信心。朗读前，对词中的意境和表达的思想感情如一无所知，或知之甚少甚浅，就不可能读好。为了增加学生的感性认识，加强他们的形象感受，可在朗读前放一段北国风光的电视录像，展现千里冰封、万里雪飘的长城内外的壮观景象，可再放一段独唱演员演唱的《沁园春·雪》的录音。既诉之于学生的视觉，营造白雪皑皑的辽阔气氛，又诉之于学生的听觉，感受声音的激越、雄浑和气概。在这样的氛围下，学生理解，朗读，逐渐步入佳境。与教师讲解语言比较，要生动许多倍，形象许多倍，吸引力大许多倍。

有一种不必要的担心，认为运用声与像教学手段会占用教学时间，得不偿失。其实，用语言进行教学只是一种手段，录音、录像只要运用得恰当，同样是有效的教学手段，而且更具体，更形象。所谓恰当，就是要切合文章的实际，次数、时间均要有所控制。

二、树立榜样，提高质量

要提高学生的朗读水平，除了教师示范（教师要具备相当的条件），指导具体得法，同学切磋交流外，借助优秀的录音、录像也是很好的一种方法。在学生面前树立朗读的高标，学生耳濡目染，学有榜样，就能潜心模仿，努力提高朗读质量。

朗读，应该比诗文本身给人的东西更多，因为朗读语言里饱含着朗读者的独特感受，熟练技巧和声音魅力。朗读是一种再创作。把由朗读水平高的人制作成的《鲁提辖拳打镇关西》录音片段放给学生听，学生边听边笑，特别是那解恨的三拳，个别男同学兴致极高，摩拳擦掌，进入状态。听完录音，学生再朗读，顺溜得多。

　　运用现代化教学手段起帮助、指导学生朗读的作用，归根结底学生自己要多加训练，不能做观众、听众，而是要做实践者。明确朗读的意义，掌握朗读的要领，课内练，课外更要练，把握技巧，培养良好的朗读习惯，就能深入体味文字作品，提高语言的表现力、感染力，提高阅读的理解与鉴赏能力。

10 熟读名诗佳作

语文教学在强调培养和发展学生思维力、创造力的今天,还要不要发展他的记忆力,要不要强调熟读背诵? 对此,大家的看法很不一致。有的认为记忆就是死记硬背,当今时代知识更新如此迅速,靠死记硬背有何用;有的认为有了电脑储存信息,记忆不重要了,要什么知识,什么资料,只要用电脑查检就行;也有的认为一个人的记忆力有限,每个学科学生都要记忆,脑子都要炸了。这种种看法如果不加分析,不仅对学好语文,提高语文水平和文化素养大有妨碍,而且将影响学生记忆力的健康发展。

10·1 积累是良好素质的基石

古今中外有学问的人、有成就的人,都十分重视知识的积累。《后汉书·列女传》中说:"一丝而累,以至于寸;累寸不已,遂成丈匹。"知识就是逐步积累起来的。读书求知,如果都是浮光掠影,过眼烟云,那就与不读没有多大区别,书是书,我是我,仍然是两码事。要把书中的智慧、财富变为自己的知识、自己的教养,须注意:

一、认识加强记忆、积累知识的重要性

记忆是整个学习过程中一个不可缺少的要素。读书不能像漏斗,随读随忘。一名学生理解能力的高低,能不能在分析问题、解决问题的过程中闪发出创造性思维的火花,往往与他知识储存量的多少有密切关系。而记忆是储存知识的重要手段。人的一切智慧财富都与记忆相联系,依靠记忆把阅读思考的成果储存在脑中。需要用时,检出脑中储存的材料,以它来帮助获得新知,帮助解决问题。

青少年时期是人的一生中记忆力的最佳时期。学生在这个时期多熟读背诵

一些名句名篇,牢记一些语文知识,对提高读写能力、丰富文化教养有很重要的作用。

记忆,包括"记"和"忆"。"记"就是记住、记牢,在心理学上叫识记,保持;"忆"就是重新认出来,或回想起来,这叫作再认和再现。总的来说,记忆就是把学习的成果保持在脑中。记忆与死记硬背不能画等号。记忆常被分为机械记忆与逻辑记忆,机械记忆就是通常说的背诵,而逻辑记忆是以理解为前提的。即使是机械记忆,背诵,也要讲究方法。机械记忆的使用在学习中也是必不可少的。在迫切需要精确,或者要求使用丝毫不差的准确字眼的时候,就需要这种记忆。

电脑能储存大量信息,这是众所周知的。但是,电脑不可能完全代替人脑;电脑是人创造的。生活在现代社会的人,要在社会主义建设中进行创造性的劳动,头脑里面空空荡荡,拿什么来创造呢?中学生在学习阶段必须掌握各学科的基本知识,语文学科当然也应如此,应在脑中留下深深的痕迹。记忆中的基本知识犹如智慧的种子,拥有了它,知识会发芽、开花,思维会发展、腾飞,向着有学识、有教养的境地发展,电脑怎么代替得了呢?

至于记忆的容量完全不必担心。美国麻省理工学院科学家的一份报告说:一个人如果始终好学不倦,脑子里一生储存的知识将相当于美国国会图书馆藏书的50倍。据说,该图书馆藏书1 000多万册,就是说,人脑的记忆容量相当于5亿本书籍的知识总量。人的记忆潜力如此大,何患脑子负担不了?再说,教学中要求学生记忆的材料总是有所选择的,并非教什么记什么,盲目记忆。

古往今来,许多有学问有成就的学者、专家在加强记忆、积累知识方面的生动事例很值得学生学习借鉴。这里列举一二。

宋代词人李清照在《金石录后序》一文写道:"余性偶强记,每饭罢,坐归来堂烹茶,指堆积书史,言某事在某书某卷第几页第几行,以中否角胜负,为饮茶先后。"意思是:我天性博闻强记,每次吃完饭,和(赵)明诚坐在归来堂上烹茶,指着堆积的史书,说某一典故出在某书某卷第几页第几行,以猜中与否决定胜负,作为饮茶的先后顺序。这个故事记述的仅是家庭生活中夫妻之间的小乐趣,但从中可看到无论是大词人李清照,还是金石家赵明诚,知识的积累是何等丰富而惊人。

书画大师溥儒（溥心畬），在书画界与张大千齐名，人称"南张北溥"；如以书法而论，张大千还远不如溥心畬。这位书画大师还是诗人学者，肚子里记得不少东西。清末民初有位著名学者傅增湘寄居颐和园校勘古籍，有一则关于《三国志》典故的出处，一时记不起，问溥心畬，溥立刻指出是在某人的传中，傅增湘大为惊叹。

大学问家钱锺书博闻强记，博览群书，读过的书，即使相隔四五十年，也忘不了。在哥伦比亚大学座谈会上，事前并无准备，钱锺书有问必答，凭他讲英语的口才，就使四座吃惊。事后一位专门研究中国史的洋教授说，生平从未听过这样漂亮的英文。在一次招待酒会上，有人抄了一首绝句问他，说通常这首绝句被认为是朱熹的作品，却不见于《朱子全书》。钱锺书一看就知道此诗初刊于哪一部书，并非朱熹的作品。记忆力惊人，学问惊人，这都是他自幼长期积累的超人功力。

大史学家陈寅恪晚年双目失明，靠口授用十年功夫完成《柳如是别传》，共上、中、下三册，1 200多页，85万字，书中涉及许许多多诗文、故实，全凭记忆用口述说，积累可观。

此类例子不胜枚举。中学不是直接培养学者、专家，而是在培养普通劳动者的同时，也是为未来拔尖人才打基础。即使不少学生将来是普通劳动者，也同样要有文化素养，同样要打扎实的基础。胸无点墨，脑子里空悠悠，这样的人多，就影响民族的素质。因而，不可忽视记忆与积累。

二、选择精品，熟读，积累

学语文并非凡课文都要熟读，都在积累之列。英国培根说得好：有些书可供一尝，有些书可以吞下，有不多的几部书则应当咀嚼消化。这就是说，有些书只要读读它们的一部分就够了，有些书可以全读，但是不必过于细心地读，还有不多的几部书则应当全读、勤读、用心地读。用这个看法来对待语文教材中的各类课文、各种知识，也是可取的。

构成文化素养的一定要熟读。熟读的目的不仅在"读书百遍，其义自见"，更重要的是把我们中华民族文化精品储存在脑子里，深一层地了解我们的历史，了解我们民族的传统，了解我们民族的文化，学习民族语言的精华，激发与培养民族自尊心与民族自豪感。这种功底必须在青少年时期打，后来补是补不上的。当前在一些人身上有专业无文化的情况屡见不鲜。他们尽管学历层次比较高，但谈到某些名句、名文、名篇时，往往张口结舌，如"月落乌啼霜满天，江枫渔火对愁眠。姑苏城外寒山寺，夜半钟声到客船"为何人所写，全然不知。这种脍炙人口的短诗，小学、中学都会碰到，只是一掠而过，没记在脑子里，没积累罢了。教材中的古诗词，不管是古体诗、近体诗，不管是词的小令，还是长调，都应熟读，背诵。中学生如果有上百首诗词打底，别说发展形象思维，就是语言能力也会大大加强。

文言文短篇应熟读背诵，文字比较长的择精要的牢记。韩愈的《进学解》中活在人们语言中的成语就为数可观，韩、柳的文章选入课文的均可熟读成诵。学文言文，单抠几个实词、虚词、句式，是学不出文化的。要认真诵读，正如朱熹所说："凡读书……须要读得字字响亮，不可误一字，不可少一字，不可多一字，不可倒一字，不可牵强暗记，只是要多诵数遍，自然上口，久远不忘。古人云：'读书千遍，其义自见。'谓读得熟，则不待解说，自晓其义也。余尝谓，读书有三到，谓心到、眼到、口到。心不在此，则眼不看仔细，心眼既不专一，却只漫浪诵读，决不能记，记亦不能久也。三到之中，心到最急。心既到矣，眼口岂不到乎？"（朱熹《晦庵先生朱文公文集·训学斋规》）朱老夫子把为什么要认真诵读，怎样认真诵读，认真诵读有怎样的效果，说得一清二楚。读文言文读得自然上口，久远不忘，不仅了解内容，了解作者思想感情，怎样行文，使用怎样的语言，也就自然而得。

名句、名段要熟记。文质兼美的文章，总不乏至理名言，或启示人生，或描摹世界，或探究事理，或阐发理想，丰富的思想浓缩在精彩的文字之中。读这些文章要指导学生咀嚼、赏析、品味，熟读，背诵。这里特别要注意的是必须选真正精彩的，一般性的只需了解就行。把乱七八糟的内容塞满脑子，也构不成良好的文化素养。该记住的记住，只需眼前过一过的，就让它过去，积累应遵循这个原则。

词语也有个积累的问题。有些学生说话、写作文语言干瘪无味，用来用去就那么几个词，这与平时不注意积累有关。读书要吸收，要善于吸收，主动吸收，读到文章中自己不熟悉的词，就要停下来思索一番，咀嚼，体会，记住，积累。把词语抄下来是积累的一种方法，但如果不注意使用，这些词仍然是不属于自己的。这就好像做卡片一样。用卡片可以帮助积累材料，分门别类整理。一旦要用，立刻拿得出。然而，不能事事依赖它，最基本的东西还应熟记在脑子里，这样才能融会贯通，领会深刻，达到化境。脑子里记的知识丰富，运用起来才能左右逢源，切中事理。

要培养学生良好的科学文化素质，使他们身上有点文化气质，积累这个基石非扎扎实实铺设不可。

10·2 发展记忆，提高效率

记忆力有强弱之别，有的人能过目不忘，有的前学后忘，脑子里留下的仅是一鳞半爪的印象。原因固然是多方面的，但掌不掌握记忆的技巧是重要原因之一。记忆应建立在科学的基础上，要把所接触到的知识和事物硬往脑子里塞，不仅该记的记不住，而且把脑子搅得混乱一片。

按照俄国生理学家巴甫洛夫的高级神经活动学说的观点，记忆是人的大脑皮层上暂时神经联系的形成、巩固和恢复的过程。他认为人们感知事物或思考问题，都会在大脑皮层中形成某些兴奋点，各个兴奋点有神经通路彼此联系，事过以后，这些兴奋点和神经通路便以"痕迹"的方式留在大脑皮层中。在某种刺激物的影响下，它们又会重新呈现。很显然，要使学生记住某些知识，提高记忆的效率，须注意形成兴奋点，注意在兴奋点之间接通思路。

一、理清文章脉络，抓住记忆的支撑点，构成记忆的网络图

理解是记忆的基础，在理解词句篇章的基础上识记，比不理解内容只机械重复许多次的效率要高好几倍。学习困难的学生背诵课文往往是机械重复，在记忆过程中不注意渗透积极的思维活动，故常常是事倍而功半，花费许多时间读，但记忆的效果并不佳。对这样的学生尤其要发展他们的理解能力。带领他们咀嚼词句的含义，引导他们选准记忆的支撑点，弄清文章的来龙去脉，张开网络，可提高记忆的效率。

比如，背诵《观巴黎油画记》全文。第一步，先梳理大骨架，使学生轮廓在胸。由巴黎蜡人馆而巴黎油画院，而普法交战图，而对该图创作意图的议论。第二步，再理小线索。比如第 2 段，内容多，容易前后混淆，就指导学生把握叙说的

"序"——画室布局,画幅内容,观者感觉。画幅内容中一条条细线也要理清楚——战场环境、两军人马杂沓、战斗激烈的惨状、画面背景。脑子里线索清晰,记起来就方便。第三步,抓关键词语。如"译者曰,所以昭炯戒,激众愤,图报复也"的语句,懂得了"昭炯戒,激众愤,图报复"的含义,抓住"昭、激、图"三个词语作记忆的支撑点,就能迅速背出这个句子。

显然,要背诵一篇文章,须在脑子里构成一幅有许多记忆支撑点构成的网络图。图的全貌怎样,有哪几条粗线,哪几条细线,在每条线上有哪些支撑点,点与点之间是怎样联系、接通的。掌握了这些要领,兴奋点牢固,再长的课文背起来难度也会减低。

二、借助联想、想象,进行分类比较,增进知识的储存

知识的储存量依靠记忆的广度和深度,要记住某些新知识,可充分运用旧知识,在新旧之间搭起联系的桥梁,再通过比较和分析它们的异同,认识它们的特点和内在联系,提高记忆的准确性。比如学习杨万里的《晓出净慈寺送林子方》七绝时,启发学生联想读过的写西湖美景的诗。学生会很快地想到苏轼的《六月二十七日望湖楼醉书》和《饮湖上初晴后雨》,把这三首绝句进行比较,明确:同是写西湖,但观察点不同,观察时间不同,具体景物有别,画面色彩各异,有静景,有变化中的动景。通过比较,对诗句的理解加深,一幅幅画面清晰,既巩固旧知,又储存了新知。

联想在记忆中能起纽带作用。俗话说:博闻强记。博闻与强记互相制约,互相促进。见识广阔的,联想丰富,能强记不忘;反之,坐井观天,孤陋寡闻,很难触类旁通,记住一些东西。

指导学生通过联想寻找记忆的支撑点时,可从多方面启发。如从对比的角度联想、记忆。关于闰土的肖像描写,抓住他少年时代的圆脸、小毡帽和颈上套着的银项圈作为支撑点,引起对相反事物特点的联想,就能记住中年闰土衰老、麻木、迟钝的形象。又如可以从相似的角度启发学生联想、记忆。学《白雪歌送武判官归京》时,其中有"忽如一夜春风来,千树万树梨花开"诗句,引导学生联想雪和梨花的白色相似点,再联想《驿路梨花》一文中"白色梨花开满枝头",白色的花瓣轻轻飘落在赶路人身上的情景。记忆的支撑点多,学生一下子就能记住。

三、设计提纲挈领式的板书,帮助学生记忆

语文课文的特点是内容与文字形式的统一。从思想内容到篇章结构到语言表达和写作方法,可学习的很多,不掌握学习方法的学生学完课文以后往往觉得茫茫一片,抓不住要点,记不住所应吸收的知识。从课文特点和学生学习的实际情况出发,讲课时板书设计很重要。随手乱写,讲到哪儿,想到什么,就写什么,甚或涂满黑板,对学生的理解、记忆均无多少帮助。板书也不能烦琐、巨细不分,否则眉目反不易清晰。板书设计要注意精要,有取舍,提纲挈领,便于学生记忆。

板书从教学目的出发,可设计多种类型。有的是单一型,有的是综合型;有的是提纲式,有的是图表式。所谓单一型,就是就内容、结构、情节、语言等某一方面开列,而综合型可就某两方面、某三方面等综合起来设计。不管是怎样的类型,都要讲究知识的准确,都要言简意赅。如果拖拖沓沓,支撑的东西就会淹没在闲言废语之中。

以《竞选州长》板书设计为例:

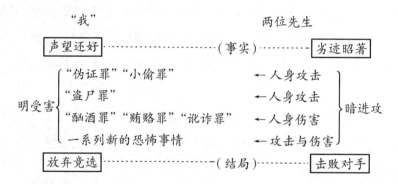

这个板书是综合型的,以情节的开展为主线,佐以对事情实质的揭露。在有些字样上加方框,目的在于形成强烈的对比,引起高度注意。箭头既标明"我"的种种罪是无中生有,也使学生联想到箭头犹如箭,支支冷箭射向竞争对手,卑劣行径令人憎恶。

有些板书教师可不加任何评论,只让文中关键词语自己说话,也同样可达到帮助学生记忆的目的。如《海燕》的板书设计,完全用文中的词语作支撑点,先展

现背景,然后勾画三幅画面中海燕的形象,表现它的发展变化,使学生对这个形象的高大、丰满理解得深入。

	乌云	大海	狂风	雷声	闪电		
黑色的闪电	高傲	飞翔	碰	冲	叫喊		（渴望）
敏感的精灵	高傲	飞舞	穿	掠	大笑	号叫	（深信）
胜利的预言家	高傲	飞翔			叫喊		（呼唤）

　　板书不一定是整篇课文的,如某一部分特别重要,是教学的重点或难点所在,可舍弃非主要部分,突出重点。由于少而精,重点明确,学生更便于记忆。

　　四、运用口诀和有节奏有韵律的形象化语言形成某种人为的联想结构,巩固学生记忆

　　小学生背诵九九乘法口诀,对日后计算能力的提高起难以估量的作用。这基本上是靠机械记忆。有些材料可能没有很多意义,很难找出内部的、本质的联系,这种情况,要注意抓记忆的窍门,人为地形成某种联想结构就是窍门之一。

　　如查检四角号码词典,检字法里有取号歌诀:"横一垂二三点捺,又四插五方框六,七角八八九是小,点下有横变零头。"学生将笔形、代号记住,检字时仍有困难。检字法中具体取角方法有 12 条,内容虽具体,但不容易记。学生开始学时,可先提炼出几句简单明了的话,帮助他们记忆。如"左上到右上,左下到右下(江3111)""两单取左右,两复取上下(到 1210,引 1220,仁 2121;母 7775,具 7780)""可单也可复,要作复笔查(政 1814,共 4480)""五四要作五,六七作六查(丰 5000,国 6010)""取过没有补个 0,七连一二(角与横竖连笔)再用它(亦 0023,用 7722)""囗(wéi)门两类字,下面两笔钻底挖(园 6021,闰 3710)",等等。

　　又如有些字学生常写错,用形象化的语言分析字形,学生容易识别。如"染",学生常写成"染",告诉他们染坊里颜色多,九九形成河,染坊不是丸药铺。又如"祭",常把字头写错,告诉他们桌面上有块肉"夕",右手拿肉放桌右。又如"衰""襄"等字学生常写错,告诉学生"衣"字分两段,中间夹胸肚。

　　五、鼓励学生自己找记忆的拐杖,使用自己特有的拐杖来加强记忆

　　记忆力不是一种单一的能力,它不仅涉及个人的兴趣,而且需要不同种类的心理能力。有的学生对语言材料有良好的记忆力,有的却不行,但对数字、空间图案记得特别清晰,如电话号码、历史年代等。学生的记忆力各有差别,因而,在教学中要注意引导他们寻找自己特有的拐杖作为记忆的支撑点,加强记忆。

比如有学生对数字总记不住,作者的生卒年月记不清,他就使用自己特有的拐杖。如《送杜少府之任蜀州》的作者王勃是"初唐四杰"之一,初唐时期,他记住了 650 年,又记住了一个历史事实,即王勃十分年轻时就才华出众,和杨炯、卢照邻、骆宾王"以文章齐名天下",后因渡海探望父亲,溺水而死,年仅 25 岁。于是用加法计算,就推知王勃的卒年。

又如鲁迅原名和生卒年月,有的学生记得"十年树木,百年树人"的成语,鲁迅是教育人们觉醒的,因此是"周树人"。卒年是全面抗战爆发前一年,生年前两个数加起来是九,后两个数是九乘九之积,即 1881 年。

学生利用联想、谐音等作为记忆的拐杖,这是应该提倡的。

10·3 多角度进行训练

通常认为人的记忆力好坏是先天的,与后天无多大关系,其实不是如此。人的记忆力虽有差异,但主要原因不在先天,而在后天。一个正常的人的记忆力是在学习和实践中不断发展起来的,特别是青年学生,大脑的可塑性很大,教学中认真培养训练,他们的记忆力能得到健康的发展。怎样训练呢?

一、定势

有意识记和无意识记效果不一样。科学实验表明:提出明确的记忆任务,80％的受试者能正确地记住要求记忆的材料,否则,只有 43％的受试者能记住。这个数据告诉我们,记忆的目的愈明确,记忆的效果愈好。这是因为,明确了记忆的目的、任务,在大脑皮层的有关区域便形成了一个优势兴奋中心,外界信息就落在兴奋中心的"焦点"上,记忆的痕迹就特别清晰而深刻。正因为如此,教学中可采取"定势"的方法让学生明确阅读的目的、任务,产生记住这些材料的愿望,下决心熟读、背诵。

比如教韩愈的《师说》、范仲淹的《岳阳楼记》,一上课就开宗明义地告诉学生这些是流传千古、脍炙人口的名篇,要背诵。要背诵,就要认真理解,如每一段写什么,怎么写的,各段之间有怎样的关系。学生任务明确,读完基本能背出。

全文背诵用定势的方法,部分段落的背诵,有些言简意深、言简意赅的句子同样可采用这种方法,以取得良好的效果。如《记念刘和珍君》,课本中要求背诵第一、第二部分,当然要提示学生特别注意;而文中有些语句也撼人心魄,同样可让学生引起重视,加强记忆。如"惨象,已使我目不忍视了;流言,尤使我耳不忍闻。我还有什么话可说呢?我懂得衰亡民族之所以默无声息的缘由了。沉默呵,沉默呵!不在沉默中爆发,就在沉默中灭亡"是悲到极点、愤到极点的感情的喷射,语句整齐,思想深沉,要求学生反复诵读,能体会其中丰富的内涵。由于要求学生有意识记,学生往往能经久不忘。

二、激趣

记忆与情感因素、与兴趣关系密切。有些学生对足球兴趣浓厚,对球员的名字可以倒背如流;有些学生对影星十分熟悉,名字一看就记住。这常常是由于情感的作用。情感、情绪和大脑皮层的活动有关。兴奋、喜爱,对作用于感觉器官的材料就特别容易记牢。

从学生的这种心理特征出发,就可着重从激发情趣的角度训练。比如,学生对诸葛亮的才、学、智很感兴趣,教《出师表》时,教师强调这位"两朝开济老臣心"的鞠躬尽瘁的精神,学生很受感染,于是教师趁势扩展阅读,教杜甫的《蜀相》:"丞相祠堂何处寻,锦官城外柏森森。映阶碧草自春色,隔叶黄鹂空好音。三顾频烦天下计,两朝开济老臣心。出师未捷身先死,长使英雄泪满襟。"学生兴趣浓厚,情绪高涨,一下子就背出来了。又如,学生对周总理很是爱戴,抓住这种心情,教赵朴初的《金缕曲》,学生一下子就接受了。

有时,抓住学生好奇心理,训练学生记忆。如教《木兰诗》时告诉学生这首诗音韵特好,有人过目不忘,看学生读几遍能背诵。学生听后,情绪高涨,用心记忆。

三、重复

背诵后,注意使用的频率,不仅不易遗忘,而且还会温故而知新。

训练记忆力，既要克服阅读时"一心以为有鸿鹄将至"①，又要和遗忘作斗争。前者是心不在焉，记不住，后者是随着时间的流逝，记忆的持久性受到影响，痕迹淡薄，乃至消失。

当然，人们不能什么都不遗忘，那些对我们无关紧要的信息，遗忘是十分必要的，可以减轻我们脑神经的负担，有效地认识世界。因此，教学中要求学生牢记的是些最基本的知识，牢记美文佳什、名句名段。这些知识，这些诗文，对他们提高语文能力和做个有文化素养、有道德修养的人能长期起作用。

比如教复句知识，先让学生回忆单句的要领，弄清楚单句的主干与枝叶；教课文长句时，为了让学生理解句中寓意，先从结构入手，用复句知识理顺句子层次。在学习新知时回忆旧知，运用旧知解决问题，看来重复，实际很必要。

有些知识学生不易记周全，重复出现，能弥补漏洞，记得牢固。如教诗词时介绍"唐宋八大家"，教柳宗元的《小石潭记》时，要求学生复述"唐宋八大家"名字，学生复述时往往遗漏一两个，补一补加深印象。第三次碰到，再询问一下，遗忘率就逐步降低。

有些做人的至理名言教课时介绍，要求背诵，在适当的时候重复出现，学生可经久不忘。如《生命的意义》中保尔有这样一段名言："人，最宝贵的是生命。生命对每个人只有一次。这仅有的一次生命应当怎样度过呢？每当回忆往事的时候，能够不为虚度年华而悔恨，不因碌碌无为而羞耻；在临死的时候，他能够说：'我的整个生命和全部精力，都已献给了世界上最壮丽的事业——为人类解放而进行的斗争。'"学生熟读这段闪烁着崇高理想光芒的名言，并进行背诵。教《人民英雄永垂不朽》，颂扬烈士生命的意义与价值时，要求学生再背诵这一段名言。教《筑路》一文时，再次重复，学生牢记不忘。

四、系统化

知识零碎、散装时容易遗忘，使用效率也不大会高。知识系统化了，记忆的支撑点多，就便于联想，便于推导。因此，引导学生把接受的信息放进有关的知识系

---

① "一心以为有鸿鹄将至"：典出《孟子·告子上》，多用来指学习不能专心致志。

统里,形成网络,是锻炼记忆、储存知识的一种好方法。

比如,学完一个单元之后,要学生自编提纲归纳,以简驭繁,就是属于此类。学生学完说明文单元,要求他们画图表,把各篇课文的说明对象、说明顺序、说明方法、说明语言、表明事物特征的关键词句归类集中,使学生对说明文的要领能留下清晰的痕迹,运用时可由此及彼,举一反三。

文言文的一词多义的排列、虚词用法的综合等也起这样的作用。把散见在各篇课文里的有关词句进行合理的集中,可强化记忆。

五、辅助手段

记忆靠脑子,为了强化记忆,可调动辅助手段。古人读书强调五到:眼到、口到、耳到、心到、手到。感觉器官、思维器官协同起来发挥作用,可加强记忆。乌申斯基[①]说:"蜘蛛之所以能够非常正确地沿着极纤细的蛛网奔跑,乃是因为它不是用一个爪,而是用很多爪来抓住蛛网,这样,一个爪滑了,另一个会抓住。"阅读记忆也是同样道理。

引导学生在课文中做各种记号,如画词语,句子下面加线条,圈点,加批,列要点,都是帮助记忆的有效手段,必须注意的是:不能在书上乱画,画得很多,过量等于不画,各色线错综只会引起脑子里的混乱。重要的是抓住精要。唯其精要,才条理清晰,在脑中留下深刻的痕迹。

训练记忆的方法多种多样,如快速记忆、部分记忆、特征记忆等。

记忆的目的是储存知识,记忆的过程中需要渗透思维,而记忆的材料愈丰富愈有价值,愈能促进思维的灵活性和创造性,愈能促进智力的发展。熟读名诗佳作,既积累文化知识,语言材料,又促进记忆力、思维力的发展。

---

① 乌申斯基:19 世纪俄国教育家,被称为"俄罗斯教育心理学奠基人"。

11 语言思想双锤炼

写作教学是中学语文教学的重要组成部分,学生语文学得怎样,写作可以作为衡量的重要尺度。

有一种误解,认为提高学生的写作能力只要在文字技巧上下功夫就行了。其实不然。写作能力的培养当然需要进行识字写字、遣词造句、谋篇布局的训练,但是表什么情、达什么意的思想情操同样要进行指导,进行训练。作文是用自己的语言表达自己的认识和感情的活动,它反映作者思想认识水平和运用语言文字的水平,是一种综合能力的反映。要有效地提高学生写作能力,须注意语言、思想双锤炼,既锤炼语言文字,又锤炼思想情操,二者紧密结合,可收到相得益彰的效果。

11·1 扫除习作心理障碍

命题作文时常会出现这样的情况:有的学生面带笑意,若有所得;有的学生注视黑板,入神思考;有的微微摇头,口出哑哑之声;有的涨红脸叫"太难了,不会写"。学生见到作文题后的种种情态正是他们习作心理的一种反映。其实,自由命题时又何尝不是如此呢? 这种情况尽管高中、初中学生有差异,对不同文体反应不一样,男女学生表现有区别,但确实有一部分学生而且是相当数量的学生视写作为畏途,有害怕的心理,视作文为难事,为不易攻克的堡垒,有畏难情绪。洞悉他们的情况,采取种种措施,破"怕"攻"难",激发习作的兴趣,对有效地提高他们的写作能力是颇有益处的。

一、破"怕"

学生习作中有恐惧心理,就如头上套着紧箍,手脚捆着绳索,不加以清除,提起笔来就重如千钧，只字难书，墨滞不下。怎样才能减轻与消除这种心理呢？

首先要找准恐惧的原因。乍看起来，有些学生同样是害怕动笔，害怕写，但一经了解分析，就可发现在不同的学生身上形成害怕心理的原因是很不相同的。经常碰到的情况有：一是长期受批评，受指责，形成条件反射，只要一提到写作，这些学生立刻就与"挨批评"联系起来，因而产生"怕"。这些学生往往是语文水平低下，写的东西不知所云，教师不满意，家长不满意，习作者自己也不满意。既然是三不满意，当然是批评多，信心无。二是不摸门，摸不到书面表达的门径，由苦恼而怨恨，形成恐惧心理。这些学生开始也是按教师的要求练习写作的，但由于基础差，胡凑乱编，不成篇章，十分苦恼。有个学生曾这样说："我从小就不喜欢语文，尤其是作文，我对它就像对仇人一样的恨。"问他原因，他说："我看到作文就头大，就怕，拿起笔写不出来，等想出一点要写，字又忘了。"三是神秘感，觉得写作是"高级"的事，是作家、文学家的事；自己不是那块料子，自卑得很，害怕动笔。四是懒于思索，形成莫名其妙的"怕"。此外，还有其他种种原因。查明原因，心中才有底。

其次是从鼓励入手，加强"对症"教育。形成习作中恐惧心理的原因尽管各不相同，但这些学生至少有一点是共同的，那就是对写作缺乏信心。不树立信心，就难以根治"怕"；而满腔热情地积极鼓励，正是增强信心的补益之剂。不论是面上的教育，还是个别学生的指导，均要把鼓励贯串其中。对语文水平低下的学生的习作千万不能求全责备，一纸"棍子"语言，要十分精心地注意他们习作中细微的变化，哪怕是某个词语用得准确，某个句子比较通顺了，也要充分肯定，真心实意地表扬。脱离学生实际的挑剔，过多的指责，只能如凉水浇身，改不了学生习作的落后状况。要变指责为鼓励，化凉为热，点燃学生习作上进取的火花，须破学生习作上的神秘感，帮助他们分清习作与创作的异同，懂得心中思，口中言，写下来就可成文章；懂得语言是表情达意的工具，只要自己有"情"有"意"，就可运用它来表达。工具谁都可掌握，并不神秘。至于懒于思索的情况，那就要启发觉悟，促使这些学生端正学习态度，在"勤奋"二字上下功夫了。

再次是指点入门的途径，让学生从"怕"中自己走出来。害怕的心理关键所在是不会动笔，不会写，故而要消除这种心理，必须实实在在地"帮"，指点习作入门的途径。常用的方法是：①帮助找"米"下锅。怕写的学生头号难题是"做饭无米"，总觉得无话可说，无物可记，无事可叙，心中茫茫然。其实，这样的学生并非真的无"米"，只是不觉得那些就是"米"，教师引导他们重新认识，他们就会尝到获得写作材料的喜悦。可从两个方面启发，一是启发他们从记忆中去寻觅，抓住某些记忆点上的人、事、景、物，开展联想与想象，使模糊的印象清晰起来，笼统的具体起来，单薄的丰富起来，成为笔下可写之"物"。二是启发他们就地"捕捉"，学会用心看周围的事物。如写春天的校园，实地观察一番，把平时从眼皮底下溜走的东西捕捉住：冬青树落叶，黄金条先花后叶，五彩海棠的花蕾掩映在绿叶之中……启发学生打开认识的窗户，习作的"米荒"就可逐步解决。②帮助"搭架子"，主要解决两个问题：一是究竟盖什么建筑物，心中要有数，也就是帮助他们明确文章的中心思想；二是指导他们梳理思想与材料，先说什么，后说什么，怎样开头，如何收尾，要作通盘考虑。先列提纲，指导后再动笔，克服杂乱无章的毛病。③帮助选"砖瓦"。词句是文章建筑物的砖瓦材料，选得恰当，建筑物牢固、美观。可采取试写一段，就遣词造句进行分析比较；也可写好后教师面批面改，启发学生思考、比较。经过一个阶段的"帮"，学生稍稍摸到一点"门"，望而生畏的状况就有所改变。前面所说的那位见作文如仇人的学生高兴地说："我有点会写了，对作文不怕，也不恨了。"

对习作畏惧心理厉害的学生在班级属于少数，上述"帮"的办法有的不宜在全班铺开，如"搭架子"的做法，若教师对有一定写作能力的学生越俎代庖，势必禁锢他们的思想，束缚他们的手脚，效果适得其反。

二、攻"难"

古人说"文成于难"，这是颇有道理的。文章是客观事物的反映，客观事物纷繁复杂，要能反映得正确、深刻，实非易事。难怪明末清初文学批评家金圣叹用"心疲气尽，面犹死人"来形容写文章的艰难。习作虽不同于创作，但训练运用语言文字来表达思想、反映客观事物，也是很不容易的。笔耕艰辛，教师无须讳言，该着力的是引导学生变畏难为攻"难"，在攻"难"的过程中消除畏难情绪。怎样攻

"难"呢？抓积累,抓思路锻炼,抓局部的深入,抓榜样的激励。

抓积累。陆游在《示子遹》一诗中说道:"汝果欲学诗,工夫在诗外。"写文章也是如此,临阵磨枪,为时已晚。要攻克写作中的"难"字,十分重要的是重视平日的知识积累、生活经验积累、语言积累,工夫用在文外。常用的方法可以是:①用百首以上的诗词打底。细水长流地组织学生理解与背诵古代名诗名词,咀嚼语言的甘甜,领略意境的优美,涉足于中华民族诗歌宝库之中,激发热爱民族语言的感情,陶冶高尚的情操。②广泛阅读书报杂志开阔视野。创设种种条件培养学生阅读的兴趣,如以课内带课外的扩展阅读,对比阅读,新杂志展览,新作品推荐,名著介绍,等等。学生博览犹如蚕食桑,不能要求吃桑吐桑,硬加模仿,而是引导他们"破其卷而取其神",领略其中的意、情、辞、章,消化融会,慢慢吐出丝来。③到生活宝库中觅宝。生活宝库是习作材料取之不尽、用之不竭的源泉,学生往往身置其中而不知"宝",不觅"宝",教师要经常提醒,指点,启发他们观察、体验、储存。至于摘抄佳词美句,组织参观游览,课内指导精读课文,当然也是积累、储备的途径。

抓思路锻炼。文章必须"言有序"。而言是否有"序"又决定于思路是否有"序",是否细致严密。文章贵丰满,忌干瘪。而能否丰满又决定于思路是否开阔活跃。学生撰文时往往有这样那样的零碎材料,点点滴滴的感想,而不善于井然有序地加以组织,不会从广度上开拓,深度上挖掘。要攻这个"难",须着力于思路的锻炼。从观察、理解、想象、联想等能力的培养入手,促使学生锻炼思路。除了课外实地指导观察、写作讲评时积极引导外,在讲读课上有计划、有目的地培养与发展上述能力很是重要。有时一两段精彩的文字若能驾驭得当,就会成为训练这些能力的好材料。如《社戏》中的江南水乡飞舟观夜色画卷的描绘就是极好的训练材料。要求学生在仔细阅读的基础上,思考下列问题:如果你也在这只白篷的航船上,请你仔细观察,你看到些什么? 听到些什么? 闻到些什么? 请你体味一下作品中"我"此时此地的心情与感受。在看清楚、想透彻之后,请他们先用无声的内在的语言试答,然后有条有理地口头表述。从观察方面说,由嗅觉、触觉而视觉、听觉;由岸上到水中,又从水中到岸上;由月色而渔火;由远处望到近处瞧;由模糊而清晰；由台上而台下。而这一切又都是活动着的，移舟变景。从理解方面说，以船速衬托心情的急切，以水乡诱人的夜色抒心情极度的舒畅，"自失""觉得要和他弥散在含着豆麦蕴藻之香的夜气里"，真是外物与内情交融在一起，真中有幻，幻中有真，绝妙的佳境。而从以上两个角度锻炼学生思路时，也发展了学生的想象能力，因为学生只有以有关的直接生活经验和间接生活经验补充，才能在脑中展现出文中所描绘的立体图景。文中插入的"一丛松柏林"的文字正可借以指点学生开展联想，使学生懂得由此及彼的联想能活跃思维，和前几种能力一样，多加锻炼，习作材料就可云集笔端。在讲读课进行听、读、说训练时，须努力形成与加深学生脑中"序"的观念。如听别人发表意见，要学会先后有序地拎出要点；读课文要全局在胸，枝干分明，首尾清晰；口头表达要有条有理。教师经常注意，不断指点、纠正，学生就能比较自觉地锻炼自己的思路了。

抓局部的深入。俗话说一口吃不成个胖子，要攻写作之坚，整篇文章大而化之，笼而统之地指导一番，学生不易捉摸。若有计划地抓一个个局部，进行"分解动作"，深入一点，带动全篇，学生易懂易做，效果较好。比如写人是有相当难度的，不可能一下子写好，可先抓肖像描写的训练，再抓语言描写的训练……而抓肖像描写训练时，可从静态写生，动态捕捉，粗线条勾勒，工笔细描，正面描写，侧面烘托，画眼睛，绘整体，单个儿写，前后对比写，左右对比写，放在矛盾之中写等角度开拓深入，使学生学有所获。这种训练不是拎空地讲述名词术语，而是以范文或习作为依据，启发学生在理解领会的基础上，自己去精细地观察、熟悉、体验。经过一个阶段的训练，学生笔下的人物肖像就开始有特点，开始活起来了。

抓榜样的激励。古今中外"苦学力文"①的事例不胜枚举，杜甫的"语不惊人死不休"、白居易的"口舌成疮，手肘成胝"、皮日休的"百炼成字，千炼成句"、王荆公的易十数字才定出"春风又绿江南岸"的"绿"字等名言名事皆可激励学生攻写作的难关。学生习作有明显进步者更要热情肯定，以激励其同窗。

总之，既要培养学生习作中知难而进的精神，又要指点攻"难"的途径，辅之以

---

① "苦学力文"：语出《旧唐书·白居易》，意思是刻苦学习，努力写文章。

攻"难"的方法,向易动笔、勤动笔、动好笔方面转化。

三、激"趣"

兴趣在学习中具有特别重要的作用,学生对写作发生了兴趣,就会主动探求,积极进取,摆脱奉命习作的被动地位,有效地提高运用语言文字的能力。在写作教学中培养和激发学生习作兴趣至为重要。我常采取以下一些做法。

加强赏析。选择名篇、名句吟诵、分析,把学生引入语言文字的宝库,或领略立意的高远,或欣赏意境的开阔,或推敲构思的巧妙,或咀嚼语言的甘味。学生畅游于其中,体会语言文字运用的佳妙,在熏陶感染之际,有跃跃欲试的愿望。学生习作中的佳篇或精彩段落也可组织赏析,激发写作的兴趣。要手高,必须眼高;学生的鉴赏能力提高,对自己下笔的要求也就会逐渐提高。

利用兴趣迁移的特点,组织有趣味性的习作训练。青少年学生兴趣广泛,对各种事物往往充满了好奇心,只要是新鲜事,都能吸引他们。从这种心理状况出发,把他们对事物的强烈兴趣迁移到写作之中,提高习作的积极性。比如学生喜欢游览,结合他们的春游和课外活动进行写作训练,有的作景物写生,有的写游记,就出现了不少《五代双塔》《缺角亭》《猗园小景》《月洞映景》《泛舟游西湖》《游寒山古寺》《在鲁迅墓前》等较好的习作。学生喜爱看电影,对作曲家、演员等很觉好奇。那就组织学生听作曲家的报告,写听报告的感受;请演员表演朗读艺术,要学生进行场景描写;学生看电影,要求他们写电影故事,编电影剧本,写电影片段,评剧中人物;学校组织班班有歌声的比赛,请他们写大会侧记,报道大会实况,学生兴味盎然。学生喜爱打球、下棋、集邮、游泳、科技制作,凡此种种,均可引导他们把亲身体会、由衷的欢乐倾注到笔墨之中。

运用习作成果引起连锁反应,牵动学生习作的上进心。青少年学生好胜心强,喜欢挑别人的毛病,喜欢和同伴比高低。从学生这种心理状况出发,写作讲评时推荐一些习作供学生分析,评长道短,论是说非,创造热烈气氛,使评者、被评者都受到教益。评论时可就某一问题发表意见,像如何捕捉生活中带露水的新鲜材料,怎样有意识进行读写迁移,怎样让人物自己说话,妍媸好丑让观者自知,《谈……》的文章怎样谈,等等。也可就某一位学生连续几篇习作进行评论,分析习作态度、习作上的优点、习作提高的足迹,激励同学从中获得借鉴。又可对某一篇或某几篇习作作广泛性的议论、比较、对照、鉴别、修改,加深对习作中某些问题的认识。总之,大家谈,习作者自己也谈,切磋琢磨,使某篇、某几篇习作中的优点为大家所理解、承认,并进而吸收,在自己文章中有所反映,发挥连锁作用,实现水涨船高的目的。

以画助文,发展形象思维,激发习作兴趣。比如学生的练笔本,常常配文作画,好的推荐展览,学生煞有兴趣。又比如儿童节到来的前夕,要求学生宣传心灵美、行为美等内容,人人创作一个童话故事,献给幼儿园的小朋友,所写童话不仅故事要生动,而且插图、版式要吸引人。学生写了《兔子的眼睛为什么是红的》《小马虎游马虎王国》《小铅丝人贝贝》等许多有趣的故事,而且配上彩色的画,加上花边,装订成册后送给幼儿园。这样的活动,时间虽花得多了些,但学生觉得很有乐趣。

写作教学中的许多学问,就以习作心理而言,学生习作心理有共性有个性,因环境的差异、教育条件的影响、自身主观能动性的发挥,要能准确地掌握,并据此改革教学,须花大气力。

11·2　锻炼认识生活的能力

任何体裁的文章,都是一定的社会生活的反映。写文章,也就是写生活。学写文章的人,要在生活这一关上认真下功夫,关心,了解,发现,寻觅,感受,思考。大脑中采集的自然与社会的信息越多,写作的素材越丰富,思考得越深入,认识生活的能力就越强。怎样引导学生锻炼认识生活的能力呢?

一、打开认识的窗户

眼睛是思维、情感和体验的最复杂的世界,学生认识事物、获取知识的活动围绕着这个世界进行。现代科学证明:人的大脑所获得的信息 80%～90%是通过视觉进来的。当然,从听觉进入的信息也占一定的比例。所以,我们必须学会认真仔细观察周围世界。观察是一种积极的智力活动,要锻炼认识生活的能力,首先须打开认识的窗户,敞开观察的大门,让外界信息源源进入自己的大脑。

1. 引导学生身入生活、心入生活

要身入生活，心入生活，才会了解周围的人和事、景与物，才会有所发现。每名学生都生活在"生活"之中，可从生活中获得的认识与感受却大相径庭。有的人目光敏锐，善于观察，不仅像摄像机一样能把客观的物像摄入自己的眼帘，印入自己的脑海，而且能在极其普通极其平凡的事物中发现一般人所看不到的新鲜东西，生动的、带着生活露水的；而有的人身在生活，心却游离，再有特点的事物，再有价值的细节，都视而不见，听而不闻，虽然也用眼睛，但浮光掠影，至多只有模模糊糊的印象。二者比较，关键在是不是"身入""心入"。"身入"而"心"不"入"，生活中大量有趣的、有意义的、有价值的材料，就会从眼皮底下溜走。

怎样才能身入、心入呢？激发学生对接触到的人和事产生浓厚的观察兴趣。观察，不只是用眼睛看，还要用耳朵，用鼻子，不仅用感觉器官，更重要的是用"心"，用"心"去看，去听，去想，去感受。如：要学生细看柳树吐芽到柳丝低垂的过程，观察早晨在车站候车上班的各种人的神情和下班时候候车的神情有何异同，观看新建的高架桥的形态、结构。用生活中的新鲜事物激发他们观察的兴趣，他们就会从无意知觉逐步转入有意知觉的轨道。

加强目的性指导。中学生观察力的目的性发展有一个过程，他们往往从被动地接受教师的任务而进行观察，逐步发展到主动地自觉地进行有意识的观察。教师经常进行目的性观察的指导，可有效地发展学生自觉性，加速由被动向主动转化。如解剖豚鼠、蟾蜍，要求把观察所得表述出来，学生就看得格外仔细，格外真切。

2. 指导学生掌握观察的方法

观察是思维入门的向导，观察的片面性必然导致思维的局限性。对问题思考得不准确，不妥当，表达时谬误百出，相当程度是由于认识世界时一叶障目，观察出了毛病。不少学生观察周围事物或熟视无睹，或只见一点，不见其余，由于脑子里对这些事物朦朦胧胧，所以说不具体，说不明白。因而，须让学生多观察，并指导学生掌握观察的方法。

方法是打开认识窗户的钥匙，方法正确，就能大大提高观察的准确度。每个

学生根据自己的情况可以创造,但基本方法应熟练地掌握。

要善于在最短时间内抓住事物的主要特征。特征是这一事物区别于类似事物的关键所在,不具备这种眼力,就不可能有观察的质量。

要看到事物的总体和各部分之间的逻辑联系。学生无论是进行单体观察还是进行多体观察都会碰到总体和局部的问题。学生常常被鲜艳的色彩、事物的主要特征所吸引,而只见树木,不见森林,只见自己感兴趣的,丢了许多必须看到也应该看到的东西。因而,要指导他们把认识的窗户全部打开,不能有的开,有的闭,只把部分物像摄入脑内。

要井然有序,不能杂乱无章。学生随意观察,事物看不准确,看不周全,这是可以理解的。为什么有目的地去观看某些事物,仍然会出现丢三落四的情况?除漫不经心等原因外,观察顺序的混乱也是重要原因。事物本身是复杂的,尤其对多体事物的观察,特别要讲究顺序,做到有条不紊。要注意拉几条观察线,如:总体(轮廓)、局部、细部;背景、主体、陪衬;上下、左右、前后、内外。拉观察线不仅促使观察井然有序,而且多条观察线能织成观察视线网,克服观察的片面性,把观察对象全面地捕捉到眼帘。

要转换角度,看到事物的诸多方面。要认识事物的真相,观察时注意力不能只集中于某一点,也不能只局限于某个角度,要多角度多侧面地观察。俯视、仰视、平视;远观、近觑;正面、侧面、背面观看;观静、观动;定点、移步,对观察对象看真切,看深入。

观察事物不仅要注意形态,而且要注意其发展变化;不仅要注意现状,而且要善于调查采集,追根究底,洞悉过去,预测未来,在深度上开掘,在广度上延伸。

生活,五光十色,令人目不暇接。尤其是当今年代,新事物层出不穷,新信息不断涌现,教师要精心培养学生的观察能力,使他们的眼睛既能"一览无余",又能"明察秋毫"。

二、探求和发现事物的奥秘

学生对所接触的人、事、景、物产生浓厚兴趣,掌握观察方法,就打开了从生活中撷取写作材料的渠道,在这个基础上,要培养学生探求和发现事物奥秘的能力。

教学中要启发学生见到别人之所未见,使他们学会从平凡的事物中看出不平凡的东西,自觉地去探求和发现事物的因果关系。唐书法家张旭自称观看了公孙大娘的剑器舞,草书书法受到启发,从此境界大开。这个事例说明,只要深入观察,积极思考,见人之所未见,就能深受益处。

引导学生锻炼自己的眼力,透过现象看到事物的本质,不为现象所迷惑。也就是要对所写的事物认真观察,仔细认识,反复研究,力求自己要有独特的感受。比如,读书原本是好事,似乎读得越多越好,多多益善。读,多读,是现象,深入思考、认真探求,就会增强对它的认识能力。然而,开卷未必有益。书籍中有好书、有坏书,好书是精神食粮,读了可以开阔眼界,增长知识,启迪思维,陶冶思想情操;坏书诲淫诲盗,读了必会侵蚀思想,吞噬心灵,有害无益。经过思考、分析,认识深了一层。再进一步探求,好书浩瀚如烟海,人的精力、时间有限,凡好书都去读,是不可能的,因而,读书须慎加选择。选择可根据学习的需要,可根据拓开视野的需要。再深入一步思考,可能出现在同类书籍中有价值的不过就几本,这几本书读懂了,就会举一反三,触类旁通。这样由表及里、由此及彼地分析,认识的深度与停在表面大不一样,写起文章来,立论,摆论据论证,就不会一般化,而是言之有物、言之有理了。

分析,"剥笋",是探求奥秘的一种方法,从众多观察角度中选择最恰当、最精彩的定位,会出现别有洞天的效果,也是一种锻炼眼力的方法。

生活是海,文章是浪。生活中题材广阔无垠,而写入文章仅撷取其中有意义的点滴。正如一滴水也能反映太阳的光辉,如果随意选取一滴水,不能反映光辉,这点滴就没选择恰当。多角度观察,目光要敏锐,事物外在的和内在的,实的和虚的,整体的和局部的,看得明、识得真,与深入的思考结合起来,就能进入生活的深层。比如写一个小村庄的变化,如果大而化之描绘一番,其结果是十分平面的,反映不出智慧的火花。应该仔细地看,认真地听。从生产总量增长的角度看,从村民生活改善的角度看,从人的精神面貌变化的角度看,从文化教育兴起的角度看,当然都可以,有一篇写农村大变样的文章只选取这个村庄"桥"的变化,就与众不同。原本村子通往外面世界的"桥"只是一块门板,祖祖辈辈在祖遗的这方热土上休养生息，后来大雨冲走门板，与外界联系一度割断，而今搁门板的地方修起了大拱桥。抓住这个"点"深入思考，就可发现：从纵的方面看，时间跨度大，可涉及几代人；从横的方面看，以这个村为中心点，到远村，到县城，到整个外界大天地，纵横交错。经过挖掘，提炼，认识到"桥"打开了这个小村庄的大门，也打开了村民思想的大门，小天地的变化反映着大天地的变化，大天地的变化促使了小天地的变化，小村庄的红火显示了中华大地改革开放的红火。

从纷繁的生活现象中进行分析、比较、筛选、提炼，寻求新的发现，探求并揭示事物的本质，眼力就会得到锻炼。这方面能力强，写的文章就会言之有物，就会避免人云亦云、庸人思路，就会有新意，就会比较深刻。

11·3　取法乎上，以读促写

生活是取之不尽、用之不竭的写作源泉，生活中源头活水流淌，笔下的文章就生意长流。要提高学生运用祖国语言文字表达情意的能力，当然要培养他们观察生活、认识生活的能力。然而，仅止于此，是远远不够的。中学生的生活范围毕竟有限，他们大部分时间在学校度过，而在学校里，除组织的活动外，绝大部分时间进行各学科学习。虽然也参加一些社会实践、劳动实践，但毕竟有限。这就决定了学生对生活的体验有一定的局限性。再说，中学生年纪轻，缺乏生活阅历、社会阅历，单依靠从生活中汲取，提高写作能力的目标难以完美地实现。

对中学生来说，直接经验重要，间接经验更是必不可少。别人认识生活、理解生活的经验，运用语言的能力，写成书，写成文，学生要认真读，从中吸取养料，促进自己写作能力的提高。杜甫诗曰："读书破万卷，下笔如有神。"纵观历史与现状，读书破万卷的大有人在，相比之下，下笔如有神的就不多了。问题在读什么书，怎么读，怎么注意读写之间的迁移。中学生学语文，以读促写，以写带读，是提高学生写作能力的一条途径。

一、树立精品意识，在迁移上下功夫

读书与学写字一样，要取法乎上，要有精品意识，善于选择书籍中的精品，善于阅读书籍中的精品；取法乎上，可从中获得较多的乃至丰富的启迪，以指导自己

的写作。阅读与写作各有自己的目标、自己的要求,各有自己的操作系统,但读写之间的联系、沟通、磨合、促进,不容置疑。无意识地听其自然,看不到二者的关系,也就不可能促使它们双促进;有意识地遵循阅读与写作各自的规律,并在结合、沟通、促进上使劲,写作能力的提高才可取得明显的效果。

精品的阅读迁移既可着眼于语言形式、写作技巧,又可着眼于义理精神。迁移的目的既要寻求在某些写作技巧上的理解、运用,又要考虑到深刻的哲理、高尚的情操对学生的哺育。就技巧论技巧,缺乏人的思考、人的主观能动性,文章的生命之火就不可能烧得旺盛。比如组织学生阅读闻一多的《一句话》,不仅在语言方面让学生得益,在写作冲动、写作热情方面更应该迁移。《一句话》是这样写的:

有一句话说出就是祸,

有一句话能点得着火,

别看五千年没有说破,

你猜得透火山的缄默?

说不定是突然着了魔,

突然青天里一个霹雳,

爆一声:

"咱们的中国!"

这话叫我今天怎么说?

你不信铁树开花也可,

那么有一句话你听着:

等火山忍不住了缄默,

不要发抖,伸舌头,顿脚,

等到青天里一个霹雳,

爆一声:

"咱们的中国!"

这是篇爱国主义情感洋溢纸上的精品。学生阅读时要加以指点。诗里寓含的感情如火山般喷发,震人心魄。诗歌为何能有如此巨大的感人力量? 那是因为这首诗歌是作者在感情极端冲动下写成的。作者闻一多是现代著名诗人、学者,他在国外受到了民族歧视,而国内又是反动军阀的罪恶统治,他悲愤满腔,胸中燃烧着炽热的爱国热情,正如他写给诗人臧克家的信中所说,把自己比喻为"没有爆发的火山"。1925 年夏,他回到祖国,正是反帝运动高潮的时候。这时候他不仅看到了帝国主义和反动派对人民血腥的统治与镇压,也看到了中国人民不屈不挠的英勇斗争精神。席卷全国汹涌澎湃的反帝怒潮,正说明了"谁是中国人",反映了我们"民族的伟大"。他胸中的火山爆发了,大声喊出了一句话:"咱们的中国!""爆",揭示了在胸中积蓄已久的话迸发而出。诗人察觉到缄默的中国蕴藏着惊天动地的巨大力量,坚信一旦火山忍不住缄默,就会突然间青天里一个霹雳,到那时帝国主义和反动派就要"发抖,伸舌头,顿脚",这是多么深厚的爱国主义感情!

让学生懂得:《一句话》是首响亮着中华民族庄严的最强音的诗,激情奔放,语言凝练,它是诗人用对祖国命运满怀的深情浇灌而成的。炽热的爱国情感燃起了势不可挡的写作热情,这种写作热情浇灌的诗句铿铿锵锵,唤起读者由衷的共鸣。更要让学生领悟到:要写出情真意切的文章,须有写作热情,写作的强烈愿望。而热爱是培育写作热情、激发写作冲动的基础。热爱生活,热爱祖国和人民,对生活中美好的事物爱慕、敬佩,主动地接受教育,以高尚的人文美、雄伟粗犷或雅致灵秀的自然美陶冶自己的心灵。知识增长,心灵丰富,心田里就会有绵绵思绪往外倾吐。热爱生活,对生活中假、恶、丑的东西充满憎恨、厌恶,同样有要说、要写的感情冲动。当然,写作冲动、写作热情并不都像火山岩浆般喷射,有时它表现为细微的、平和的、素静的,甚至是含蓄的,难以觉察的。学生读诗,适当点拨,这种极其可贵的写作热情、写作冲动就会往学生心里迁移。

具体的写作技巧当然可引导学生认真揣摩。例如写文章的角度选择,学生常常感到十分不易,思路打不开,选一两篇文章让学生阅读品味,就会产生"柳暗花明又一村"的感觉。如《我的"她"》这篇短文选的角度可谓妙极。

我的父母和长官非常肯定地说,她比我出生早。我不知道他们说的话是否正确,只知道我的一生中没有哪一天我不属于她,不受她的驾驭。她日夜都不离开我，我也没有打算立刻躲开她。因此，我们之间的关系是紧密的，牢固的……但是，年轻的女读者，请不要忌妒……这种令人感动的关系给我带来的只是不幸。首先，我的她日夜不离开我，不让我干活。她妨碍我读书、写字、散步、尽情地欣赏大自然的美……我写这几行时，她就不断地推我的胳膊，像古代的克利奥佩特对待安东尼一样总在诱惑我上床。其次，她像法国的妓女一样毁坏了我。我为她、为她对我的依恋牺牲了一切：前程、荣誉、舒适……多亏她的关心，我穿的是破旧衣服，住的是旅馆的便宜房间，吃的是粗茶淡饭，用的是掺过水的墨水。她吞没了所有的一切，真是贪得无厌！我恨她、鄙视她……我早就该同她一刀两断了，但是直到现在还没有断开，这并不是因为莫斯科的律师要收四千卢布的离婚手续费……我们暂时还没有孩子……您想知道她的名字吗？请您听着……这个名字富有诗意，与莉利亚、廖利亚和奈利亚相似……

她叫懒惰。

在阅读过程中，你必然会猜"她是谁"呢？"她"为何对"我"有如此巨大的魔力呢？读了不得不令人拍案叫绝。这是俄国著名短篇小说大师契诃夫的作品。这篇短文实际上是讨伐"懒惰"的檄文，列数懒惰的罪状，痛斥懒惰的危害，表明不与懒惰决裂必然断送前程的观点。如果学生讨伐"懒惰"，往往是立论点，摆论据，议论一番，但一般化，不能使人耳目一新，有深刻的印象。而这篇短文没有板起面孔来议论，而是选取了"我"与懒惰之间的关系这个角度，用拟人化的手法来写。把"我"和"她"之间的关系描绘得如胶似漆，难舍难分，既心头恨，又无力抗拒她的诱惑，又不打算立刻躲开她。在断断续续的述说中，曲曲折折表达了憎恨懒惰的观点和欲弃不能的复杂的感情，使人如入新的天地，大开眼界。

从具体的阅读材料中，学生会自我迁移，懂得：写议论文，须注意思想性和形象性的结合，把思想寓于如此高明的形象之中，确实是别出心裁。写作时要努力跳出常人的思维框架，另辟蹊径，精选角度，给人以新鲜感。

学生习作自然没有作家那样的笔力，就拿这篇短文的语言来说，十分诙谐风趣。比如要读者猜"她"的名字时，举"莉利亚、廖利亚和奈利亚"，是因为俄语"懒惰"一词的发音与这些名字的发音相似。这篇小小文章，打个比方，也增添文化色彩。刻画懒惰的诱惑力时，以克利奥佩特的事为喻。克利奥佩特是公元前 51 至公元前 30 年古埃及的最后一个女皇，她的丈夫是古罗马统帅安东尼。这些都反映了作者的文化功底。

读写迁移，不能狭隘地认为读什么写什么，学一是一，学二是二，立竿见影。应该从总体上来认识、把握。读得精深，清晰，无论是精神义理，无论是语言技巧，均有所得，有所领悟。储存丰厚，迁移就能得手应心。死板地、机械地套用，不能得其精神，效果适得其反。

二、开阔视野，活跃思路，构成一定的知识面

学生要能思风发于胸臆，言泉流于笔端，写出文从字顺、情真意切的文章，单靠课内读是远远不够的。如果说，课内的读是"点"，那么课外的广泛阅读才能构成一定的知识面。课文中的精品要精读深思，课外读物中的精品同样要目注神入，多思考，细咀嚼，力求收"望表而知里"的效果。然而，除了精品之外，还应广泛浏览，要激发学生博览的兴趣。

从美国中学生的一份必读书目中，我们可获得某些启发，书目是：《麦克白》《哈姆雷特》《坎特伯雷故事集》《傲慢与偏见》《伊利亚特》《奥赛罗》《理想国》《政治学》《亚里士多德》《共产党宣言》《伊尼特》《美国民主》《托克维尔》《罪与罚》《战争与和平》《美国独立宣言》《哈克贝利·费恩历险记》《草叶集》《麦田里的守望者》《红字》《愤怒的葡萄》《圣经》。对这些书我们不作评价，他们确定这些必读书也不是为了提高写作能力，但从这份书目中可看到这些书可构成一定的知识面，不仅有本国的作品，外国的也有相当数量，不仅有文学名著，而且有政治上的经典读物。

学生有一定的知识面，视野就开阔，思路就活跃。语文教师要经常向学生推荐文艺作品、科技读物，对报纸杂志上的时文进行评价，举办读书会、读书经验交流会，指导购买与阅读书刊，做读书摘记和阅读卡。日常实用性的习作，从书面资料中撷取材料的情形是常有的，因此，这方面要加强指导，让学生懂得怎样查阅工具书，怎样搜集与主题、与论题有关的材料，把握材料的实质，要指导学生懂得博览不能平均使用力量，要有主有次，有轻有重，有的只需翻检，有的只是快速阅读，了解而已。

　　写作的思路指导甚为重要。指导得法,学生脑中积累的写作材料就会如海水激荡,涌起波澜,蓄倾斜之势;如指导不得法,则会框住学生的脑子,犹如步入窄胡同,步履维艰。学生在博览的过程中,教师作精要的指导,可活跃学生的写作思路。比如有篇小品,叫《儿子眼中的父亲》,全文如下:

　　七岁:"爸爸真了不起,什么都懂!"

　　十四岁:"好像有时候说得也不对……"

　　二十岁:"爸爸有点落伍了,他的理论和时代格格不入。"

　　二十五岁:"'老头子'一无所知。毫无疑问,陈腐不堪。"

　　三十五岁:"如果爸爸当年像我这样老练,他今天肯定是个百万富翁了……"

　　四十五岁:"我不知道是否该和'老头'商量商量,或许他能帮我出出主意……"

　　五十五岁:"真可惜,爸爸去世了。说实在话,他的看法相当高明!"

　　六十岁:"可怜的爸爸! 您简直是位无所不知的学者! 遗憾的是我了解您太晚了!"

　　学生读了,一笑了之,效果往往不尽如人意。加以点拨,启发思考,情况就大不一样。这篇短文通篇用独白组成,无肖像描写,无动作描写,可是两个人物的形象都十分鲜明,寓含了丰富的内容和人生的哲理。如:时间跨度为半个世纪,好像是用"缩微"的技术来构建的;历经人间沧桑后对父亲评价在新的高度的"重复";语言的委婉与武断;心理上的幼稚与成熟;年少气盛,不可一世与尊重现实,实事求是;时代的气息,两代人的异同……可咀嚼体会的不少。这种别开生面的写作思路能使学生开窍,促使学生多多思考。

　　思路指导宜"放"不宜"收",学生读得多,见识多,脑子活起来,下笔就不会人云亦云。当然,在"放"中要注意理出头绪,要思而有序,不能乱麻一把。文章无定法,首先是打开思路,鼓励学生扩散思维。不管是命题作文、情境作文,还是材料作文、自由作文,都须打开思想的闸门。学生自己"打开",教师启发"打开",多方面指点思考问题的途径。在开阔思路的基础上,根据写作要求定向、定点、选材、剪裁。思路训练最怕"老三段",开头、结尾,加个中间段,若成为模式,学生的智慧火花就会受到压抑,难以写出气息清新的好文章。

11·4　锤炼语言,增强文章表现力

"一切诗文,总须字立纸上,不可字卧纸上。人活则立,人死则卧。用笔亦然。"这句话是清朝著名诗人袁枚说的,十分精彩。它生动地告诉人们:文章的语言须"立"在纸上,那就是说须有活泼泼的生命力,读者从语言中能观看"景",识别"人",感受"情",领悟"意"。如唐诗中有这么两句:"大漠孤烟直,长河落日圆。"只要稍加想象,就会清晰地感到"字"是"站立"在纸上的。沙漠里的空气干燥,气压高,所以烟一直往上升。住的人家少,所以是孤烟。大河上,落日显得特别大、特别圆。极简单的语言刻画出沙漠景色,给人以辽阔苍茫的印象。这样的语言绝非拼凑所能奏效,而是认真锤炼的结果。百炼为字,千炼为句,坚持不懈地锤炼字句,下笔就会如行云流水。

怎样"炼"呢?

一、思想、语言双锤炼

一篇合乎要求的文章应解决三个问题:言之有物、言之有序、言之有文。"文"的问题如不认真解决,即使选材好,内容具体,观点正确,结构清晰,也仍然不是好文章。因为语言欠准确,无文采,甚至有些文句不通顺,要畅达地表达意思是不可能的。早在两千多年前孔子就说过:"言之无文,行而不远。"(《左传·襄公二十五年》)文章的语言没有达到要求,没有文采,不可能广泛流传。学生学写作文虽然目的不在流传,但文从字顺,准确而生动地表达情意,是必须做到的。

语言是写文章的工具手段,任何精辟的思想、生动的形象、感人的材料离开语言都一筹莫展。因此,古今中外的学问家、文章家无不十分重视语言的学习与修养。大诗人杜甫的名言是:"为人性僻耽佳句,语不惊人死不休。"(杜甫《江上值水如海势聊短述》)老舍认为:"写作的人要眼观六路,耳听八方,熟悉社会各阶层的语言,才能按时间、地点、人物的思想感情,找出那么一个字,一句话。这也正是写作的难处。"(老舍的《文学创作和语言》)作家孙犁说得更是明确,他说:"从事写作

的人，应当像追求真理一样去追求语言，应当把语言大量贮积起来。应当经常把你的语言放在纸上，放在你的心里，用纸的砧，心的锤来锤炼它们。"(《文艺学习》作家出版社 1964 年版)这些名言警句是从事大量写作实践的经验总结，要让学生从中获取教益，深刻领悟到学习和训练语言，提高语言素养，不可有丝毫懈怠的道理。

　　毛泽东说："语言这东西，不是随便可以学好的，非下苦功不可。"就拿积累词汇来说，如果是作家，那积累的功夫是惊人的。据说，英国著名诗人拜伦、雪莱的词汇有八九千，莎士比亚的多达一万六七千。怎么积累的呢？以美国著名小说家杰克·伦敦为例，他经常把词典和书里的词句抄在小纸上，然后把这些纸片挂在窗帘上、柜橱上、衣架上、床帐上，洗脸、穿衣、睡觉前后都能看一看，记一记。外出时也带上几片，抽空读一读。正因为这些作家在语言上如此下功夫，所以笔下的人物、景物，多姿多彩，栩栩如生。学习语言，就要多读古今中外的佳作，从中吸收有生命的语言养料，就要向人民中活泼泼的口语学习，特别在表达情意的简练、干脆、恰当、亲切方面，更应多多体会，认真吸收，以丰富自己的语言仓库。

　　运用语言不单纯是语言问题，"言为心声"，语言是思想的直接现实，思想为里，语言为表，也就是思想是语言的内核，语言是思想的外衣。好的思想没有相应的语言表达，谁能知道那思想是怎样的呢？"辞从意生"，思想十分明确，十分清晰，语言也就清楚明白了。因此，进行语言训练时不能只停留在如何遣词造句方面，须同时进行思想的磨炼。也就是要思想、语言双锤炼。想得清楚，才说得清楚，写得清楚；想得正确、周到，才说得准确、周密。认识事物的能力越强，越能用恰当的语言表达。对事物的特征把握得一清二楚，语言表达就能要言不烦。语言的深刻来源于思想的深刻。对事物的本质能够知晓，对事物的精髓能一眼见底，语言表达就能入木三分。思想与语言的锻炼可以双促进。思想模糊，语言就含糊不清，要使思想清晰起来，除对事物再认识、再仔细想之外，可以用语言说，用文字写，说出来、写出来之后再琢磨、推敲，可以促使思想清晰。有人说"写文章，总是在自己头脑里已经有了一些值得写出来的东西；把头脑里的思想用文章表达出来，是一个使思想逐步成熟、逐步完善的过程"，写文章是"整理思想和经验，使之明确化、条理化",说的也就是这个道理。

有一种说法常给人以迷糊的感觉,认为文章写不好就是文字功夫不好,不会形容,掌握了语言,掌握了文字,问题就解决了。这是一种误解。"辞"是达意的,语言总是表达一定的思想感情的,对事物认识不清,思路混乱,不可能写出文从字顺的文章。因此,必须懂得应"炼词炼意,词意综合",思想、语言双锤炼,就能双促进,双提高。

二、对词语慎加选择

词是构造语言的建筑材料,没有足够的词汇,不可能准确、鲜明地表达思想。汉语词汇十分丰富,词义有轻重,使用范围有大小,有普通意义、引申意义,有感情上的褒贬等,同义词、近义词有时只有极细微的差别,运用时如不慎加选择,就会犯用词不当的毛病。选用词语有几点须牢牢把握:

1. 贴切

词要与物与事相符。事物是怎样的面貌,词语就表达出怎样的面貌。例如:

中国有一句古话:"百炼成字,千炼成句。"

中国有一句谚语:"百炼成字,千炼成句。"

后一句话中的"谚语"这个词用得不恰当。"谚语"是指在群众中间流传的固定语句,用简单通俗的话反映出深刻的道理,如"三百六十行,行行出状元"。而"百炼成字,千炼成句"是唐朝诗人皮日休在《皮子文薮》一书中所说的,称它为古话可以,称它为谚语就不贴切。在写作实践中要反复指导学生,让他们懂得:词语要用得贴切,首先对事物的认识要准确无误,其次要区别词义的大小、轻重与感情色彩。

2. 鲜明

意思十分明白,别人一目了然。不用似是而非、意思含混不清的词,不用容易产生歧义的词。如鲁迅的《拿来主义》的结尾一段:"总之,我们要拿来。我们要或使用,或存放,或毁灭。那么,主人是新主人,宅子也就会成为新宅子。然而首先要这人沉着,勇猛,有辨别,不自私。没有拿来的,人不能自成为新人,没有拿来的,文艺不能自成为新文艺。"对待文化遗产的态度非常鲜明,毫不含糊。总的原则是"拿来"。拿来以后怎么办？选用"使用、存放、毁灭"三个词鲜明地表达区别对待的态度，表明怎样取其精华，去其糟粕。具体而明确。要实现"拿来"的目的，人必须具备怎样的条件，用词也毫不含糊。选用了"沉着，勇猛，有辨别，不自私"等分量较重的词语（有的是短语）加以表达，清楚明白。

在学生习作中，常常见到意思含混不清的词，如："我曾经是个理想主义者——一个可笑的'理想'主义者，对什么都爱'理想'一番。"句中的"理想"究竟什么含义？三个"理想"含义相同，还是不同？不明确，有歧义。一个人有"理想"是好的，但句中用的"理想"似乎是不切实际的幻想，甚而至于是乱想，这就犯了用词不当的毛病。

3. 生动

生活丰富多彩，事物千姿百态，情意多种多样，要如实地再现它们，就须选用新鲜的、具有形象性的、绘色绘声的词语，给人如闻其声、如见其形、如历其境的生动感觉。用词切忌陈词滥调，拾人牙慧，用别人用滥了的词。如学生习作《悠悠的故乡河》中对故乡河的描写，就力求选用生动的词语。

水是故乡的甜。说起水，常常想起故乡的河。啊，那条九曲十八弯，像抒情诗像歌女舞带一样优美的蓝色的河啊……

故乡的河，蜿蜒在鲁西南平原上，名字叫汶河。修长的河道，宽阔的河面，河水浅处过膝，深处没颈，像刚流出的山泉一样，清澈见底。水底多彩的贝壳、晶莹的石子历历在目。它悠悠地从远方游来，一年四季碧流不断。河里生长着上百种动植物：有嫩青的河藻、淡淡的水荇；有白鲢、红鲤、黄鳝；还有河蚌、河蟹、河龟……河畔碧青的草地上，常常可见羊群洁白的身影和牧羊鞭上火红的流苏。银白色的河滩上，有片片茂密的柳树林。每当春水悄悄流过，柳树林便成了鸟族的天堂。翠鸟、画眉、百灵、春燕、黄莺……各种鸟们翔集而至，引颈争鸣，从晨曦微露到明月初上，歌声不断，好一幅动人情思的柳浪闻莺图。有时还会传来牧童嘹亮的笛音，撩拨你蔚蓝的情怀。河两岸，便是一块块方整整平展展的肥田沃壤。秋天，金黄的稻谷、雪白的棉花、火红的高粱……像一轴几十里长的巨幅油画绵延铺展，十分壮美。

故乡的河像一卷"绵延铺展"的油画。绘形、绘声、绘色,十分生动。除描写具体,善用比喻外,注意精选词语也是重要原因。如写水的深浅用"没颈""过膝";写水流是"悠悠地"从远方游来;写河藻、水荇用"嫩青""淡淡";牧羊鞭上的流苏用"火红";写鸟儿翔集用"引颈争鸣";写肥田沃壤是"方整整平展展";等等。画面之所以生意盎然,色彩斑斓,词语是经过一番选择的。

选词是需要动脑筋,花功夫的。"僧推月下门""僧敲月下门"在用词上的"推敲"已成为如何用词的佳话。因为"一字之失,一句为之蹉跎"。用词贴切、鲜明,须掌握丰富的词汇,哪怕是极普通的词,用的时候也要辨微析毫。如巴金的《海上日出》中有这样一段:"有时太阳走入云里,它的光线却仍从云里透射下来,直射到水面上……太阳在黑云里放射出光芒,透过黑云的周围,替黑云镶了一道光亮的金边,到后来才慢慢儿透出重围,出现在天空,把一片片黑云变成了紫云或红霞。"句中的"透射""直射""透过""透出"都是极普通的词,选用时准确地掌握了它们细微的差别。阳光穿过薄云是"透射",穿过薄云后的阳光是"直射";太阳在黑云内放射光芒用"透过",阳光在黑云外面放射时,用"透出"。如果不下细致的功夫,是达不到如此的准确度的。难怪有的作家这样要求自己:应该让每个字写到纸上以前,先在脑子里盘桓两天光景,给它涂上一层油。

三、写好每一个句子

要写好文章,不仅要讲求选词,而且要讲求炼句。要完整地表达情意,状物写景绘人,就得按一定的规律把词组成句子。句子是文章的基本部件,写好每一个句子,文章才可能通顺流畅,乃至光彩夺目。学生作文中的句子,教师在以下几个方面多加指导:

1. 准确无误

把客观事物、主观情意用恰当的句式准确无误地表达出来并不容易,有两个基本条件须掌握:对客观事物要细致观察,了如指掌,情意要明确,有分寸;对各类句式,如长句、短句、散句、整句、完全句、省略句、主动句、被动句、肯定句、否定句、正常句、倒装句、陈述句、疑问句、祈使句、感叹句等要熟练地掌握。两者结合起来,就可把意思表达清楚。如《简笔与繁笔》中有这样几句:"字面上的简不等于精练,艺术表现上的繁笔,也有别于通常所说的啰唆。鲁迅是很讲究精练的,但他有时却有意采用繁笔,甚而至于借重'啰唆'。"这两个句子说明"简"不等同"精练","繁笔"与"啰唆"不同,主要是说明后一个问题。为了阐说后一个问题,以鲁迅语言运用为例。"很讲究精练"表明总体情况,然后用"但"转折,阐述也"采用繁笔",不过是"有时",而不是"一直",是"有意",而不是"无意",这就准确地表达了鲁迅运用语言的状况。再接着用"甚而至于"进一步述说,采用繁笔时"借重'啰唆'"。这不是真正的啰唆,是加引号的,是在特定环境中特定的表达方法,借重它来表达思想感情。这个句子既表达了"繁笔"与"啰唆"有区别的意思,又表达了鲁迅艺术表现手法不凡的意思,十分清晰。

要让学生牢固树立这样的概念:如果句子不符合选句的法则,成分残缺,词语之间搭配不当,词序混乱,意思就表达不清,或发生错误。学生习作中常出现这一类的句子:"他学习缺少信心,通过教师的教育,使他鼓起了勇气,增强学习。"这个句子毛病有二:一是用了"使",残缺了主语;二是"增强"与"学习"不能搭配。教师要讲清道理,具体指导学生修改。或者修改为"增强了学习积极性",或者修改为"增强信心"。并删去"使"字。

准确无误是写每一句话的基本要求,达到这个要求,语言就通顺了。否则,文章就须进"病院"诊治。

2. 生动流畅

写作文,句子不能硬造,应如风行水上,自然成文,生动流畅。好的语言,并不是稀奇古怪的语言,不是鲁迅所说的"谁也不懂的形容词之类",而是平常普通的语言,不过是注意加工提炼,去除其中杂质,如重复的、累赘的、不规范的等,并注入新意,写出"人人心中所有,而笔下所无"的语句。比如作家汪曾祺很为自己写的一个句子而高兴,这个句子是:"车窗蜜黄色的灯光连续地映在果树东边的树墙子上,一方块,一方块,川流不息地追赶着……"他说他曾经在一个果园劳动,每天下工,天已昏暗,总有一列火车从果园的"树墙子"外面驰过,他一直想写下这个印象。有一天,终于抓住了,那就是"川流不息地追赶着"。显然,这生动的语言是长期观察、思索而捕捉到印象的结果。

在写作实践中,要让学生真切体会到:生动流畅的语言是写作的人的思想的流淌,思想如行云流水,笔下就汩汩滔滔;思想阻塞不通,笔下就疙疙瘩瘩。

注意句式的变化,能增强语言的生动、优美。如短句、长句相间,整句、散句并用,选择不同的句式表达不同的语句。如散文《山》中的句子:

抬头,是山;回首,还是山。左边,是山;右面,也是山。

我在山的怀抱中,山环抱着我。

晨,持一杯清爽,倚着傲松,看山。

雾生腾于山中,鸟声回荡在山中。偶尔,一缕白烟从林中小屋冒出,与雾溶流,于是便分不清是烟耶? 雾耶? 蓦然红光一闪,太阳悄悄地从山后露出半个脸来,偷窥外面的动静,云经过,遮住了它的额头,它惬意地像一弯小船,泊于山尖。顷刻,又像被火烫了一下,蹦得天高,竟被云托着,下不来了。于是,只有扯一片云彩,掩住了羞红的脸。

开头几句全部是短句,短句结构简单,使语言明快、有力;"雾生腾于山中"这一段句子比较长,修饰语多,使意思更精确。文中短句排列整齐,有整齐美;散句参差,表意洒脱,结合起来用,给人以优美流畅之感。如果把"烟耶? 雾耶?"半文不白的改掉,句子的气势就更畅达。学生经常咀嚼、品味、比较、分析,对语言的感悟力就会不断增强。

四、简洁精练

刘勰在《文心雕龙·议对》中说:"文以辨洁为能,不以繁缛为巧。"就是说:写文章的本领在于意思明确,造句简洁,文字上枝蔓华美不是真本领。造句简洁不是漫不经心就可做到,也不能误解为文字少就是简洁,如果一味求简,求少,"于神情特不生动"(清朝魏际瑞《伯子论文》),那就适得其反了。简洁还须精练,要以少胜多,言简而意丰。关于这一点,作家老舍有极深刻的体会:简练须要概括,须要多知多懂,知道一百个人,而写一个人;知道一百件事,而写一件事,才能写得简练,心有余力,有所选择,才能简练。又说:世界上最好的文字,也是最精练的文字,哪怕只几个字,别人可是说不出来。简单、经济、亲切的文字,才是有生命的文字。

　　精练的语言往往含而不露,不把自己的思想感情赤裸裸地宣示出来,而是留给人思索的余地,使读的人"望表而知里,扪毛而辨骨,睹一事于句中,反三隅于字外"(刘知幾《史通·叙事》)。鲁迅《故乡》结尾的句子是:"我想:希望是本无所谓有,无所谓无的。这正如地上的路;其实地上本没有路,走的人多了,也便成了路。"语言是含蓄的,含不尽之意于言外。

　　语言幽默也能大大增强表现力,给人以深刻的印象。幽默是寓庄于谐,寓情于理,既有说服力,又有感染力,兼有理趣美和情趣美。报上登载马来西亚柔佛市交通部门张贴的一份告示,语言就十分幽默。告示是这样写的:

　　阁下驾驶汽车,时速不超过三十英里,您可以饱览本地的美丽景色;超过六十英里,请到法院做客;超过八十英里,欢迎光顾本市设备最新的急救医院;上了一百英里,请您安息吧!

　　这样表达别出心裁,驾驶汽车的人也容易接受。效果与命令式的、警告式的语言相比,不会差。当然,幽默不是耍嘴皮子,不是故意制造笑料,不是庸俗、油滑,而是为了表现生活的真实。它常常以内容与形式、现象与本质的矛盾可笑,给人以教育,启人以深思。得体的幽默是语言运用上有智慧的表现。

　　语言要用得好,其中奥妙无穷。上面说的都是一般的要求,须努力做到。有时有些特例,貌似不符合语言规则,但在特定的场合、特定的人的身上运用,表达效果非比寻常。例如:20世纪30年代有份报纸登出一篇题为《丰子恺画画不要脸》的文章。读者看了十分吃惊,因为丰子恺品行端正,怎会不要脸呢? 待文章读完,才知道此处的"不要脸",不是通常的含义,而是在特定的人身上特定的含义,是褒赞丰子恺的漫画技法高超,独具一格,画的人物虽没有五官,但传神尽态。这个标题好在利用"不要脸"这个短语的歧义,造成悬念,收到出奇制胜的效果,难怪丰子恺本人对此也默认,并加以赞赏了。

　　副词不能修饰名词,这是一条语法规则。可是,在特定的场合,可破例违反这个规则,而收到出人意料的效果。在一次中央电视台举办的春节联欢晚会上,台湾谐星凌峰登台表演。有个纸条戏谑地问他:"你为什么长得这样丑?"他面对观众回答:"我的长相很中国,中国5000年的创伤和苦难都写在我的脸上……"副词"很"修饰"中国"这个名词,搭配是不当的,但出自这位滑稽人物的嘴里,获得的却是热烈的掌声,因为在这样的场合说这样的话,给人以幽默、风趣的快乐。

学生写作文要注意咬文嚼字,力求把意思表达清楚,教师要不厌其烦地具体指导。与此同时,要鼓励学生学习人民群众中活泼泼的口头语言,学习古今中外优秀作品中的语言,对佳词、美句坚持长期积累,丰富自己的语言仓库。去除语言中的杂质,力求使自己笔下纯净流利。

11·5 发挥习作讲评的作用

习作讲评是写作教学中至为重要的环节,它在活跃学生思维,训练和提高学生表达能力方面发挥着独特的作用。它是作文批改的继续,但又不同于教师的批改,而是师生结合的全班性的面批面改;它是作文指导的继续,但又不停留在作文前指导的水平,而是以习作为依据,进行从实践到理论的概括。

讲评的材料来自学生的笔底,习作者尝过笔耕的艰辛,讲评课上点拨剖析容易心领神会,吸收消化;同窗者感到文在眼前,人在身边,讲优点,评不足,看得见,摸得着,倍觉亲切。充分重视习作讲评这个环节,抓牢,抓实,抓活,能激励学生写作的上进心,调动他们练笔的积极性,有效地培养和提高他们的分析能力、鉴赏能力和运用语言文字表情达意的能力。

要努力提高习作讲评的质量,须注意:

一、加强计划性、目的性,不能随着学生习作"飘"

写作教学与阅读教学一样,应该讲究计划性、目的性,应该根据语文教学大纲的要求,在一定的年级重点训练某些方面的表达能力。作文讲评是写作教学的有机组成部分,当然也必须有目的、有计划。就某种意义上说,讲评比批改更为重要,它能抓习作的"点",带习作的"面";抓学生中的"点"的问题,促进学生"面"上的提高。因此,教师要努力掌握讲评的主动权,不能无目的、无计划地随着学生习作"飘",要把每一年级每一学期写作教学的目的要求和学生习作中的情况进行有机的结合,制定切合学生实际的讲评计划。

下面是初一年级习作讲评计划表，为说明方便，分为四张小表。

学生初进中学，就材料言，写作常感无"米"之苦；就表达说，框框不少，结构程式化，"三段"式文章比比皆是，文章末尾还常常硬装一个"点题"的尾巴。为此，第一阶段四篇作文着重在开拓思路，启发引导学生到生活中发现材料，寻找材料。与此同时，以开拓思路、活跃思维来冲击一些框框的束缚。习作讲评的课题由写作训练的要求所决定，每次讲评就是具体地落实每篇作文的要求。下面试就表一中讲评课题与作文题之间的关系作些说明。

表一

次数	作　文　题	讲　评　课　题
一	夏日的夜空	让思想长上翅膀飞翔 ——谈开展联想与想象
二	夜（看图作文）	再谈开展联想与想象
三	记一个最熟悉的人	打开认识的窗户 ——谈用眼看
四	听践耳同志谈音乐	再谈打开认识的窗户 ——谈用耳听

学生初入中学，为了贴近他们的生活，要求他们写《夏日的夜空》，培养他们联想和想象的能力，因而确定了第一个讲评的课题。怎样捉住想象的触发点，由眼前的"实景"写起。拉出想象的"线头"，一次讲评学生不易领悟，故而安排了看图作文的内容，进一步引导学生在观察的基础上开展联想与想象。为此，教师从杂志上选了一幅构思巧妙的彩色的夜读图，要求学生认真读画，然后写一篇《夜》的习作，第二次讲评的课题就是据此而定的。写生活中熟悉的人和事是写作的一项基本功，读了几篇叙事记人的范文以后，布置他们记一个最熟悉的人，检验他们观察的能力，讲评时指导他们如何到生活中用眼睛去寻找材料。听是接受外界信息的重要途径之一，学生常常忽视，组织学生听作曲家朱践耳同志的报告，既能激发学生的兴趣，增长音乐知识，提高识别能力，又能引起他们对听的能力的重视。学

生习作后,讲评的重点放在"用耳朵听"这一点上。这一阶段教学目的在于通过讲评学生习作使学生初步理解生活是写作的源泉。生活中有无穷无尽的写作材料,须做有心人,注意观察,注意去认识。这一阶段的教学目的还在于激发学生的写作兴趣,培养联想与想象的能力。

表二

次数	作 文 题	讲 评 课 题
一	秋 色 图	"着意原资妙选材"
二	童年忆趣	没有中心不成"文"
三	榜 样	看仔细与写具体
四	杨浦中学导游	先说和后说

学生写作思路初步打开以后,第二阶段就着重在材料的选择、记叙的中心和条理方面进行训练,并穿插少量说明文字的练习,为培养说明事物的能力做铺垫。同时对观察、想象等能力的培养抓住不放。表二所示讲评的课题的拟定就是为了落实上述一些要求。

表三

次数	作 文 题	讲 评 课 题
一	一颗闪光的心灵	文无"意"不立
二	难忘的一课	再谈文以"意"为主
三	一 件 小 事	从材料中提炼主题
四	某某电影片段	笔先和笔后(指立意而言)

表三反映的是初一写作训练第三个阶段。这个阶段反复抓文章的中心与立意。通过连续四次的讲评,目的在于改变学生习作内容平、浅、散的情况,使文章的骨架硬起来。

表四

次数	作　文　题	讲　评　课　题
一	运动会一角	怎样把材料组合成有机的整体
二	观画（题目自拟）	详写和略写
三	可爱的小生灵	描形，绘状，摹声
四	学语文一得（题目自拟）	学会说点道理

第四个阶段讲评是往记叙的"深""细"方面发展。学生经过十多篇记叙文习作的训练，对这类文章的写作方法心中多少有点谱。针对这种情况，讲评着眼于组材布局、呼应过渡、详略安排与细致的描写。这个阶段也穿插说明与议论的文字的训练。

上述四张表格合起来就是初一年级上下两个学期的写作计划。该计划体现初一年级的写作要求，即着重培养学生记叙能力，力求做到中心明确，内容具体，条理清楚，前后一贯，首尾一致。除平时小练笔外，两个学期 16 篇作文作通盘的考虑，训练什么，怎样训练，要求是什么，如何循序渐进，如何环环相扣，学期初就应成竹在胸。

尽管上述安排不够完善周到，在教学实践中因情况变化可作调整与修改，但讲评有无目的，有无计划，效果确实迥然不同。就文评文，零打碎敲，既失之于肤浅，又难免凌乱，学生脑中似乎受到马蹄践踏，不可能理出写作规律性的印痕。知识杂乱，不成系统，使用的效率就很低。更为重要的，讲评是开发学生智力的极好时机，凭借学生自己的材料培养他们观察、想象、思维、记忆等能力，学生有贴肉①之感，效果有时比学范文还强。讲评计划切合实际，从学生习作的感性材料出发，上升到理性的知识，知识穿成了线，再以它指导写作实践，学生就会从写作盲目的境地中逐步走出来，学会自觉地运用语言文字，准确地表达自己的思想感情。

---

①　贴肉：亲切实在，切合实际需求。

二、树立几个基本观点

过去有一种错觉,认为讲评就是跟着学生习作跑,习作中有什么问题就讲什么问题;讲评时又来个"一分为二",先笼统地总述该次作文的优点,然后说一通缺点,而说缺点时,又多着重于病句、错别字,琐琐碎碎,不成"篇章"。这样的习作讲评,效果往往不理想。要使讲评发挥作用,指导思想必须明确,头脑中必须树立几个基本观点。

1. 要站在育人的高度

讲评不能只就词句篇章作技术性的处理,要站在时代的高度、育人的高度来认识,评文育人。以育人的观点指导评文,想得远,想得深,能敏锐地洞悉习作中的思想潜流,及时引导,发挥讲评的教育作用。

育人是教师的光荣职责。教语文课,讲评学生习作,不仅要看到课堂里的学生,更要为学生的未来着想。20世纪90年代到世纪末,这些学生都陆续走上工作岗位,成为"两个文明"建设的生力军。那时,我国现代化建设的情况如何?世界科技发展的形势又怎样?具备怎样素质的人才能够适应,才能跟时代同步前进,为祖国伟大事业做出贡献?这些问题教师都应考虑,尽最大努力帮助他们今日把基础打得扎实些,准备得充分些。干在今天,想着明天,提高今天的学习质量,是为了明天能成材做铺垫。

学生习作是学生思想、情操、品格、意志的反映,是学生自己生活和周围情况的部分写照。言为心声,透过习作能窥见学生的心灵,摸到他们思想深处的脉搏。教师要有发现的本领,察微见幽,并把习作中所反映出来的活思想、活情况,及时地加以分析,进行引导,在带领学生推敲如何运用语言文字表达情意的同时,启发他们明辨是非,区分美丑,褒善贬恶,奋发向上。不仅如此,就是讲评中的语言设计,也要对学生有教育感染作用。如习作"课余"讲评课的开头与结尾,就是这样设计的。课一开头,教师说:"在我们国家,欢乐是生活中的主旋律。同学们这次写课余生活,笔底下涌现的都是欢和乐。"这两句话,乍一看来,似乎是在语言的优美上着力,其实,教师是通过语言以热爱祖国、热爱社会主义生活的感情细流滋润学生的心田,用含而不露的方法进行熏陶。课的末尾,先指出"文体活动固然是课余生活的一个方面,但是面临科学技术迅猛发展的今天,我们的课余生活就不能仅止于此,一定要开拓新领域",然后抓住有学生课余学电脑的事点一点,再进而明确"生活是写作的源泉",希望学生在课余生活方面进一步开拓。话仅三言两语,时间花一两分钟,看起来是学生习作内容的小结,实质上起了开阔学生视野,鼓励他们课余发挥聪明才智,紧跟时代步伐前进的作用。

2. 要指导在学生未思误思之处

习作讲评不能形成凝固化的程式,教师对讲评材料的评论剖析不能与学生的理解在同一个平面上移动。如果二者之间基本可画等号,学生就不易激发起浓厚的兴趣和旺盛的求知欲。即使在讲评的过程中课堂上有时也会出现笑的浪花,但由于缺乏深究底蕴的探讨,时过境迁,脑中往往就留不下痕迹。

一般地说,学生对习作的优劣是有分辨能力的,问题在于对怎样优怎样劣,为何优为何劣说不出所以然,尤其是思想的深度、篇章的运筹、细微之处的处理等更不会评出个道道儿,学生未思未发的地方正是教师要挑明、点拨、阐发的所在。地下丰富的宝藏要开采才能显现光辉,语言文字的内涵要深掘才能显露出运用的奥妙。有一定深度的讲评能促进学生思维的活跃,促使他们在较大幅度的智力区域内施展才智。

要"发"在学生误断之处,提高他们的识别能力。有些习作写得比较含蓄委婉,有些地方用曲笔来表达自己的情意,有的词语比较生僻,再夹以用笔不周到的缺点,学生评论时虽思索了,发表了意见,但往往误思误发。对此,教师须往深处剖析,步步诱导,培养他们透视语言掌握思想精髓的能力。习作《花的心愿》里有这样的语句:"青年,是正在凋谢的春花!"有些学生惊愕了,认为这样打比方是错误的,甚至认为简直是大逆不道,往青年脸上抹黑。抓住这种误断和心理状态,须深入地剖析文章的思路。"儿时的我,只知道贪受母亲的深恩,却不知道报答母亲的深恩。""现在,闪光的团徽代替了鲜红的领巾,步入了青春的大门。""没有花谢,哪会结果? 花儿的消失,无不在孕育果实。我渴望我的凋谢,不怕夏天的烈日暴雨,把自己的一切一点一滴地累积起来,注入我的花魂,强健我的花魂。""我盼着秋天的来临……我依偎着慈爱的母亲,恭敬地献上充实的硕果。""我不愿做飞鸟,离开自己的母亲,到他乡栖落,我只有一个信念——结我的果,扎根在祖国母亲的大地上。"理清文章的线索,主题就毕现。以春花喻儿童,以正在孕育果实的凋谢的花喻青年,正是为了倾诉"我的母亲! 我知道你爱我,从今以后我要报答你的深恩,我要学着劳动,永久不停"的衷情。主题是积极的,感情是健康的。教师不仅要剖析,还要帮助学生寻找误断的原因,人们思考问题往往沿着习惯的轨道,连打比喻也不例外,故而对不落窠臼带有新意的比喻一下子接受不了。其实,习作者以凋谢的花为喻目的在于突出孕育果实的主题,而这也正是这篇习作构思另辟蹊径、耐人寻味之处。

"发"学生未思之处要有坡度,有层次,给学生以多方面的训练和启发。德国大文豪歌德有句名言:经验丰富的人读书用两只眼睛,一只眼睛看到纸面上的话,另一只眼睛看到纸的背后。教师讲评学生习作,首先要阅读学生的习作,对习作的中心、结构、语言、方法了如指掌。看纸面,思纸外,思纸后,指导时就可根据学生情况生发,不只是就词评词,就句论句,而是从语言到思想,有层次、有坡度地评析。如有学生在《竹影赏菊》习作中写了这样的句子:"进了菊展的大门,但见竹径通幽,翠绿的竹篱、竹架使得整个展览馆显得更加幽静雅致,片片的竹叶丛中,陈列着许多名菊,群相争艳。"讲评时学生扫视而过,没有提出问题。教师请他们视线暂时止步:(1)思考如此叙述描写对不对;(2)什么地方不对;(3)不对的原因;(4)在描写不恰当的背后有无积极因素;(5)思考怎样修改。对于前两个问题,学生容易解答:展览馆显然由三间厅堂组成,屋前一块大草坪,怎么"竹径通幽"呢?第三个问题让学生思索原因,难度就稍大一些,学生往往只考虑一个方面,而忽略其他方面。如只认为是观察不仔细,或认为是用词不当,不该用"竹径通幽",往往不深思展览厅里确实是竹影扶疏,以青竹为背景,衬托美丽的菊花,习作者隐约感觉到这个特点,但未能选择恰当的词句表述出来。引导学生多方面思考,可训练他们思维的严密性。第四个问题启发学生延伸到课外,新旧联系,从失误中寻找积极因素,这就促使思考更深入一层。学生学过常建的《题破山寺后禅院》诗,中有"曲径通幽处,禅房花木深"的诗句。习作者写《竹影赏菊》,能联想到学过的诗句,并尽量把阅读所得迁移到写作中,意图是积极的,学写文章的学生应该有意识地从阅读中吸取语言养料。最后一个台阶正是修改能力的锻炼。一堂讲评课选择几个学生未思之处逐层深入地进行点拨,不仅使课的容量充实,而且对学生思维的广度、深度、准确度、灵敏度都进行了有益的训练。

3. 重要的在于正面激励

习作讲评切不可用"不能这样""不能那样"的绳索束缚学生。讲评中说一百个不能这样写,学生也不一定就会写。重要的在于正面具体指导,输送养料,教学生应该怎样写。只要正确的写法讲得深,评得透,不该怎样写一点拨就明白了。

一篇文章该怎么写,不是抽象地讲几条写作方法,而是要充分发挥写得较好的习作的作用。学生习作往往是照实写来,有一定表达能力的学生,情思虽会朝笔端流淌,但对文章佳处并不自知或知之不深不确,这是由于并不熟谙写作中的规律。教师须据此把他们从无意识的境地中逐步引出来,提高他们运用语言表达思想情意的自觉性,提高书面表达的能力。下面摘录的是学生谈习作体会的一段话,从中也可窥见上述的道理。

"有了好文章,老师就讲评。在讲评时,我常发现有些美词佳句自己用时往往糊里糊涂,根本没想到评讲时所分析的效果。开始有点儿吃惊,然后又觉得好笑,稀里糊涂写,哪会有那么些优点?课后,特别是成语、引文我就尽量去找它的出处,看看它在原文中是怎样写的,再看看自己作文中又是如何用的,为什么要用,用了有哪些好处,以后可以怎样再用。解决了这些问题,自己就有了收获,以后也就比较自觉地按文章的需要去寻觅去组织恰当的语句了……"

讲评要立足于爱护、鼓励学生写作的积极性,着重在发扬优点,肯定进步。但这并不是任意拔高,"吹捧"一番;离开实事求是,任何表扬都是空虚的、没有力量的。讲评习作不能集中在几个写得较好的学生身上,要力求把面拓宽,尤其是平时写作水平较低的学生,如果在习作的局部出现明显的优点,也要极其真诚地予以表扬鼓励,增强他们写好作文的信心。评讲课要评得热气腾腾,评得作者心里热乎乎,评得听者心里很羡慕,评出学生的写作劲头,评得欲罢不能。讲评课上应该自始至终有笑的潜流在起伏行进,就在这起伏行进之中师生感情不断交流,和谐融洽。

讲评课切忌抓消极的东西大加渲染。把学生习作中的缺点罗列一大堆,万弩齐发,其结果只能是使学生难堪,心里凉了大半截。

习作讲评坚持正面指导,坚持输送养料,就能充分发挥讲评材料的作用。一篇好作文在其他学生身上可产生连锁反应,无论是思想、态度、观察、想象、立意、谋篇、炼词、造句,都会有或大或小的冲击波,时隔一年半载,有时还可透过某学生的习作看到那篇好作文的雪泥鸿爪。渗透的力量不可小视。

4. 突出重点,兼及其余

任何一篇习作都是思想内容和语言文字的结合体,涉及的方面很多,如果讲评时面面俱到,那就讲不胜讲,评不胜评。再说,学生处于练笔阶段,写出来的文章必然有这样那样的毛病,如果胡子眉毛一把抓,岂不像一把芝麻撒在地上,黑乎乎的,叫学生捡哪粒? 叫他们克服用笔的哪些缺点呢? 为效果着想,每次讲评必须有明确的重点。重点突出,学生可获得实实在在的启迪。

讲评的重点不能随心所欲地确定,须有根据。一是该次习作的具体要求,二是该次习作的具体情况,二者碰拢,吃准倾向性问题,就能明确把讲评重点放在哪儿。以一次习作为例。初一学生学了《人民的勤务员》等一组课文后,教师要求他们到生活中、到自己身边寻找学习的榜样,认识、描写、颂扬这些榜样,于是出了"榜样"这个作文题。写作要求是:①写一个看到的或听到的为祖国"四化"建设做贡献的人。②注意描写人物的外貌和言行,表现他们的思想精神。③安排好记叙的顺序,突出文章的中心思想。

生活中确实有许多学习的榜样,但到了学生的笔底,大多已不成榜样。一般化的多,笼统叙述一番,再加上几句赞语。写不像或不大像的原因很多,而观察粗疏肤浅是最基本的原因。从习作的具体情况看,就写人评写人,抓不到要害;就写人谈观察,可在关键处给学生以开导。因此,讲评的重点放在第一个要求的"看"和"听",把第二个要求糅合其中。至于记叙的顺序,材料的安排和描写人物的方法等暂时舍弃,不搞"大杂烩"。讲评课上选择几篇学生习作评析,要在三个要点上敲打。力求一准二细三深。准,就是用心发现所观察的对象独有的特征;细,就是体察入微,不遗漏有意义的细节;深,就是深入底里,务得神气,要寻找观察对象内心闪光的东西。从习作的材料出发评析,进行具体指导,学生对观察该怎样和不该怎样可加深体会。

强调讲评有重点并不是单打一。课堂教学须十分注重容量和效率。一节讲评课有知识的传授、智能的培养,处理恰当,学生可多方受益。《榜样》习作讲评的重点虽在"看"和"听",但思想情操的感染教育、概括分析能力的培养、遣词造句基本功的训练等均可结合起来进行。讲评一开始,先用三五分钟时间请学生简要地用一两句话说明自己写的是怎样的人。这一教学活动的作用是:进行面上的交流,开拓学生思路,活跃课堂气氛;教育学生懂得在我们国家男女老少、各行各业中都有学习的榜样,都有思想情操高尚的人;训练学生概括的能力和口头表达的能力。重点讨论研究观察的某些要领时,也不是就观察讲观察,而是把词句的理解和推敲贯串其中,就文论观察;就观察深度看遣词造句是否准确,优劣如何,这样处理可收相得益彰之效。

重点讲评某一个问题,不能企求毕其功于一役。知识的掌握尚且不能一下子印入脑中,更何况是能力的培养。同一个问题可作为多次讲评的重点,尤其是写作训练中的一些基本法则,须反反复复使学生加深理解,加强印象。为了不炒冷饭,不让学生有嚼蜡之厌,同一个内容可结合不同类型的习作,选取不同的角度,采用不同的方法进行,让学生始终有新鲜感。就上述的观察而言,可结合习作中游记的写法讨论观察的角度、观察点的移动;可结合说明文的习作训练观察的顺序;可结合散文的习作理解观察与想象的结合等。

教师脑中具备上述基本观点,讲评时不大会走谱离线,可望取得较好的教学效果。

三、采用灵活多样的方法

讲评无定法。方法是为目的服务的,只要能收到开发学生智力、提高表达能力的效果,方法尽可以灵活多样。

不管采用怎样的方法,都要立足于发展学生的聪明才智。要使每一个学生学会在课堂内同时接受多方面的信息,来自教师的,来自同窗的,而大量的是来自同窗的。如果只是教师讲述,教师发出信息,学生即使恭听,也难以活泼生动,更不用说能爆发出智慧的火花。

不管采用怎样的方法,都要为学生发表意见创造条件。比如走路,学生是行路人,教师或在前"引",或在旁"扶";引也罢,扶也罢,都是为了让学生自己走路。学生发表意见不可能一下子就准确、周到、精当,训练多了,学生之间相互启发,情况就会逐步改变。教师要有耐心,要耐着性子给学生多方启发,铺路搭桥,切不能越俎代庖。

方法多种多样,下面简述常用的几种:

1. 对照与比较

运用对照和比较的方法,正误、好差显露,学生鉴别起来清楚明白。讲评中可比较对照的方面很多,运用时须根据习作的具体情况、讲评要达到的具体目的慎加选择。如习作《树根》托物寓意,赞颂美的创造者,主题积极,但事例不贴切,语言毛病较多。把习作者自行修改前后的两篇作文同时印发,组织学生讨论它们的异同,辨别正误,剖析原因,再请习作者自己谈修改前后的思想认识。通过对照比较,弄清这样一个道理:文章不厌百回改,修改语言实质上是修改思想;认识模糊,语言必然含混不清,事例必然不贴切,不典型。这是就一个学生的习作前后对照比较。又如以习作与范文进行对照比较。学生读了《事事关心》以后,仿范文中论述的思路写《金玉其外,败絮其中》。由于是仿作,相似之处颇多,但似中又有差别,仿中能见高低。运用对照比较,目的就是显示高低差别,引导学生悟出食必须化,"仿"不是机械模拟,模仿中应有创造的道理。对照比较分两步,先择几篇习作进行比较,判别同异与高下,再择模仿中有创造的与课文相应部分对照,辨别细微之处。让学生懂得新学写一种体裁的文章,从模仿入手是为了学会某种技能技巧的规矩法度,为了有样子可依,但更重要的是注入自己的思想认识,离开自己的创造,文章是站立不起来的。

2. 归纳与演绎

运用这两种方法的目的在于把习作中的零散的优点上升到规律性的知识,和运用写作中规律性的知识评析写作,加深对规律性知识的理解。把习作材料同写作的基本原则、基本方法挂上钩,从活泼泼的习作材料中抽出某些写作要旨,又以某些写作要旨为指导，评说具体的习作材料。一篇习作涉及的写作要旨不少，一节讲评课只能根据习作具体实际拎几点。如《童年忆趣》是学生写得比较好的习作，教师选择了九篇让学生阅读，请他们大谈文中的优点，学生积极性甚高，从内容到表达，从细节到构思，摆了许多条。在学生畅所欲言的基础上归纳出符合写作规律的要领：要写好这类文章，须在"趣"上下功夫：材料要有趣，要精选带着"花朵"芳香的趣事；笔墨要绘趣，既要注意下笔点"趣"，引人入胜，更要注意充满童真的生动场景的描绘，使妙趣横生；收笔可添"趣"，使清音有余，增添色彩。从九篇习作中归纳出上述这些写作道理以后，再要求学生以此为尺子，衡量自己的习作，寻"得"找"失"，推断出写得较好、中等和较差的缘由。

3. 赏析与评改

讲评课上组织学生赏析习作是学生喜爱的一种做法。习作当然不会很成熟，不可能完美无瑕，但只要确有见地，确有新意，确有高于同学之笔，即使带有稚嫩之气，也是值得欣赏评析的。这对锻炼学生眼力，对提高学生习作水平很有益处。眼高才能手高，眼不高，手也高不了，认识低下，不可能写出质地好的文章。赏析习作就是锻炼学生眼力的方法之一。如学生春游之后，要求学生就自己最感兴趣的二三小景用语言进行素描，勾勒形象。习作讲评时请学生析文赏景，忆景品文，领略佳妙。赏析时不停留在一般性的说是道非的水平，要析得入情入理，并佐以表情朗读。以《月洞映景》为例，习作者是这样勾勒的：

突然，眼前一亮，我们看到了水，看到了红檐，高兴地一步跃出小径。

这儿是长廊的进口处。我举起照相机，对准了那个月洞门，只见门边又套着一个门洞，那里面树枝摇曳；左边映出长廊的一角，闪出一株血红的花朵。我和张静笑眯眯地走近月洞门，"咔嚓"一下，我们便成了画中人！

学生赏析时读读讲讲，读出画意，讲出笔锋运行的妙处。写景须在人耳目，"跃出小径"后所见之景，三言两语就勾勒得如在眼前。洞门中有门洞，景中又套景，照相机中映画面，增添诗意，人步入画中留影，增添无限生机。长廊一角有趣处，花朵血红仅一株，给画面点染亮色，更显精神。

讲评课也可运用集体评改的方法进行。特别是看图作文，使用同一幅图，讲评时可选择一两篇作文集体评改。由于每个人在这方面都有过实践,都尝过一点读画写文的甘苦,都有话可说,因而评得特别细致,改得也比较贴切。这类评改实质上是以一两篇中等或中下的习作为依据,修补改造,进行集体创作。

4. 引进与延伸

讲评课应有容量。就习作评习作容易呆板,如果根据讲评要求引进课外的有关内容,或扩展,或加深,或增加直观,或引申发挥,课堂里气氛就会更加活跃。源头有活水,学生不断品尝到甘甜,领悟到知识如浩瀚的海洋,就会孜孜不倦地求索、进取。

引进的方法很多,有的是为了加强教学的直观性。如讲评《听践耳同志谈音乐》时,用三五分钟时间听践耳同志报告中一段话的录音。引进部分录音可使讲话的语调、语气、内容在学生面前再现,以此来衡量习作中写这部分内容的准确程度,学生可发现第一次听报告时听的能力方面的问题。而大量引进的则是学过的课文和课外阅读的报纸杂志上的词句、写作方法,采用这样的方法目的是加强新旧联系,加强读写联系。重复是学习的母亲,在不同的场合,从不同的角度,用不同的方法联系学生学过的、接触到的有关知识,不仅能温故,而且可知新,学生思维的广度、思维的敏捷性也得到开拓和锻炼。结合讲评的要求和内容引进一些中外有关写作方面的名言警句,不仅可开拓学生视野,而且可增加课的深度。如讲评上述的《树根》习作时,为了突出修改的重要性,就先后引进了清郑燮和宋黄鲁直的材料。郑燮说:"为文须千斟万酌,以求一是。再三更改,无伤也。"《东京梦华录注》中记载:"黄鲁直于相国寺得宋子京唐史稿一册,归而熟观之,自是文章日进。此无他也,见其窜易句字与初造意不同,而识其用意所起故也。"将此引入课内,用于讲评。有一学生略知该事,很为得意,其他学生立刻用笔记下来。

讲评课可把课外的引进课内,也可把课内的延伸到课外。课结束,而寻求有关知识的愿望和活动继续着。如一学生的习作《歌声》中评述了施特劳斯的乐曲《蓝色多瑙河》和女高音歌唱家丽莲·彭斯演唱的《春天来了》。讲评时肯定了习作的语言优美,行文流畅,感情真挚,同时指出对《蓝色多瑙河》基调的理解欠妥当,与其他乐曲混淆,请学生课余寻找、解答。问题是这样的:《蓝色多瑙河》给予听者的感觉是多瑙河的旖旎风光,不宜使用浑厚、雄壮等词语加以描写。文中对此乐曲的论述如用之于对贝多芬《第九交响曲》,就更合适些。《第九交响曲》境界开阔,气势雄伟。是不是如此,课后可请教音乐教师,或设法亲自听一听,比较鉴别。

以上所述种种方法可单独使用,可多种结合,怎样使用得当,须从效果考虑。讲评时可重点评一篇、一篇带几篇、多篇综合评论,也可自评、互评、集体评。

习作讲评常被人视为软档课,其实,软档不软,它的质量如何直接影响写作教学的质量,影响学生智能的开发、素质的培养和书面表达能力的提高。正因为如此,作文讲评必须十分注意提高质量。

12　教海无涯学为舟

　　语文教学是高难度的教学,它的质量的高低不仅直接关系到学生语文能力的强弱、文化素质的优劣,而且影响到其他学科学习水平的进展,影响学生日后自学能力的高低。正由于它在学生成长中起重要作用,因此,对教育事业怀有高度责任感的语文教师总是致力于探索改革的途径,千方百计提高水平,使它充满生命力。要使自己从事的语文教学勃勃有生气,使学生深受其益,就必须认真地抓自身思想、道德、文化、业务的建设,学而不厌,锲而不舍。第斯多惠在《德国教师教育指南》中深刻地指出:"教育者和教师必须在他自身和在自己的使命中找到真正的教育的力量……把自我教育作为终身的任务……"语文教师要在教学上做到日有长进,月有长进,年有长进,当然要着力找到那"真正的教育的力量",即坚持自我教育。

12·1　清醒地认识自己

　　人贵有自知之明,真正做到自知,做到自己认识自己,其中大有学问。一名语文教师要能担负教学重任,积极进取,须清醒地认识自己,清醒地认识自己的教学业务。而要能清醒地认识,首先要加强思想修养,在"虚心"二字上下功夫。"虚"就是不满,志足意满,踌躇满志,还能容纳下什么东西呢?"虚"才能容物,才能主宰自己的眼睛去看,主宰自己的耳朵去听,否则,眼睛上、耳朵上总像蒙上了障碍物,不是视而不见,听而不闻,就是看走样,听走音。"虚心"是鞭策自己进步的动力。

一、功底

　　语文教学涉及面广,稍加深入,就会感到知识不成串,教起来捉襟见肘,力不从心。越教越深切感到功底厚不厚直接影响到教学的质量。功底浅,知其然,不知其所以然,经不起问,深不下去。

比如识字,原先认为不难,只要会使用工具书,勤于查检就行。随着教学实践的深入,就会发现识字很不容易。韩昌黎说:凡欲作文,须略识字;识字者,通小学也。章太炎说:韩、柳之文,都通小学……清桐城派略通小学。从这些话中可知识字的不易。例如《雨中登泰山》中的"喑噁叱咤"这个词,"叱咤"用得多,"喑噁"就很少见。猛一看,似乎读 yīn wù,仔细查阅,才知道读音很有讲究。"喑噁叱咤"出自《史记·淮阴侯列传》:"项王喑噁叱咤,千人皆废。"司马贞索隐说"喑噁"的"喑","於鸩反",读去声;《汉书》中读音乃"於禁切",音"荫",现在的第四声。一般说来,以《汉书》读《史记》最为可靠。

不常用的字如此,常用的稍一疏忽也会出差错。如《挖荠菜》中有个"呛",不注意就会误读成 qiàng。汉字中多音多义字特别多,要慎加识别。食物或水进入气管引起的不适叫 qiāng,气体(刺激性的气体)引起的不适读 qiàng。

至于字义的变化更是不容易把握。"文化"这个词,在英文中是 culture。英国的雷蒙德·威廉斯就是这样论述的:它本是"对自然生长的扶持"的意思,在 18 世纪末和 19 世纪早期一变而有"心灵的普遍状态或习惯"的意义;第二次又变成"整个社会智性发展的普遍状态"的意思;再则进而变成"艺术的整体状况"的意思;最后到 19 世纪后期就发展成为包含"物质、智性、精神等各个层面的整体生活方式"了。(《文化与社会:1780—1950》)了解这些,比起单从词典上查到的解释要丰富。

字词如此,其他方面如语法、修辞、文学等功底同样有厚与薄的问题。厚积而薄发,才能做到精要,说到点子上,使学生受益。

二、视野

语文学科涉及的知识多达数十种,除了汉语、文学等知识外,涉及天文、地理、科学、技术、美术、戏剧等,真是丰富多彩,包罗万象。教学任务决定了语文教师既要精通本身的业务,又要广为涉猎,广泛地学习,越博越好。又博又专,教学时就会逐步做到得心应手。

教课要能撒得开,纵横延伸,更能收得拢,聚意点睛。如果视野狭窄,就不可能上下古今，更不可能登高望远。比如，在教介绍现代科学技术的说明文时，为什么常常就文论文，干得很呢？原因在于缺乏相应的知识，教的时候兜不转，谈不上一滴水与一桶水的关系。有时候学生科普读物读得多，能说出比教师多的道道儿。不是说语文教师都应精通科学技术，这是不可能的，但是一个科盲的语文教师必然在教学中缺掉相当重要的一个"角"，块面上缺个角总是很遗憾的。

又比如借鉴外国的问题。要在语文教学中走出新路子，除了继承和发展传统教法中的合理精华之外，必须面向世界，了解外国，积极地进行借鉴。这里就存在两个问题：一是能不能阅读第一手材料的问题，二是不是捡到篮子里就是菜，抄一点，套一点，还是认真研究一番，区别正误与优劣。作为语文教师，既要大量占有，更要学会咀嚼消化，把有价值的养料溶化在自己的教学中，使语文教学仍然保持鲜明的中华民族的特色。吸取国外教育教学的进步的、有益的观点与方法，目的是滋养自己，丰富自己，而不是失去自己。因而，从持怎样的观念去学习、借鉴，到学什么，怎么学，可研究的问题很多。这方面不认真考虑，并付之于行动，视野就受影响。

三、驾驭

语文教学是科学，也是艺术，教师驾驭能力如何直接影响教学的质量。所谓驾驭，一是驾驭教材，对教材有洞悉能力；二是驾驭课堂，对课堂中千变万化的情况能及时运筹自如。钻研教材是无底止的，写了教案去实践，进行教学实践后再来看教案，就会觉得没有一篇自己是十分满意的。且不说理解得深与浅，就是"准"也十分困难。然而，"准""正确"，是教课的最为重要的问题。如果把知识教谬误了，就好比把稗子撒到学生心中，后果的严重性可想而知。比如教《果树园》的第一部分，景物描写有特色，人物描写有章法，是把景物描写、翻身农民群众的欢乐、李宝堂"苏醒"后的欢乐放在一个平面上理解，还是主衬分明；同样写欢乐，写法上相仿，还是有显露与含蓄之别；一些词语的选用是信手拈来，还是匠心独具，环环相扣，互相映衬，凡此种种，教过以后比教以前明白得多。这就说明驾驭教材的能力有待加强。

课堂驾驭也是如此。学生积极性未充分调动时，教师容易教，反正是你讲他听；学生积极性调动起来，学习主动，思维活跃，天南地北，什么奇怪的问题都问得出,有时难以招架,课堂上受窘的情况偶有发生。这就说明教师的教育机智要大大加强,努力提高教学中的应变力与组织力。

语文教学的路是一条艰辛的路,清醒地认识自己,就可看到上面布满了自己的不足与遗憾,关键在于怎样认真对待。不足、缺陷是令人懊丧的,但是认识它,填补它,跨越过去,就能愉快地迈步向前,就会鞭策自己努力学习,不断进步。最可悲的是故步自封,裹足不前,教学方法多少年"一贯制",自己无长进,学生当然也就长进不大,给耽误了。

12·2　锤炼教学语言

打铁要靠自身硬,语文教师要提高教学质量,有效地培养学生理解和运用祖国语言文字的能力,除了上述的深入钻研教材、洞悉教材底里、研究学生实际、改进教学方法外,还须锤炼教学语言。

语文教师既要教书,又要育人,一时一刻也离不开言传身教。教师的言教,相对来说,用文字的比较少,大量是用口头语言,因此,教师有计划有实效地进行口语训练,锤炼教学语言就非常必要。我们常常见到这样的情况:教师知识水平相仿,教育对象相近,教学内容相同,但教学效果却迥然有异。一者情趣横生,课堂气氛活跃,学生兴趣盎然;一者平板乏味,课堂沉闷窒息,学生昏昏欲睡。课堂效果的好坏虽然受多种因素的影响,但教师的语言修养、运用语言的艺术往往起特别重要的作用。教师必须具备良好的口头表达能力,这种能力不仅是增强教学效果的有力手段,而且能给学生以熏陶,使学生在潜移默化之中理解语言,提高使用语言的能力。从哪些方面来锤炼语言呢?

一、清楚明白,不含糊其词

用清楚明白的语言传授知识、启发思维是教课的基本条件;含含糊糊,闪烁其词,杂乱无章,学生就会如堕五里雾中,得益甚微。要做到清楚明白,一要积极训练自己的思路,力求清晰通畅;二须有意识地清除自己语言中的杂质。

语言是否清楚明白,很大程度决定于思路是否清晰,是否符合逻辑。心里清楚,说出来才明白。对所要传授的知识不"烂熟于心",未认真思考,如何有条理地表达？讲述时就会东一榔头西一棒子，枝叶蔓生。教师课前对要讲述的问题，要进行的种种能力的训练，均应作认真的构思，在"序"上下功夫。比如先说什么，后说什么；怎样开头，怎样过渡，怎样结尾；如何先总说后分说再总说，分说时从哪些方面、哪些角度，又按怎样的顺序排列；如何运用归纳的方法由具体事实概括出一般原理，又如何采用演绎法由一般原理推出特殊情况下的结论，凡此种种，都须再三琢磨，训练思维的条理化。思路井然有序，讲解就会条分缕析。心明，言才明；锻炼"心明"，可以促使"言明"。

啰唆重复，颠三倒四，逻辑性差，学生最害怕。十句百句里可能有一句是金子，但沙砾堆砌，把它埋了起来。学生听的时候，要挑拣，要分辨，费时费力。语言的轨迹也就是思路的轨迹，思路轨迹清晰不乱，语言也就有条不紊。教师要注意理清自己的思路，最为重要的是一根线索手中捏。目的地在哪儿，起点在何处，心中要一清二楚。中途有岔道，千万不能七拐八拐，云深不知处。忘记了目的地，学生就会丈二和尚摸不着头脑。

有时语言不清晰，啰唆重复，是因为思维赶不上趟，来不及反应，或者是思维出现这样那样的缝隙，一时找不到合适的东西补。为此，平时要积极锻炼思维的敏捷性和严密性。要培养学生敏捷的思维以适应现代社会快节奏生活的需要，教师自己就要训练思维的速度，不能总是慢条斯理，经常开展多向思维，多角度多方位思维，语言就有了内在的功底。

有意识地清除自己语言中的杂质。教师应讲普通话，力戒掺杂方言土语。语言上的混杂、不纯净，不仅影响听的清晰度，而且影响学生运用规范化语言思考的能力，影响他们言语的发展。"这个""那个""嗯"等口头禅，也是清楚明白的大敌，它使语言芜杂，拖泥带水，犹如良莠齐生，把该表达的思想感情淹没在莠草之中，大大降低表达效果。着力清除口语中的这些杂质，净化语言，努力做到吐字准确，声音响亮，语句完整，语言精练，"丰而不余一言，约而不失一词"（赵秉文①《闲闲

---

① 赵秉文：金代著名学者，书法家，字周臣，号闲闲居士，晚号闲闲老人，磁州滏阳（今河北磁县）人。

老人滏水集·竹溪先生文集引》),学生听起来就愉快,接受起来就方便。

二、通俗易懂,不佶屈聱牙

要使学生学懂,学会,再深奥的知识教师也要善于用通俗的话讲出来。口头语言和书面语言有区别,前者作用于人的听觉,瞬息即逝;后者作用于人的视觉,读的人遇有艰深之处,可反复阅读,仔细咀嚼,思索理解。因而,口头语言较之书面语言来说,通俗易懂更为重要。教师讲述概念、定律,讲述文章尤其是议论文中所阐述的科学道理,常运用诠释性的语言加以说明。如何运用诠释性的语言很有讲究。如果照本宣科,照搬课本上的书面语言,照搬现成的条文,从概念到概念,从抽象到抽象,就失去口头讲析的意义,徒然浪费极其宝贵的课堂时间;如果教师充分占有与教学内容密切相关的材料,对教学内容的重点、难点、关键了如指掌,懂得抓住哪个节骨眼儿一点就通,注意选用浅显的语言,讲述就会具体易懂。唯其深入,才能浅出。要能把所教的知识、道理通俗易懂地表达出来,关键在于一个"透"字。透彻理解,融会贯通,就能深入浅出,讲到精要处,说到点子上。

语言是否通俗易懂,还有赖于遣词造句的功力。要善于从同义词、近义词、反义词中选用最恰当、最鲜明、最常见、最易听懂的有关词语表达情意,深者浅之,难者易之,生僻的、容易引起误解的少用或不用。组织教学用语时,要注意长句化短,繁句化简,多用短句,少用复句。意思比较复杂的可用几个短句剖开来说,不搞修饰语、限制语的堆砌,拗口的、不符合中国语言习惯的外来语句式尽量少用或不用。

三、优美生动,不枯燥干瘪

教师讲课所用的语言虽属日常口语,但又不同于"大白话",应该是加了工的口头语言,与随想随说的日常交谈有区别。要注意语言的提炼,炼字炼句。教学用语里既要有人民群众经过锤炼的活泼的口语,又要有优美严密的书面语言,教课时让学生置身于语言美的环境之中,受到教育与感染。

教师要掌握大量的词汇,善于用同义词、近义词转换,善于运用专业词、成语、俗语。汉语的词汇丰富如海洋,它反映中华民族数千年的悠久的文化,又吸收了各民族与外来语中语言的精华。它反映客观事物、表现思想感情的精密程度,同义词、近义词之间的细微差别,在世界上是罕见的。平时广为采撷,认真储存,教课时就会源源涌入脑际,根据教学需要,信手拈来,脱口而出,大增语言的风采。如果自己词语仓库里的物品极少,阐述问题、剖析事理时总是翻来覆去用那几个词语,颠来倒去那几句话,教学效果就可想而知。语言贫乏干枯,学生是不会欢迎的。

须熟练地掌握和运用各种修辞手法,句式要富于变化,增强语言的形象性。善于运用语言的作家十分注意语言的形象性,他们借助形象化的语言,在文中绘声绘色绘景绘情,使人有身临其境之感,触动读者的心灵。教师的语言虽不等于作家的文学语言,但要悦学生耳,吸引学生的注意力,要使学生听得津津有味、孜孜以求地在学海中泛舟远航,非得讲究形象生动不可。贴切的比喻能启发学生联想、想象,精当的设问、反问能造成悬念,启发学生深究底里,气势流畅的排比能激发学生感情的波澜,适时的反复、强调能加深学生的印象。所有这些,教师课前应运筹帷幄,成竹在胸。课上,语言的闸门一打开,伴随着语言的知识就会如清泉之水汩汩地流入学生的心田。

为了加强表达效果,还须注意句式的变化。重复用一种句式,不加变更,必然单调无味。根据教学要求、教学内容的需要,可用单句,可用复句,可长短句交错,可用陈述句,可用判断句,可用疑问句等其他句式。即使用得较多的陈述句,其中词序的排列也很有值得推敲之处。哪些前置,哪些倒装,都要从效果出发,妥加安排。句法参差有致,听起来就自然和谐。

优美生动的语言必然有和谐的节奏。抑扬顿挫、高低起伏处理得恰当,能给学生以美的享受。音量要控制,过响会震耳,过轻听不清,以传送到课堂每个角落、每个学生能清晰地听到为宜。要注意音质音色:频率过高,尖声刺耳;频率太低,沉闷欲睡。妥善控制,改善音质,学生听起来就愉快舒适。讲课的语言必须有抑扬起伏,视不同的教学目的,有时舒缓徐慢,有时高亢激奋,有时停顿间歇,有时一泻千里,创造课堂气氛,牵动学生思绪,叩击学生心弦。如果只在一个平面上移动,如果只是等速度地流淌,容易对学生起催眠作用。

教学语言要做到优美生动,除了语言技巧之外,学识修养也很重要。语言贫乏,干瘪无味,是教师口语的大忌。这种情况貌似语言问题,实质是受到学识与文化的制约。可能对要讲述的事物有某些认识某些了解,但往往囿于表层,既无深度,更谈不上旁征博引,因此,表现在语言上就干枯,可听性差。教师作为文化人,是人类创造的精神财富的传播者,理应广泛地学习,以知识的清泉滋养自己,不断地积累词汇,丰富语言,阐述道理透辟深刻,令人折服。在这方面可资我们学习的榜样很多。

鲁迅先生在北平师范大学讲课,来听讲的人越来越多,礼堂容纳不下,只好临时挪到大操场去。他站在一张方桌上,处于人群当中。他既安详,又激动,滔滔不绝地说,鼓励青年学生认识国民党统治的黑暗,走自己的路。在秋风萧瑟中,没有扩音器,也没有扬声喇叭,但听者专心致志,激动感奋,听得一清二楚。何以有如此震撼人心的力量?是鲁迅先生语言的威力,而这种威力来自他丰厚的学识,崇高的人格。

这是一座破饭厅翻改成的大教室。在昏暗的灯光下,屋里的人挤得满满的。闻一多先生在讲"什么是九歌",学生随着他的声音被引到一个富于遐想的情境:

黄昏时分。从四面八方辐辏而来的鼓声,近了,更近了,十分近了。

"神光"照得天边通亮。满坛香烟缭绕。

男女群巫,和他们所役使的飞禽走兽以及各种水族,侍立在两旁。

……

教室里弥漫着像歌唱一样的声音,人们几乎分辨不出讲坛上是闻一多还是屈原大夫。讲者和听者的心融成一片,两千年前的《九歌》活跃在现代人们的心里。闻先生的教学语言为何有如此的魅力?得益于学识渊博。他研究《楚辞》,对神话有癖好,对广义的语言学与历史兴味浓厚,从人类学、社会学中吸取了关于原始社会以及宗教、神话的知识。为了研究中国文化典籍,他孜孜不倦,"三年不窥园",数载不下楼。

鲁迅、闻一多这样的老师给我们以高山仰止的感觉,是我们学习的典范。尽管与他们的学识、文化有天壤之别,但执着追求,勤于打功底的精神,对我们来说,特别重要。

中华民族的优秀传统文化,是中华民族几千年文明中所创造的宝贵财富,是一座丰富的宝藏。历史的进程已经走到了 20 世纪 90 年代,在全世界科学技术日新月异的今天,作为教师,既要有本民族几千年优秀传统文化的修养,又要学习现代科学文化知识。而且,人类创造的精神文明应该择其精华而吸收。因此,还须花一定的时间学习外国文化。学习不学习大不一样,经历一定时间的检验,语言上文野之分、雅俗之分、丰腴与贫乏之分就十分明显。

教学语言优美生动,还须倾注充沛、真挚的感情。语言上没有什么差错,可听起来总觉得缺了点什么,平淡如水,缺少光彩,听的人感动不起来。语言平淡无光,学生注意力难以集中,学习效果受到影响。教师的语言修养在极大的程度上决定着学生在课堂上脑力劳动的效率。三尺讲台方寸地,教师语言发挥的作用往往能超越时空,在学生心中弹奏经久不衰。能否达到这个境地,关键在语言里是否有"魂",是否有光彩。

伟大的民族精神是中国魂,正是这种民族精神,使得中华民族在几千年的风风雨雨中,历经挫折而不屈,屡遭坎坷而不回,披荆斩棘地开辟道路,奋然而前行。这种民族精神是炽热的爱国精神和自强不息的奋进精神的综合。教师是要有点精神的,教师语言的"魂"就是来自这点精神。

"情动于中而形于言。"语言的闪光来自思想的深邃,语言的激昂慷慨来自胸中感情的激荡。不断地锻炼自己敏锐的目光和洞察事物的能力,不断地陶冶自己的道德情操,是提高语言修养,克服平淡无光的有效途径。

作家阿·托尔斯泰在一次讲话中曾这样说:"我们不仅能够把思想、概念,而且还能够把最复杂的、色彩最细腻的图画用语言表达出来。可以这样说,在人的大脑里好像有着成千上万个,也许还是成百万个键子,一个正在讲话的人,就好像是用无形的手指在大脑的这个键盘上弹奏一样,而讲话人所奏出来的那支交响乐也就在知音者的头脑里回响起来。"这段话十分精要地道出了语言艺术对作家的重要。从中,我们可获得深刻的启示:一名教师必须锤炼教学用语,研究语言艺术,使自己用语言所弹奏出来的交响乐,能在知音者——学生的头脑里回响激荡,收到良好的教学效果。

语言的锤炼不是一朝一夕的事,须靠长期的积累与实践。多阅读中外优秀文学作品,多学习人民群众的生动活泼的语言,吮吸其中有益的养料,提高语言修养。广泛地涉猎社会科学与自然科学有关读物,丰富自己的知识,增进见识,提高洞悉事物的能力。加强语言实践,平时多锻炼,教学时注意反馈调整,根据学生的反应调整音量、语调、节奏、速度、句式、表达的方法,经常总结经验教训,扬自己教学语言之长,克服不足之处,一步一个脚印,使教学语言日趋完美。

语言不是蜜,但可以粘东西。教师要努力用语言"粘"住学生,上出一堂堂学生欢迎、思想正确、知识丰富、情趣横生的使学生入迷的课。

12·3 源头有活水流淌

语文教师要有拼命吸取的本领与素质,犹如树木,把根须伸展到泥土中,吸取氮、磷、钾,直到微量元素。只有自己知识富有,言传身教,才能不断激发学生浓厚的求知欲。

要做到知识富有极其不容易。有人说这是一条"光荣的荆棘路",这条路尽管像"环绕着地球的一条灿烂的光带",然而在此中要有备尝艰苦的决心。对语文教师来说,似乎更应如此。语文教师工作量大,负担很重,要想有整块时间学习是不可能的。为此,锲而不舍的精神尤为重要。把零星的宝贵的时间有计划地用上,天长日久也是可观的。

读书要会读,如果终日读书,学而不思,其实这算不得读书,而是"对书"而已,整天只是面孔对着书,学到的东西是有限的。冯至给茅盾的杂诗第十二首中有这么两句:"愧我半生劳倦眼,为人为己两蹉跎。"这是冯先生的谦辞,他是有成就的。然而从这两句诗中可得到启发,如果我们只是"对书"而不思,那就只是劳倦眼睛,收获不多。如果学而思,学一点,消化一点,即使时间零碎,日积月累,真才实学必大有增进。怎样做到源头有活水流淌呢?

一、重要的理论反复学,力求正确理解,学能深入,用能浅出

理论上的模糊必然导致实践中的盲目。教育教学上出现的无效劳动,往往是由于理论上认识不清,理解上有偏颇所致。

重要的理论要反复学,武装头脑,指导行动。比如教育的战略地位,当教师的只口头说,对其精神实质如不深刻领会,工作的责任心、历史的使命感就受到影响。

"我们国家,国力的强弱,经济发展后劲的大小,越来越取决于劳动者的素质,取决于知识分子的数量和质量。一个十亿人口的大国,教育搞上去了,人才资源的巨大优势是任何国家比不了的。有了人才优势,再加上先进的社会主义制度,我们的目标就有把握达到。现在小学一年级的娃娃,经过十几年的学校教育,将成为开创二十一世纪大业的生力军。中央提出要以极大的努力抓教育,并且从中小学抓起,这是有战略眼光的一着。如果现在不向全党提出这样的任务,就会误大事,就要负历史的责任。"这是邓小平同志在《把教育工作认真抓起来》中的一段话,既深入浅出,又尖锐深刻。反复学习,就可领悟到"有战略眼光的一着",是从开创二十一世纪大业的角度来论述教育问题的。

放眼看世界,作为新科技革命的基础和动力的教育,已被推到各国的前沿阵地,具有越来越重要的战略意义。教育的全球性与全球性教育逐渐趋于认同,无论是发达国家还是发展中国家,都把教育改革作为立国之本的头等大事来抓。在未来的信息社会里,人们注意的是未来,把知识和信息看作最重要的战略资源。一个民族要想在未来的世界里取得政治和经济的优势,就必须大力发展教育,这是世界发展的共同趋势。建设国家,教育为本。从世界范围的背景上看,作为改革开放的总设计师,小平同志在亲手规划蓝图时,始终把教育摆在突出的战略地位。教育是世纪之争、未来的发展之争,赢得教育的发展与提高,也就掌握了未来的主动权。这段话的论述是:

1. 从国力强弱和经济发展的后劲来说教育的战略地位。两个"取决于"说明:劳动者素质的提高,知识分子的数量和质量,都依赖于教育事业的发展。

2. 从实现我国发展目标来说教育的重要性。小平同志认为,到新中国成立100 周年时,我国经济可能接近发达国家水平,其依据之一是我们完全有能力把教育搞上去。一个十几亿人口的大国,教育搞上去了,人才资源的巨大优势是任何国家都比不了的。人口是资源还是负担,关键在教育。教育抓好了,人力资源丰富,再加上先进的社会主义制度,我们的目标就有把握达到。

3. 从领导者抓大事来说。"要以极大的努力抓教育",而且要从娃娃开始。否则,就要"误大事",就要"负历史的责任"。

把教育影响国力强弱、经济发展、人才培养的全局性意义阐述得精辟、深刻,对教育工作者更是极大的教育与鼓舞。

教学中对于理论的深入浅出理解与阐述很不容易,也需要反复学习。就拿历史唯物主义基本原理来说吧,《在马克思墓前的讲话》中已经讲得很通俗,然而教师在教这一课时,要浅显地正确表达出来,使学生真正懂,就着实不容易。文中有这样的语句:"人们首先必须吃、喝、住、穿,然后才能从事政治、科学、艺术、宗教等等;所以,直接的物质的生活资料的生产,从而一个民族或一个时代的一定的经济发展阶段,便构成基础,人们的国家设施、法的观点、艺术以至宗教观念,就是从这个基础上发展起来的,因而,也必须由这个基础来解释,而不是像过去那样做得相反。"对如此长句单作语法分析是不够的,讲深了费时,学生也不一定理解。要浅出,要把经济基础与上层建筑的关系,扣紧语句来讲,十分不易。要讲得浅显,前提是教师学得深入。唯其深入,才能浅出。花功夫学,不仅读理论书,有时读文艺小说,也可从中获得启发。比如刘心武的长篇小说《钟鼓楼》,其中有一处以艺术笔调阐发历史唯物主义基本原理,很有意思。作者写道:"人们落生在这个世界上,最早意识到的是包围着自己的空间。这空间有着长度、宽度和高度,其中充满了各异的形态、色彩与音响……而后人们便意识到还有着一种与空间并存的东西,那便是摸不着、握不牢、拦不住的时间。在所存在的空间里度过着不断流逝的时间,这便构成了我们的生活,于是乎喜、怒、哀、乐,于是乎生、死、歌、哭……但每一个人都不可能是单独地存在着。他必与许许多多的人共存于一个空间之中,这便构成了社会。而在同一个社会中,人们的阶级意识不同,政治方向不同,经济利益不同,人生态度不同,道德品质不同,文化教养不同,性格旨趣不同,生理机制不同,竞争能力不同,机遇遭际不同……于是乎便相争相斗,相激相荡,相斥相离,相轻相嫉……同时也必定伴随着相依相靠,相汇相融,相亲相慕,相尊相许……而这种人类社会的流动变化,从整体角度来说,便构成了历史;从个体角度来说,便构成了命运。"道理说得多么形象，多么生动！不是作者入得深，又如何能如此出得浅呢？

又如对教育教学理论的学习也是如此。叶圣陶老先生提出"教是为了不教"，开始不少人误解为"少教"甚至是"不教"。但只消结合实际仔细想一想，就能体会到千万不能用"等于"代替"为了"。教师"教"是今天的任务，"不教"是明日之目标；今天的"教"要达到明日"不教"的目的——学生能自学、独立工作。自学能力的培养非一朝一夕，其中有个过程，"教"运用得得法，就能更有效地达到"不教"的目标。

二、紧扣一点深入学

要弄懂一点知识，必须深入学习，认真钻研。"一锹铲不出金銮殿"，一定要锲而不舍地步步前进，层层深入。深入学习，其乐无穷。比如诗歌，每学期都教，围绕它读点书，可以得到许多有趣的学问。诗中有方位、色彩、数字，在诗人笔下多有妙用。

《木兰诗》中有"东市买骏马，西市买鞍鞯，南市买辔头，北市买长鞭"，诗中以"东西南北"来写的屡见不鲜。《楚辞·招魂》中有"魂兮归来！东方不可以托些……魂兮归来！南方不可以止些……魂兮归来！西方之害……魂兮归来！北方不可以止些……"曹植的《游仙诗》中有"东观扶桑曜，西临弱水流，北极登玄渚，南翔陟丹丘"的诗句。同是东西南北，有的是写到处奔波购买物品准备出征的繁忙；有的写四方不可留，希望死者灵魂归故土；有的写受到猜忌，郁郁寡欢。同是用方位词，表达则各有其趣。这种用法在楹联、文章中也不少。《儒林外史》中所写杨执中屋里壁上的对联是："三间东倒西歪屋，一个南腔北调人。"十分有趣。至于《捕蛇者说》中刻画气氛紧张"叫嚣乎东西，隳突乎南北"，教师是周知的了。

诗中用词表色彩，方法多种多样。如有的诗句第一字就是表颜色的。杜甫的"红入桃花嫩，青归柳叶新"（《奉酬李都督表丈早春作》），"青惜峰峦过，黄知橘柚来"（《放船》），"碧知湖外草，红见海东云"（《晴》）。这类诗句一下打入眼帘的是颜色，可以收到使读者眼前突然闪亮的妙用。有些诗句把多种颜色写在一起，鲜艳、缤纷。

这类诗句以七言居多，如人们熟知的"两个黄鹂鸣翠柳，一行白鹭上青天"；又如苏轼的"红叶黄花秋正乱，白鱼紫蟹君须忆"（《台头寺雨中送李邦直》）；再如陆游《夏日》中的"白葛乌纱称时节,黄鸡绿酒聚比邻"。真是色彩缤纷,怡悦双目。诗中的颜色当然是真色多,但也有假色。钱锺书在《读〈拉奥孔〉》一文中说:"诗文里的颜色字也有'虚''实'之分,用字就像用兵,要'虚虚实实'。"苏轼咏牡丹名句"'一朵妖红翠欲流',明明说是'红',哪能又说'翠'呢?"写色彩"而虚实交映……制造两个颜色矛盾错综的幻象,这似乎是文字艺术的独家本领,造型艺术办不到"说得就更精彩了。

诗里数字运用得妙,也能加深诗的意味精致。诗中数字用得较多的是"一""三""千",而"三千"连用最常见。众所周知的李白的诗句,如"飞流直下三千尺,疑是银河落九天""白发三千丈,缘愁似个长"。又如白居易《和微之春日投简阳明洞天五十韵》一诗中"江上三千里,城中十二衢"的句子。数字运用得很妙的如张祜的《宫词》:"故国三千里,深宫二十年。一声河满子,双泪落君前。"在 20 个字中,用到"三千""二十""一""双"等数字,不仅不觉得堆砌,而是感到宫女的哀怨是那么凄凉缠绵。

学知识如汲深泉之水,越学越能品尝到其中的甘甜。

三、拓开视野广泛学

从某种意义上说,语文教师的知识仓库里的货物不能不"杂",但要杂而有章。这就需要广泛地阅读,有选择地阅读,并且要善于在生活中学习,有条理地储存。

广泛涉猎,稍稍深入,每有会意,兴味无穷。比如我们常碰到"阳春白雪""铁中铮铮"等成语①,前者今天常用来喻音乐则为高级音乐,喻文学则为高深文学,

---

① "阳春白雪""铁中铮铮"等成语:作者曾专撰一组文章论及一些成语或典故的来源、读音、用法及其演变等,总名《夜读散记》,收入《学海探珠》(人民教育出版社 1990 年版)。"阳春白雪"语出宋玉《对楚王问》:"客有歌于郢中者,其始曰《下里》《巴人》,国中属而和者数千人。其为《阳阿》《薤露》,国中属而和者数百人。其为《阳春》《白雪》,国中属而和者不过数十人。引商刻羽,杂以流徵,国中属而和者不过数人而已。"作者的结论是:"由此可见,《阳春》《白雪》在楚国郢都不过是比较高级的歌曲,最高级的要达到'引商刻羽,杂以流徵'的水平。""铁中铮铮"语出《后汉书·刘玄刘盆子列传》:"卿所谓铁中铮铮,庸中佼佼者也。"本为汉光武帝刘秀接受赤眉军投降时,因为赤眉军将领徐宣回答得体而作出的评语。作者在文中写道:"古人把黄金看成'美'金,把铁看成'恶'金。如是,称人'铁中铮铮',本意也不过是庸人中之佼佼者耳,其实是很不恭敬的。"

喻艺术则为高超艺术,后者用来比喻出色人物。其实今天应用在程度上与原来有点出入。只要读一读《对楚王问》《后汉书·刘玄刘盆子列传》即可明白。但今天约定俗成大家都这样用了,不必弄聪明纠正,但语文教师最好心中有个数。

读画、评画也能积累知识。英国 19 世纪著名政论家、艺术评论家罗斯金说道:"伟大民族的自传都有三种稿本,一本是以其业绩写成,一本是以其言辞写成,一本是以其艺术写成。人们欲懂得其一,非同时懂得其他两本不可;但三本中唯独后一本才是真实可信的。"的确,一国的艺术,很能反映这个国家民族的生活、思想和情操。把西洋画中可爱的小爱神丘比特与中国敦煌壁画中的飞天来比较,胖胖的丘比特,背上有双翼,在天空中飞虽可爱,但总觉得一对那么小的翅膀不足以驾起胖身子翱翔。飞天就不同,画家用一条迎风飘扬的带子,就让你看到仙女们在天空中飞得多么自由自在。这里孕育有我们民族的智慧。评画也能扩大自己的眼界。1984 年《美术》第 11 期吴冠中在一篇文章中说道:"出色的作品总印得不如原作,较次的作品印出来后往往倒比原作效果好。"为什么原作与印出来的画有如此差异呢?因为珍贵的色的变异及敏锐的手的波动感是不容易在印刷品中反映出来的,而作品中那些疙疙瘩瘩、黏黏糊糊的油彩之病,经印刷工序给抹得含混不清后,倒起了遮丑的作用。知道了这一些后,觉得教师在教学中必须避免疙疙瘩瘩、黏黏糊糊;要是看不到这些,反把课上得花里胡哨以为美,那就是丑而不自知的了。

语文教师要读小说,了解社会,认识人生。古今中外的都可翻一翻。如狄更斯的小说虽没有列夫·托尔斯泰的不朽著作那么有名,但情节生动,引人入胜。据说《古玩店》当年连载时牵动人心,引起轰动。连载的杂志一期一期在英国出刊,以帆船运往美国。人们对故事情节越看越入迷,纽约码头上等着买杂志的人越来越多。当登载小说最后一章的杂志运到纽约时,码头上人头簇拥,竟有五六千人之多。船未靠岸,人们一眼看到甲板上的船长,就迫不及待地问那燃烧在心里的问题:"小奈儿究竟死了没有?"狄更斯的小说以情节取胜。其实引人入胜的何止是小说,其他文学样式中佳品也如此。如文艺复兴时期的英国诗人斯宾塞有过一部未完成的长诗叫《仙女王》。据说当时手稿送到文艺庇护人索斯安普顿伯爵手里。伯爵读了几页，立刻命人赏赐作者 20 英镑，再往下读，又兴冲冲地说"再赐 20 镑"。读着读着不能自已，最后竟不得不说："快把那家伙赶出去，再念下去我非破产不可。"文学掌故虚虚实实，说多了就当真了。这一掌故妙在没说一个"好"字，但实际上把《仙女王》说得好到无以复加。

学习之乐，其乐无穷。《后汉书·列女传》中说："一丝而累，以至于寸；累寸不已，遂成丈匹。"语文教师就是要以这种累寸累匹的精神要求自己，锲而不舍地往前行。源头有活水流淌，教学就有活泼泼的生命力。

12·4　激情似火，开拓创新

奉献，教师的天职。

教师在有扎实功底的同时，还须对语文教育事业、对学生有火一般的热情。有人说激情是文学家、艺术家头上的光环。英国著名诗人拜伦称激情是"诗的粮食、诗的薪火"。难道激情只是和文学家、艺术家有缘？不，激情也是语文教师必不可少的素质。不热爱这多情的土地，没有工作的激情，就不能完成教育的伟业。教育青少年成为有理想、有道德、有文化、有纪律的新人，有真才实学，是极其伟大的事业，教师只有倾注满腔热忱，为之而倾心，才能完成肩负的神圣使命。

生活在改革开放的伟大时代，社会主义建设的每一个成就都会使教师激动不已。目睹高耸入云的南浦大桥、杨浦大桥，我们的民族自豪感就会充盈胸际。桥上一根拉索 20 吨重，那根根拉索浸透了中国人民的志气，显示了中国人民的力量。教师胸中要有一团火，在任何情况下都要朝气蓬勃，对学生有感染力、辐射力，只有燃烧自己，才能在学生心中点燃理想之火，塑造优美的心灵。这种激情来自对社会主义事业忠贞不贰的信念，来自对为国为民献身的无数先烈和无数英雄人物的由衷爱戴与崇敬，来自对学生的满腔热情、满腔爱。有了这种激情，就会鼓足生命的风帆，孜孜不倦地追求，顺境不自傲，受挫折更刚强，有使不完的劲。一名语文教师，当对课文中思想内容的深刻理解和育人的崇高职责紧密相碰的时候，感情就会发生"井喷"，势不可遏，课堂上就会闪烁火花，产生能量，使学生思想感情产生共鸣。

教育事业是着眼于未来的事业，教育工作的性质与特点要求教师应具有相当程度的职业敏感,应跟随着时代奋力前进。

更新教育观念,对培养目标有正确而深刻的认识最为重要。教师做久了,常易犯"三多三少"的毛病:眼前学生看得多,将来建设者的形象考虑得少;知识要求看得多,能力训练考虑得少;分数看得多,实际才干考虑得少。这种育人的观念与当今培养目标的要求相距甚远。更有甚者,是为考而教,把学生引入狭小的应考胡同中,用支离破碎、似是而非的测试题消磨学生的青春,名为训练能力,实则丢弃了教文育人的大目标,学生读写水平下降,危害性很大。育人,不能一般地理解为培养学生,而是应该把它放置在特定的历史条件和社会环境中认识。要教在今天,想到明天,以明日建设者的素质要求、德才要求指导今日的教育教学工作。

要加强改革的意识。就拿教学方法来说,传统的做法对工作多年的教师来说,无疑是驾轻就熟,即使对年轻教师来说,也有相当的影响。传统教法中合理的精华不可丢,但重知识轻能力、烦琐地讲解、灌输各种各样现成的结论等做法显然不适应时代潮流,不能有效地对学生进行培养,因此,须花大气力改革。改革的核心是让学生真正做学习的主人,使课堂真正成为学生在教师指导下获取知识、训练能力、发展智力以及思想情操受到良好熏陶的场所,优化课堂结构,提高课堂教学效率。

语文教学改革创新要具有中国特色,走我们自己的路。既要博采众长,吸取精神养料,又要有主心骨,独立思考,不人云亦云。在语文教育这块沃土上,千万教师在耕耘,亿万学生在成长,好思想好经验十分丰富,要虚心学习,学习再学习。但不能照搬照套。它山之石,可以攻玉。借鉴一定要"以我为主"。学习外国,开阔视野,十分有益。但英语与汉语语种极不相同,不可照搬照抄,要着力在"洋为中用"。好学说,好经验,要拿来为我所用,要和我们自己的语言实际结合起来,创中国特色的东西,这样,才有生命力,才能有效地提高质量。如果抄袭,照搬,结果是失掉了自己,当然也就无质量可言。一名语文教师要善于融百家之长,借鉴国外先进的教育教学理论,试着创自己教学的特色,不断提高教学水平。

学然后知不足,教然后知困。作为一名真正的语文教师,是用生命在歌唱,用生命在实践,学而不厌,诲人不倦,为了崇高的社会主义教育事业,为了可爱的学生,甘为红烛燃自身,甘为泥土育春花。

图书在版编目（CIP）数据

上海教育丛书：典藏版.综合卷 / 上海教育丛书编
辑委员会编. — 上海：上海教育出版社，2023.8
ISBN 978-7-5720-2197-8

Ⅰ.①上… Ⅱ.①上… Ⅲ.①地方教育－基础教育
－教育改革－上海－丛书 Ⅳ.①G639.2-51

中国国家版本馆CIP数据核字(2023)第234567号

总 策 划　缪宏才
执行策划　刘　芳
统　　筹　公雯雯
责任编辑　易英华　陈嘉禾
整体设计　陆　弦